제3의 성찰

KI신서 10136

제3의 성찰

1판 1쇄 인쇄 2022년 3월 7일
1판 1쇄 발행 2022년 3월 14일

지은이 류우익
펴낸이 김영곤
펴낸곳 (주)북이십일 21세기북스

TF팀 이사 신승철
TF팀 이종배
출판마케팅영업본부장 민안기
마케팅1팀 배상현 한경화 김신우 이보라
출판영업팀 김수현 이광호 최명열
제작팀 이영민 권경민
진행·디자인 놀이터 **교정교열** 박은경

출판등록 2000년 5월 6일 제406-2003-061호
주소 (10881) 경기도 파주시 회동길 201(문발동)
대표전화 031-955-2100 **팩스** 031-955-2151 **이메일** book21@book21.co.kr

© 류우익, 2022

ISBN 978-89-509-9968-1 (03340)

(주)북이십일 경계를 허무는 콘텐츠 리더

21세기북스 채널에서 도서 정보와 다양한 영상자료, 이벤트를 만나세요!
페이스북 facebook.com/jiinpill21   포스트 post.naver.com/21c_editors
인스타그램 instagram.com/jiinpill21 홈페이지 www.book21.com
유튜브 youtube.com/book21pub

제3의 성찰
: 자유와 통일

류우익 지음

21세기북스

일러두기

* 이 책에 실린 모든 외국어 문헌과 인터뷰는 저자가 번역한 것이다.
* 본문에 나오는 단행본의 제목은 『 』로, 정기간행물의 제목은 《 》로, 논문·단편 등의 제목은 「 」로, 영화·음악·방송 프로그램 등의 제목은 〈 〉로 표기하는 것을 원칙으로 했으며, 경우에 따라 따옴표를 병용했다.

사랑하는 제자들에게

유럽의 독일 (사진 출처: GOODES World Atlas 2000)

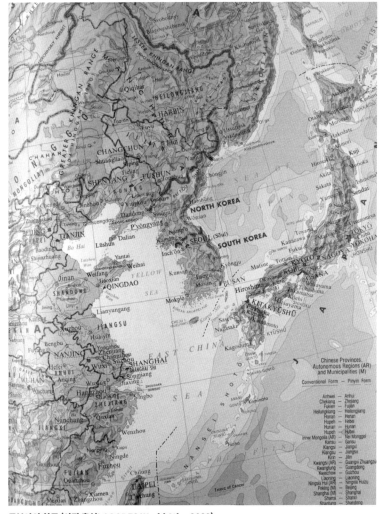

동북아의 한국 (사진 출처: GOODES World Atlas 2000)

서문

이 책은 독일에서 동시 출판된 나의 책 『Die dritte Reflexion: Die Lehren der deutschen Wiedervereinigung für Korea(제3 의 성찰: 독일통일이 한국에 주는 교훈)』(LIT-Verlag, Berlin 2022)의 한국어 판이다. 다만 한국 독자들을 위해 부제 "독일통일이 한국에 주는 교훈"을 "자유와 통일"로 바꾸어서 책의 제목에 내용의 핵심개념을 바로 드러내었다.

나는 이 책에서 독일의 경험에 비추어 한국인들에게 분단 상황에 안주하는 것을 경계하고 나아가 통일로 가는 바람직한 길을 제시하고자 하였다. 외국어로 쓴 책을 다시 모국어로 쓰는 경우가 흔치는 않지만, 독일에서 연구한 결과를 토대로 써서 양국에서 출판하다 보니 부득이 그렇게 되었다. 번역본이라고 하지 않고 굳이 한국어 판이라고 한 것도 그 때문이다. 또 그 과정에서 양국 언어의 언어구조적 차이 및 독자들의 개별 사안에 대한 이해도의 차이를 고려하고 집필의 시차를 반영하여, 부분적으로 의역하거나 고치고 첨삭한 부분이 있기 때문이기도 하다. 아래 독일어 판의 서문을 읽어보면 그 과정이 납득될 것이다.

나는 독일통일 30년을 기하여 1년 동안 통일독일의 여러 곳에서 현장을 관찰하고 통일에 대한 독일인들의 인식을 수집하고 분석하는 조사연구를 실시하였다. 이 경험적 연구를 통해 나는 먼저 독일통일 30년이 한국에 주는 교훈을 도출하고자 하였다. 참여 관찰(participant observation)과 집중 대담(intensive interview)을 통해 얻어진 자료는 학자이자 정치가로서 나의 지식과 경험을 바탕으로 재해석되고 한국에 적용되었다. 그리하여 최종적으로 한반도의 분단 극복과 통일을 위한 3대 기본원칙과 4대 실행원칙이 도출되었다.

이 책은 모두 8장으로 구성되었다.

제1장은 연구의 배경, 목적과 방법, 그리고 내가 책을 쓰는 의도를 소개한다.

제2장은 조사지역에 대한 지역지리적 기술로, 주로 나의 1970년대 유학시절 서독에 대한 회고와 2019~2020년 통일독일에서 행한 답사 기록을 중심으로 구성되었다.

제3장은 현지 대담의 결과로, 독일통일 30년에 관한 독일인들의 사견과 공론 및 그에 대한 나의 해석과 거기서 도출된 교훈을 포괄한다.

제4장은 통일의 여건으로서 한국의 정치적 상황과, 독일의 경험을 한국에 적용하고자 할 때 고려해야 할 양국의 공통점과 상이점에 관한 나의 견해이다.

제5장은 한반도 통일에 있어 어떤 경우에도 반드시 지켜져야 할 3

대 기본원칙에 대하여 서술한다.

제6장은 한반도 통일을 위해 상황에 따라 실용적 관점에서 유연하게 적용될 수 있는 4대 실행원칙을 다룬다.

제7장은 본문의 내용을 요약하고 결론을 제시한다.

제8장은 내가 강연 형식을 빌려 한국 청년들에게 주는 한반도 통일의 비전과 지침이다.

나는 내가 걸어온 길과 만난 사람들을 뒤돌아볼 때마다 하나님께서 나에게 어떤 의도를 가지고 특별한 소명을 주신 것 같다는 생각을 하곤 하였다. 그것이 아니라도 최소한 특정한 무대에 내보내 일정한 배역을 맡기신 것만은 분명하다고 생각했다.

나는 분단된 한반도 남쪽의 가난한 유가적 집안에서 태어났다. 어린 시절을 시골에서 보냈고, 서울대와 독일 킬대학(Universität Kiel)에서 지리학과 역사학, 사회학을 공부했다. 그리고 1980년부터 2008년까지 28년 동안 서울대에서 지리학 교수로 연구하고 가르쳤다. 교무처장으로 대학의 교무행정을 책임지기도 했고, 국제지리학연합(International Geographical Union, IGU)에서 사무총장으로 봉사하기도 했다. 2008년에는 국가의 부름을 받아 대학을 떠났고, 이후 5년 동안 정부에서 대통령실장, 주중국 대사에 이어 통일부 장관으로 일했다. 여러 곳, 다양한 자리에서 일했지만, 내 모든 활동은 어떻게든 분단 및 통일과 연결되어 있었다. 그리하여 통일부 장관에 취임할 때에는 "통일은 우리 일생을 관통하고 있는 과제다. 나 자신 먼 길을 돌아 결국 와야 할 곳에 왔다. 그래서 나의 모든 것을 바칠 각오로 이 자리에 섰다"(2011년 9월 19일 취임사)고 말하기도 했다.

2013년 정무직을 떠나 다시 학계로 돌아갔다. 서울대학교 명예교수와 육군사관학교 석좌교수로 문무의 양쪽을 대표하는 한국 청년들에게 '통일준비론'이라는 주제 아래 통일정책의 이론과 실제를 가르쳤다. 그러다가 로베르트 보슈 재단(Robert Bosch Stiftung)의 리하르트 폰 바이츠제커 펠로(Richard von Weizsäcker Fellow)로 초청받아 2019년부터 2020년에 걸쳐 1년 동안 베를린에서 머물면서 독일통일 30년을 연구하였다. 그것은 지역적으로나 전문분야로나 — 아마도 내 필생의 과제를 수행하기 위한— 학문적 고향으로의 귀향이었다.

나의 두 번째 독일 유학은 그러나 생각한 것처럼 쉽지만은 않았다. 나는 더 이상 예전의 젊은 대학생이 아니라, 그사이 상당히 녹슬었을 독일어로, 민감한 '독일문제'에 관하여 현장 조사활동을 수행하고자 하는 늙은 외국인이었다. 거기다 본인의 건강 문제와 한국의 요양병원에 입원해 계신 양가 부모님의 병환 문제까지 겹쳐 있었으니, 어느

모로 보나 결코 쉽지 않은 형편이었다.

2018~2019년에는 도널드 트럼프 미국대통령, 북한 지도자 김정은 과 한국의 문재인 대통령이 북한 비핵화라는 주제를 놓고 싱가포르, 하노이와 판문점에서 연이어 한반도의 운명을 희롱하는 슬픈 코미 디를 연출하고 있었다. 이 시기에 언론매체에 보도된 한 장의 사진은 나를 큰 충격에 빠뜨렸다. 백두산 정상에서 문재인 '남쪽 대통령'과 북한 독재자 김정은이 두 손을 함께 잡아 치켜들고 환호하는 그 장 면을 나는 잊을 수가 없다. 같은 시간에 그의 전임자 이명박, 박근혜 전 대통령은 감옥에 갇혀 있었다. 그 모든 것이 나를 무척 가슴 아프 게 했다.

그럼에도 불구하고 나는 기꺼이 통일독일에 체류하면서 의욕적으 로 연구를 수행했고, 그만큼 보람을 느꼈다. 무엇보다도 일을 하면서 끊임없이 새로운 동기가 유발되었고 또 충족되었다. 우선 독일의 여 러 지역, 다양한 사회집단에 속하는 대담자(interviewee)를 만날 수 있었던 것은 큰 행운이었다. 그것은 두말할 필요 없이 경험적 설문조 사에 있어 가장 중요한 성공요소이다. 62명의 대담자들 모두가 내게 친절하고 협조적이었다. 내 질문에 진지하게 응답해주었을 뿐만 아 니라, 내게 사안을 넘어 연구에 유용한 정보를 알려주려 애썼다. 그 들은 자신들이 독일통일을 어떻게 체험했는지를 사실에 입각하여 설명해주었다. 무엇을 어떻게 느끼고 어떻게 인식했는지를 솔직하게 묘사해주었다: 희망과 실망, 기쁨과 분노, 믿음과 회의, 자부와 수치, 안심과 불안. 나는 그들의 진술이 정직하고 그와 결부된 감정이 진실하다고 확신한다. 이 책에서 나는 그들의 진술을 여러 곳에서 직간접으로 인용한다. 모든 대담자들에게 그들의 적극적 협조에 대해 진심으로 감사드린다. 아울러 사실관계 기술이나 인용에 혹시 오류가 있다면 그것은 전적으로 내 책임임을 밝혀둔다.

　대담자들 중에는 내 연구에 적극적 관심을 갖고 다른 대담자를 소개하고 만남을 주선해준 이들도 있었다. 이러한 인간적인 유대가 내게 길을 열어주었다. 1장에서 상술하는 이 인연(因緣, Nidana)의 중심에는 지난 40여 년간 내가 학문적, 문화적, 언어적으로 독일에 이어져 있도록 끊임없이 도와준 나의 오랜 친구들, 에카르트 데게(Eckart Dege), 악셀 프립스(Axel Priebs), 에카르트 엘러스(Eckart Ehlers)가 있다. 이번 독일 체류에도 그들은, 베를린 도착에서 서울로의 귀환까지 그리고 연구 계획의 수립에서 독일어 원고의 교정에 이르기까지, 여러모로 언제나 내 곁에 서 있었다. 그들은 매사에 자청해서 나서서 성심으로 도와주었다. 그런 의미에서 나는 위의 세 지리학자를 포함한 62명의 대담자들이 대담의 대상을 넘어 내 연구과정 전반의 동반자들이었음을 밝혀두고자 한다. 특히 나의 국제지리학연합 사무총장 전임자였던 에카르트 엘러스와 그의 비서 우르줄라 되르켄(Ursula Dörken)은 원고의 교정에서부터 출판사와의 교섭까지 책이 지금의 모양으로 출판되도록 저자를 대신해서 현지에서 해야 할 온갖 궂은일을 다 해줬다. 그들의 헌신적 도움이 없었더라면 이 책이 코로나-팬데믹을 뚫고 세상에 나오기는 아마도 불가능했을 것이다.

이 '베를린 보고서'는 로베르트 보슈 재단의 지원으로 만들어질 수 있었다. 재단은 내가 베를린에 체재하는 동안 필요한 경비를 지원했고, 사회적으로 내 신분을 보장해주었으며, 내게 독일통일의 배경과 진행, 그리고 그 결과에 관한 이해를 도울 다양한 기회를 만들어주었다. "로베르트 보슈 아카데미, 리하르트 폰 바이츠제커 펠로" 명함은 답사와 대담 현장에서는 물론 주요 인사와 기관 방문에 아주 훌륭한 신분증 역할을 했다. 그리고 돔(Dom) 너머 성 헤드빅스-대성당(St. Hedwigs-Cathedral) 위로 아름다운 경관이 내다보이는 프란최지세 슈트라세(Französische Straße) 32의 보슈 재단 사무실은 내 연구활동의 훌륭한 거점이었다. 재단 직원들은 언제나 친절히 조언하고 도와주었다. 베를린의 야닉 루스트(Jannik Rust), 라우라 슈트룀펠(Laura Stroempel), 마델라이네 슈나이더(Madeleine Schneider)와 슈투트가르트(Stuttgart)의 올리버 라트케(Oliver Radtke)라는 이름을 나는 오랫동안 잊지 못할 것이다. 재단과 아카데미의 관대한 지원에 깊이 감사드린다.

내 '노년의 유학'을 염려해준 서울의 가족 친지들께도 감사드린다. 독일로 떠나기 전에 감옥으로 찾아 뵌 이명박 전 대통령께서는 당신의 처지를 접어두고 이렇게 격려해주셨다:

"류 실장이 실무를 해본 학자라, 잘 할 거요. 나라에 좋은 일 하는 거지."

아들이 일을 잘 마치고 건강하게 돌아오기만을 고대하시다가, 귀국한 아들을 보신 얼마 후에 돌아가신 어머니를 생각하면 너무나 가슴이 아프다. 불효자는 이제 그저 엎드려 명복을 빌어드릴 뿐이다.

이제 ―한국 남자들에게 흔한 일은 아니지만― 사랑하는 아내에게 고마움을 표시할 차례이다. 아내는 그 자신 나와 같이 킬대학에서 공부하여 박사 학위를 취득하고 모교 숙명여대에서 봉직한 후 정년 퇴임한 약학 교수이다. 독일에서 그녀는 나와 많은 연구여행을 함께했고, 나에게 요리사에다 비서와 조교 역할까지 해준, 없어서는 안 될 헌신적 동반자였다. 장인의 별세 후에도 내 현지연구를 위한 그녀의 동반 내조는 멈추지 않았다. 나의 즐거움이 곧 그녀의 즐거움이었고 나의 고통이 곧 그녀의 고통이었으니, 이런 걸 두고 아마도 사랑이라고 하는 것이렷다. 여보, 고맙소!

"모든 것이 합력하여 선을 이루느니라!"(로마서 8:28) 이 말씀으로 나는 독일통일의 성공을 설명했다. 그리고 같은 영감(靈感)을 한국에 대해서도 갖고 있다. 독일에서 성공적으로 이루어진 내 연구결과는 향후 한반도에서 일어날 상황 전개와 관련하여 내게 좋은 느낌을 준다. 감사하게도 나의 연구는 예측할 수 없었던 재난이 일어나기 전에 마무리될 수 있었다. 나의 독일 현지 조사는 다행히 코로나19가 널리 확산되기 직전에 끝났다. 내 연구 목적, 즉 '독일통일 30년에 대한 독일인의 인식에 관한 현지조사'는 내가 독일에 체류한 ―더 일찍도 더 늦게도 아닌― 바로 그 기간 동안에만 가능했던 것이다.

코로나-팬데믹의 한가운데에서 이 책을 출판해준 독일의 출판사, LIT-Verlag에 특별히 감사드린다. 출판사로서는 힘들었겠지만 이 책의 출판은 한국의 통일에 의미 있게 기여하였고, 독일어로 쓴 책으로 조국과 학문적 고국에게 보답하고자 하는 한 독일 유학생의 오랜 소망을 이루어주었다.

이 책의 독일어 초고는 2020년 말에 서울에서 완성되었다. 그러나 아래에서 보듯이 출판을 위한 수정과 보완에 반년의 시간이 걸렸고, 한국어 판을 작성하는 데에 다시 몇 달이 소요되었다. 정치적 혼란과 코로나로 인한 갖가지 제약 속에서도 단시간 내에 한국어 판을 깔끔하게 내어준 21세기북스 김영곤 대표와 정성을 다한 신승철 이사, 박은경 선생께도 감사드린다.

끝으로 나는 이 작은 성찰의 책자가 독일에서 그리고 북한을 포함한 한국에서 많은 독자들을 만나게 되기를 바란다. 나아가 바라건대 한반도 분단에 책임이 있는 주변 4대 강국을 포함하여 세계에서 반향을 얻는다면, 마침내 한국인들의 소원을 성취하는 데 의미 있는 보탬이 될 것이다.

2022년 2월, 퇴촌

류우익

차례

『징비록』표지 (사진: 한국국학진흥원)

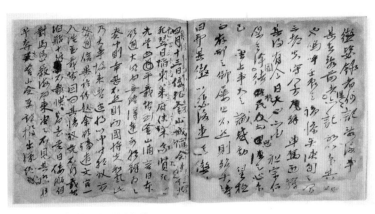

『징비록』원문 (사진: 한국국학진흥원)

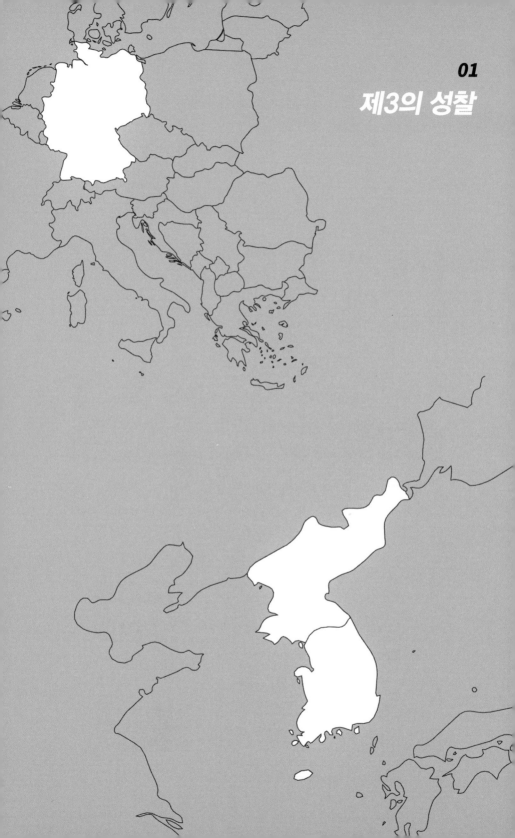

제3의 성찰

미래에서 배우다

17세기 초 조선조의 명상 서애 류성룡(西厓 柳成龍, 1542~1607) 선생은 불후의 명저 『징비록(懲毖錄)』을 썼다. 그것은 그가 영의정이자 도체찰사로서 겪은 임진왜란(1592~1598)에 대한 전사적(戰史的) 기록이다. 이 책은 국보 132호로 지정되어 있다.

서애 선생은 『징비록』 자서(自序)에서 저술의 목적을 분명히 밝혔다.

시경에 이르기를 '지난 일의 잘못을 징계하여 후에 환란이 없도록 조심한다'고 하였으니, 이것이 내가 징비록을 지은 이유이다(詩曰 予其懲而毖後患 此懲毖錄所以作也).

400년 후 그의 12대 후손이 같은 뜻으로 할아버지를 본떠서 『제3

의 성찰』이라는 책을 썼다. 할아버지가 전쟁의 최고사령관으로서 겪은 일들을 상세히 기록하여 훗날을 경계하고자 하였다면, 손자는 타국의 기존 성공 사례에 대한 경험적 연구를 통해 한국인들이 분단 상황에 안주하는 것을 경계하고 통일로 가는 길을 제시하고자 하였다.

나는 『징비록』을 본떠 국가의 미래를 내다보고 미리 경계한다는 같은 목적을 가지고 이 책을 썼지만, 제목에 '징비(懲毖)'라는 말 대신 '성찰(Reflexion)'이라는 말을 썼다. 그것은 원본이 독일어로 쓰였기 때문이기도 하지만, 그보다는 행여 조상님의 공덕에 누가 되지나 않을까 하는 두려움에서였다. '성찰' 앞에 굳이 '제3'이라는 수식어를 붙인 까닭 역시 당사자가 아닌 제3자의 성공 사례, 즉 독일의 통일을 자국의 미래에 비추어보는 방식을 택하고 있기 때문이다. 그리고 그것은 연구와 서술의 방법론적 차이를 반영하는 것이기도 하다. 사람은 과거로부터만이 아니라 미래로부터도 배울 수 있다. 앞서가는 남을 자신에게 비추어보고 거기서 교훈을 얻는 것은 미래에서 배우는 것이다. 독일은 재통일에 성공한 국가로 한국의 바람직한 미래를 위한 유일하고도 훌륭한 모델이다. 이런 관점에서 나의 연구는 통일된 독일을 분단국으로 남아 있는 한국이 본받아야 할 바람직한 미래상으로 보는 데에서 출발한다.

전혀 당치 않지만, 단지 책의 성격을 분명히 하기 위해, 손자의 졸저를 할아버지의 것에 비교해보기로 한다. 전술한 바와 같이 두 책은 저술의 목적에서 공통성을 갖는 대신 서술의 방식은 달리하고 있다. 할아버지의 책이 모국의 과거사에 대한 역사적 기록이라면, 손자의 그것은 타국의 사례를 살펴 자국에 비추는 지리적 서술이다. 전자가 역사적 방법이라면 후자는 지리학적 방법이라고 할 수 있을 것이다. 둘 다 저자가 학자/정치가로서 얻은 지식과 경험을 토대로 공직에서 물러난 후에 쓰였는데,『징비록』은 국난을 극복한 후에 그리고『제3의 성찰』은 국가과제를 앞에 두고 쓰였다. 두 책이 모두 외국어로 쓰였다는 점도 특이하다. 전자는 한문으로 쓰이고 후자는 독일어로 쓰였는데, 어쩌면 저술 당시에 한반도가 처한 시대상황과 함께 지식인들의 관점과 활동 양상을 반영한다고 할 수도 있겠다.

또한 당연히 나는 나의 책이 내용과 문장에 있어 조상님의 그것에 미치지 못한다는 것을 잘 알고 있다. 그럼에도 불구하고 졸저를 써내면서 감히 조상님의 명저에 기대는 것은 너무도 절실히 가슴에 와닿는 말씀 때문이다.

> 이것으로 시골에 살면서도 성심으로 나라에 충성하고자 하는 뜻
> 을 나타내고, 또 어리석은 신하의 나라에 보답한 것이 없는 죄를 이
> 른 것이다(旣以寓畎畝惓惓願忠之意 又以著愚臣報國無狀之罪云).

"고희(古稀)에 유학이라고?"

더구나 어머니와 장인어른께서 노환으로 요양병원에 누워 계시고, 모시고 일한 대통령께서는 감옥에 가 계시는데……. 대부분의 친지들이 걱정하고 말렸지만, 나는 2019년 초 한사코 독일로 떠났다. 그것은 휴가나 여행이 아니라 내게 남은 일, 즉 꼭 해야 할 연구를 마저하기 위한 학문적 귀향이었다. 1980년 유학을 마치고 귀국한 지 40

년 만에 이루어진 제2의 유학이었다. 베를린 장벽이 무너지고 독일이 다시 통일된 지 30년, 나는 이때가 독일통일의 여건, 그 과정과 결과를 연구하기에 더없이 좋은 계기라고 보았다. 일선에서 물러나 마땅히 할 수 있는 일도 없었던 나로서는 이 절호의 기회가 눈앞에서 스쳐 지나가는 것을 맥없이 앉아서 바라보고 있을 수 없었다.

2015년에 나는 65세의 나이로 은퇴하였다. 옛 선비들의 전통대로 학자이자 정치가로서 35년 동안의 공복 생활을 마치고 시골로 돌아갔다. 그것은 직업적인 활동의 마감, 말하자면 하나의 끝을 상징하는 것이었다. 그러나 실제로 일이 완전히 끝난 것은 아니어서 나는 바로 이어서 서울대 명예교수와 육군사관학교 석좌교수로 위촉되어, 많지는 않지만 일을 계속했다. 내 임무는 한 학기에 몇 차례 서울대 학생들과 육사 생도들에게 특강의 형식을 빌려 동아시아의 정치적 관계를 지정학적 관점에서 설명해주는 것이었다. 그것은 내가 평생 생각하고 해온 일이었기에 지식과 경험을 엮어서 들려주는 이야기이기도 했다. 그 밖에는 텃밭을 가꾸고 지인들을 만나거나 미루어둔 여행을 하는 정도로, 해야 할 일이 그리 많지는 않았다. 말하자면 여느 연금 생활자들과 다르지 않게 시간이 많은 편이었다.

그래도 마음만은, 지금도 그렇듯이, 아직 젊게 느꼈다. 이렇게 무료하게 생의 마지막을 기다릴 것인가? 아니다, "끝이 곧 시작이라(終則有始)"고 하지 않았나? 『주역(周易)』의 한 구절이 생각났다. 나는 새로 일을 시작하기로 했다. 내가 좋아하고, 잘하고, 해야 하는 일, 내가 완수하지 못한 일을 다시 시작하는 것이다. 그것이 어떤 일일까를 생각해보았다.

먼저 나를 다시 돌아보았다. 분단 독일에서 지리학, 역사학과 사회학을 공부하였고 서울대에 돌아와 지정학과 국토정책을 연구하고 가르쳤다. 대학에서 교무행정을 책임지기도 했고, 국제학회를 앞장서 이끌기도 했으며, 정부에서는 정책을 자문하고 정책의 결정과 시행을 맡기도 하였다. 어느 자리에 있든 학자로서 정치인으로서 내가 일관되게 추구했던 주제는 '통일'이었다. 생전에 꼭 통일을 보겠노라고 했던 소망은 지금도 변함이 없다. 나름 "학문을 해서 나라를 섬기라(學而報國)"는 선현의 가르침에 충실하고자 했지만 끝내 뜻을 이루지 못하고 직에서 물러났다. 생각하면 부끄러울 뿐이다. 그리하여 지금 내 여생의 과제로 남은 일 역시 통일이다.

이어서 전쟁을 치르고 『징비록』을 쓴 서애 할아버지의 심정을 헤아려보았다. 외침(外侵)에 "삼도(한양, 개성, 평양)를 지키지 못하고 팔방이 무너져 임금이 수도를 버리고 피란하니(三都失守 八方瓦解 乘輿播越)" 백성이 도탄에 빠졌던 참혹한 전쟁이었다. 7년전쟁 동안 나라를 이끌었던 재상은 "하늘의 도움으로" 나라를 구하여 다시 제자리에 올려놓은 후에 낙향하여 전란의 전후를 기록하였다. 그분은 그토록 염려했던 나라의 그 이후에 대해, 그리고 지금의 이 분단 한반도의 현실과 그 미래를 두고 뭐라고 하실까?

결국은 망국을 막지 못하고 일제의 식민지로 전락하였고, 남들의 도움으로 해방되었으나 남북으로 갈라져 동족상잔의 전쟁을 치른 후에 여전히 적대적으로 대립하고 있다. 북한은 공산독재 하에 주민을 억압하고 핵무기를 개발하여 국제사회로부터 고립되어 있고, 남한에서는 그나마 이룩한 경제발전과 자유민주체제가 다시 흔들리고 있다. 통일은 말뿐이고 평화의 미명 하에 분단체제가 굳어가고 있다.

아, 선생께서는 힘겨운 전쟁 중에도 중국과 일본이 획책하는 한반도 분단을 막기 위해 그토록 진력하지 않으셨던가! 계속해서 통일을 이야기하자. 그 많은 통일론에 또 한 권의 책을 보태는 것이 아니라, 내가 지금 꼭 해야 하고 잘할 수 있는 방법으로 통일을 이야기하자. 독일은 이미 30년 전에 통일되었는데 한반도는 여전히 분단되어 있다. 통일 후 한 세대가 지난 독일에서 다시 우리나라 통일의 길을 찾는 작업을 하자. 현장을 조사하고 증언을 듣고 그들의 인식을 평가하고 재해석하자. 그것을 한국에 비추어 교훈을 얻자. 그리하여 '성찰'이라는 방법론적 개념을 찾아내는 데에는 그리 오랜 시간이 걸리지 않았다.

나는 부끄러운 마음으로 나와 나라의 과거를 되돌아보고 현재를 살펴보았다. 나아가 누구나 지난(至難)하다고 했던 일을 훌륭히 해낸 남들에게서 우리의 미래를 보고자 했다. 그리하여 나의 과거에서 배우듯이 남의 미래에서 배우기로 한 것이다.

이런 생각을 한 끝에 어리석은 후손은 조상을 존경하고 그 덕을 기리는 마음으로 나라의 미래를 위해 마땅히 해야 할 일을 다시 시작하기로 하였다. 그 첫 작업은 독일의 통일 과정과 그 후 한 세대 동안의 변화를 현지에 가서 다시 공부하는 것으로 정했다. 이 공부의 결과를 토대로 통일에 관한 교훈을 이끌어내고, 끝으로 그것을 한반도의 미래에 적용하여 통일의 원칙을 도출할 계획을 세웠다.

이런 연유로 나는 결코 독일 정치 그 자체를 논하거나 비평할 생각을 갖고 있지 않다. 나의 목적은 그보다는 통일과 그 이후의 통합 과정에 대한 독일의 정치적 경험과 그에 대한 독일인들의 인식을 평가하고 해석하여 한반도에 비추어보는 데에 있다. 나아가 여전히 분단된 나라에 사는 한국인들이 통일에 대해 새로운 지식을 습득하고 실용적인 인식을 갖게 하는 데에 있다. 이 전체 과정을 나는 '성찰'이라고 하고, 그것을 책의 제목으로 정한 것이다. 독일인들이 역사에서 배웠다면, 한국인들은 왜 지리에서 또한 배울 수 없겠는가? 독일인들이 그들 자신의 과거로부터 배울 수 있었다면, 한국인은 왜 먼저 이루어진 독일로부터 다시 배울 수 없겠는가?

과거 한때 우리 한국인들은 세계정치와 시대변화에 무지했고, 그래서 사회적으로 무책임하게 행동했고, 외세의 침략에 제대로 대응하지 못했다. 그 결과 나라의 주권을 잃고 식민통치를 당했고, 어렵사리 주어진 해방 후에도 타의에 의해 남과 북으로 갈라져 살고 있다. 우리가 겪고 있는 많은 갈등과 모순, 비효율이 대부분 거기에서 비롯되고 있는 것들이다. 지금처럼 나라가 적대적으로 분단되어 있는 한, 앞으로도 한국인들은 정치적 후진성과 그로 인한 고통에서 벗어날 수 없을 것이다. 그러므로 나는 한국인들이 자유를 온전히 확보하고, 나라의 독립을 완성하기 위하여, 그리고 선진국으로 발전하기 위해서는 반드시 그리고 조속히 나라를 통일해야 한다고 믿는다.

이 작업은 이런 인식의 토대 위에서 출발했다. 같은 잘못을 반복하지 않도록 하기 위해서, 학자로서 정치가로서 그리고 무엇보다도 전임 통일부 장관으로서, 나는 나의 임무가 온 힘을 다해 과거와 미래로부터 배우고 성찰한 결과를 조국의 통일을 위해 쓰이도록 최선을 다하는 데에 있다고 믿는다. 그리함에 있어 나는 모든 한국인들 및 한반도 통일에 연관된 외국인들과 함께 이미 100년 전에 이 땅에서 선포된 기미독립선언문, 특히 다음의 경구를 상기하고자 한다:

지금 우리가 할 일은 우리 자신을 바로 세우는 일이지 남을 파괴하는 것이 아니다.

인연이 길을 열다

"놀라움." 그리고 한참의 정적.

'1989년 9월 11일 베를린 장벽이 무너졌을 때 첫 느낌이 어땠느냐'는 나의 질문에 대한 대답은 그렇게 짧았다. 그러나 그것은 나에게 다른 어떤 긴 설명보다도 큰 영감을 주었다. 독일 유학시절 이래로 40여 년 동안 가까이 지내온 동학의 친구 악셀 프립스. 평생 독일 국토정책(Raumordnungspolitik)을 연구하고 가르친 그는 지금 오스트리아 빈대학(Universität Wien)에 교수로 재직하고 있다. 그가 덧붙인다.

"나는 어안이 벙벙해져서 멍하니 텔레비전을 들여다보았지. 솔직히 나에게 동독(DDR)은 낯선 나라였거든. 멀리 떨어져 있는. 한참 뒤에는 기쁨과 고마움이 한꺼번에 밀려왔지, 물론!"

평범한 질문에 비해 생각을 일깨우는 대답이었다.

내게는 오랫동안 깊은 우정을 나누는 독일 친구가 두 사람 더 있다. 에카르트 데게는 헤르만 라우텐자흐(Hermann Lautensach) 이후 한국을 연구한 가장 유명한 독일 지리학자로, 지금은 킬대학 교수에서 정년 퇴임하여 전원생활을 즐기고 있다. 우리는 그가 1970년대 초 처음 한국에 와서 농촌지역 연구를 시작할 때 답사에 동행하면서부터 친구가 되었다. 그리고 에카르트 엘러스는 국제지리학연합(IGU)의 내 전임 사무총장이었다. 우리는 2000년 서울 국제지리학대회(International Geographical Congress, IGC)에서 당시 각각 IGU 사무총장과 학술대회 조직위 사무총장으로서 긴밀히 협조해서 이 대회를 120년 IGU 역사상 최고의, 그리고 "다시는 반복될 수 없는" 대회로 성공시켰다. 내가 그에게 이 독일통일 연구계획을 설명했을 때 그는 "대단해, 우익!"이라고 소리치며 환한 웃음으로 반겼다. 나는 이들 옛 친구들과 독일에서 다시 만나면서 2,500년 전에 이미 그 즐거움을 첫머리에 둔 공자님의 가르침이 생각났다:

'배우고 때로 익히면 또한 기쁘지 아니한가, 친구가 스스로 멀리서 찾아오니 이 또한 즐겁지 아니한가(學而時習之不亦說乎, 有朋自遠方來不亦樂乎, 論語)!'

내가 사적인 우의를 장황하게 언급하는 이유는 그들이 이 연구를 도왔고, 특히 다른 독인인들과의 만남을 주선해주었기 때문이다. 그것은 정성적(定性的)인 설문조사에서는 매우 중요한 요소이다. 물론 로베르트 보슈 아카데미도 내 신분을 보증해주고 많은 만남, 특히 고위층과의 대담을 주선하는 등 내 연구활동을 지원했다. 그들의 적극적 도움이 없었더라면 외국인으로서 독일인들을 대상으로 개개인의 이력과 감정을 포함하여 통일을 둘러싼 여러 사건들에 대한 각자의 인식과 같이 사회적으로 민감한 사안들에 관해 집중 대담을 해내기는 아마도 불가능했을 것이다. 더구나 그 모든 일을 그사이에 분명히 녹슬었을 나의 독일에 대한 지식과 독일어 구사 능력으로 감당해내야 했으니까!

평화시위를 행복한 결말로 이끌어 불가능한 것을 가능하게 만든 일이 동독인들의 불굴의 의지로 시작되었듯이, 나와 내 연구에 있어서는 인간관계와 그 네트워크가 스스로 작동하여 성장하고 성공을 가져오는 놀라운 능력을 발휘하였다. 이 네트워크 형성의 속성을 불교에서는 '인연(因緣, Nidana)'이라고 부른다. 기독교적 관점에서는 '하나님의 섭리'라고 할 이 개념은 독일어로는 '인간적인 인과사슬(menschliche Kausalitätskette)'이라고 의역할 수 있을지 모르겠다. 인연이란 생의 순환에서 원인과 결과를 잇는 보이지 않는 연결고리들이 있어 시공간을 넘어 여러 갈래로 새로운 관계를 만들어내고 누적되면서 스스로 그 네트워크를 확대시켜간다는 개념이다. 모든 의미 있는 만남은 과거에 맺은 인연의 재생이고 새로운 인연의 시작이다. 그리하여 인연이란 사람이 뜻대로 어찌할 수 없는 것이니, 절로 늘어나기도 하고 사라지기도 하면서 역사를 만드는 것이다.

'나는 우연이 있다는 데 대해서 회의(懷疑)하기 시작했습니다!'
(Kristin von Kistowski, 2019년 8월 22일)

이것은 내가 대담했던 이로부터 받은 이메일의 한 줄이다. 나는 그녀를 2019년 4월 에카르트 엘러스와 즐거운 만남을 마치고 함부르크-알토나(Hamburg-Altona)에서 베를린으로 가는 기차에서 만났다. 통상적인 대화 끝에 우리는 서로 무슨 일을 하는지에 대해 이야기하게 되었다. 그녀는 국제식량기구(FAO)에서 일하는 생물학자라고 했고, 내가 하는 사회과학적 일에도 잘 알지는 못하지만 관심이 있다고 했다. 거기다 우리 둘은 킬대학 동문이라는 것을 알게 되었고, 나중에는 결국 통일에 대해 제대로 대담을 나누게 되었다.

그로부터 두 달 후 나는 내 친구 악셀 프립스에게 대담자 목록을 보여주었는데, 그는 내게 '크리스틴을 어떻게 만났느냐'고 물었다.

"기차에서 우연히 만나 알게 되었지. 같은 칸에 탔었거든."

그가 웃으면서 말했다.

"몰랐어? 너희들 킬 시절부터 이미 서로 아는 사이야. 크리스틴 폰 키스토프스키, 그녀와 너, 그때 킬의 아이슬란드인들 파티에서 한 테이블에 동석했었잖아."

그제서야 나는 악셀과 그의 아이슬란드 출신 아내 브리냐(Brynja)가 나를 항구의 아이슬란드 식당으로 데려갔던 기억이 났다. 며칠 후 그는 내게 세 장의 사진을 보내왔고, 나는 그것을 그녀에게 전달했다. 그러자 바로 그녀에게서 이메일 답신이 왔다:

'감격했습니다! 이런 사진이 다 있네요. 당신은 갑자기 내 아버지와 얘기를 하고 있고, 그 뒤에 나까지 보이네요. 우리가 우연히 기차에서 만나 서로 알게 되다니, 아니 다시 만나다니, 도대체 어떻게 이런 일이?'

내가 이 이야기를 하는 것은 나도 국제적으로 활동하는 이 실무 생물학자와 같은 생각이 들었기 때문이다: '인연'이라는 것이 실제로 존재하는 것 같다. 그리고 그 인과사슬은 어쩌면 개인 사이를 넘어 집단적 인간사, 즉 독일통일이나 한반도 상황의 발전과 같은 정치적 영역에서까지도 작동할 수 있겠다는 생각이다.

이 연구와 관련된 다른 하나의 기이한 인연은 독일에서의 나의 지위와 관련된 것이다: 나는 독일통일을 연구하기 위하여 로베르트 보슈 재단의 초청을 받아 로베르트 보슈 아카데미의 리하르트 폰 바이츠제커 펠로로 독일에 갔다. 나는 2012년 초 통일부 장관 자격으로 독일을 공식 방문했을 때, 리하르트 폰 바이츠제커 통일 대통령을 방문하여 개인적인 친교를 맺었었다. 당시 그는 건강이 좋지 않았음에도 "독일어를 하는 한국의 통일부 장관"이라고 나를 따뜻이 맞아주었다. 그는 나에게 북한 지도자 김정일 사후의 남북관계를 어떻게 전망하는지 물었다. 나는 북한이 당장은 모든 남북관계를 단절하였는데, 아마도 체제 붕괴에 대한 불안 때문인 것 같다고 대답했다. 그리고 그들이 4월 15일을 전후하여 어떻게 행동하는지를 보면 조금 더 정확히 평가할 수 있을 것이라고 덧붙였다.

"장관, 왜 하필 4월 15일이지요?"

"각하, 그날이 바로 북한 정권을 수립한 김일성, 즉 김정은의 할아버지 생일이기 때문입니다."

"아, 나는 그와 내 생일이 같은 날이었는 줄 몰랐네요."

그리고 우리는 타이타닉호가 침몰한 날도 4월 15일이라는 것을 확인하고 나서, 같은 날에 좋은 일과 궂은일이 다 일어날 수 있다는 데에 의견을 같이했다. 그는 '준비된 통일은 축복이지만 그렇지 못하면

재앙이 될 수 있다'고 전제하고, 나의 통일준비 정책을 적극 지지한다고 말했다. 또 그 자신 여러 차례 동아시아를 순방했는데 매번 서울에서 그 순방을 시작했다고 밝혔다. 그리고 그것은 "분단국가에 대한 연대의 표현"이라고 덧붙여 설명했다. 그와의 만남이 통일이라는 개념 아래 리하르트 폰 바이츠제커 펠로로 다시 이어지고 있으니, 참으로 아름다운 인연이 아닌가!

내가 소개하고자 하는 세 번째 인연은 한반도와 주변 4강의 지정학적 관계에 연관된다. 한반도는 제2차 세계대전 후에 미국과 소련에 의해 분단되었지만, 놀랍게도 한반도 분단은 이미 400년 전 임진왜란 당시에 일본과 중국 사이에서 시도되었던 것이다. 왜(倭)는 '명(明)을 치기 위해 길을 빌리자(征明假途)'고 하면서 조선반도를 침략하였지만, 경향 각처에서 의병이 일어나고 이순신 장군이 해전에서 승전을 거듭하는 데에다 명의 지원군이 참전하여 전쟁은 소강상태에 빠졌다. 그러자 왜와 명은 본색을 드러내어 조선 조정을 배제한 채 조선반도를 분할 통치하기 위한 강화협상을 시도했다.

'임진왜란은 왜의 입장에서 보나 명의 입장에서 보나 조선분할전쟁(朝鮮分割戰爭)이었다.' (송복: 『위대한 만남』, p. 320)

왜는 경기 남부, 충청, 전라, 경상 4도의 할지(割地)를 요구했고, 명은 분할역치(分割易治)를 내세워 함경, 평안, 황해, 강원의 4도를 울타리로 삼으려 했다. 서애 선생은 전시(戰時) 수상(首相)으로서 기민한 결단과 능란한 외교술로 이러한 왜와 명의 조선분할 획책을 저지하고 독립자강(獨立自彊)의 길을 열었던 것이다. 그로부터 400년이 지나서 선생의 어리석은 후손이 그사이 기어이 분단되고 만 반도를 다시 통일하겠다고 나섰으니, 얼마나 보탬이 될지는 알 수 없으나, 아무튼 끈질긴 인연이라 할 것이다.

이 인연들이 나를 통일독일의 여러 곳에서 다양한 집단에 속하는 많은 독일인들과의 대담으로 이끌었다. 킬의 옛 친구들에서 시작해서 이 인연의 연결고리들은 학자와 정치인들을 비롯한 독일 사회 각계 각층의 인사들로 그 범위를 계속 넓혀갔다. 인연은 우연히 맺어져 점점 확대되어간다. 최소한 겉으로는 그렇게 보인다. 그러나 내 생각에는 인연이란 사람을 예비된 길로 이끌어가는 것으로 억지로 만들거나 피할 수 있는 것이 아닌 것 같다. 최소한 그렇게 해석되어야 할 것 같다. 그게 아니라면, 어떻게 늙은 한국인이 독일인들을 상대로 30년이 지난 통일에 대하여 집중 대담을 포함한 장기간의 현지조사를 하기에 이르렀을 것인가?

내가 만난 사람들

12개월에 걸쳐 독일통일 과정에 관련된 동독과 서독의 의사결정자들과 당사자들 및 관찰자들과 모두 62건의 집중 대담을 수행했다. 그로써 나의 일차 목표는 일단 달성되었다. 본래 나는 52건의 대담을 계획했었다. 1년이 52주라, 나는 전에 52개의 글로 된 『장소의 의미』라는 책을 낸 적이 있다. 이번에 계획을 넘어선 10건의 대담은, 로베르트 보슈 재단의 한 동료가 말한 것처럼, 내게는 이를테면 보너스인 셈이었다.

이 조사의 결과는 독일인들의 통일에 대한 인식을 통해서 드러난 시대정신이라고 할 수 있을 것이다. 그리하여 그에 대한 역사적, 지리학적 해석은, 『징비록』이 그렇듯이, 시공간적 차원에서의 국가발전에 대한 하나의 철학적 성찰이라고 할 것이다.

이 연구는 처음부터 정성적 조사를 하는 것으로 기획되었기 때문에 본래 대담자들에 대한 통계적인 조건을 꼭 고려할 필요는 없었다. 그러나 결과를 목적에 걸맞게 분석하고 의미 있게 해석하기 위해서는 대담자들의 사회적, 지역적 속성을 파악하는 것이 도움이 될 수도 있다. 이를 위해 나는 대담자들을 4가지 지표에 따라 분류하여보았다.

1) 거주지: 베를린 거주자(26명)가 가장 많았고, 북부 및 서부 독일(15명, 그중 3명은 도르트문트, 본, 마르부르크)과 남부 독일(12명)이 뒤를 이었다. 동독 거주자(15명)가 적은 편이긴 했지만, 그렇다고 과소 대표된 것은 아니었다. 즉 대담자의 출신지를 기준으로 삼으면 그림이 좀 달라진다: 구서독지역의 대담자 중 적지 않은 수가 옛 동독지역에서 서쪽으로 이주(移住)한 이들이고, 베를린 거주자들은 출신지로 보면 어차피 상당히 혼합된 집단이라고 할 수 있다.

2) 연령: 60세 이상의 대담자 수(29명)가 우연히도 31~60세 대담자 수(29명)와 꼭 같았다. 나머지(4명)는 30세 이하였다. 이런 구분은 인구학에서는 통상적이지 않지만, 이 연구의 특성을 고려하여 자의적으로 도입하였다. 청년층(30세 이하)은 이른바 통일후 세대(Nachwenderkinder)이고, 중년층(31~60세)은 현재 적극적으로 활동하는 인구집단이며, 60세 이상의 노년층은 통일과정에서 활동했던 이들이다. 이런 구분을 통해 나는 과거의 관점과 현재의 관점을 모두 파악할 수 있을 것으로 생각했다.

3) 성별: 남성 대담자(42명)가 여성(20명)에 비해 월등히 많았다. 수적으로 보면 여성이 과소 대표된 것이다. 이것은 어쩌면 불평등한

사회활동의 실상을 반영하는 것일 수도 있다. 이러한 양성의 불평등한 대표성이 사실관계와 이 연구의 목적을 왜곡하지 않도록 조사결과의 해석에 주의를 기울일 필요가 있다고 하겠다.

4) 직업: 여기에도 나는 연구의 목적에 따라 실용적인 지표를 선택하였다. 공공부문 전문직(교사, 목사, 판사, 의사 포함 18명)이 가장 많았고, 학자(13명)와 정치인(12명)이 뒤를 이었다. 이것은 연구의 주제와 연구자의 직업을 고려하면 이해가 가는 부분이다. 언론인(7명)들도 연구자가 의도적으로 끌어들인 면이 있다. 기업인(4명)과 회사원(4명), 학생(2명)과 연금 생활자(2명)는 수적으로 비슷하지만, 다들 실제 사회 구성비율에 비하여 과소 대표되었다. 이 점은 대담자들의 진술 결과를 해석하는 과정에서 감안되어야 할 것이었다.

내가 수행한 62건의 대담에는 연구대상, 즉 독일통일에 직접 연관되는 7명의 외국인이 포함되어 있다는 사실도 밝혀둘 필요가 있을 것이다: 3명의 오스트리아인(그중 1명은 빈에서 일하는 독일인), 그리고 미국, 프랑스, 폴란드와 한국인 각 1명이 그들이다. 직업적으로는 언론인(3명), 학자(2명), 그리고 정치인(1명)과 외교관(1명)들이다. 나는 그들에게서 가급적 외부의 관점을 듣고자 했다. 그것은 독일통일에 대한 인식을 파악하기 위해 빼놓을 수 없는 부분이기도 했다. 외국인들은 거주지 분류에서는 편의상 베를린에 포함시켰다.

세심한 독자라면 내 대담에 노동자와 농민이 빠져 있다는 것을 금방 알아냈을 것이다. 그들은 동독 시절에는 '노동자-농민의 국가'라고 할 만큼 국가를 지탱하는 중요한 사회집단이었다. 그러나 지금은 주로 노년층에 속하거나 흔히 통일의 패배자라고 불리기도 하는 젊은 세대에 속하는 인구집단을 구성하고 있다. 그들 중 일부는 오늘날 실직 또는 불완전 고용 상태에서 불만집단의 상당 부분을 차지하고 있기도 하다. 그리고 이 불만이 정치적 저항과 시민 불복종의 형태로 표출되고 있다는 것은 알려진 대로다. 아쉽게도 이 연구에서는 이 집단에 속하는 이들을 만나 대담하지 못했다. 소수집단이지만 이들의 형편과 인식은 나름 중요한 의미가 있으므로, 통계나 언론 보도, 연구보고서 등 다른 자료들을 참고해서 가능한 한 보완하고자 했다.

세 사람의 외국인(미국인, 프랑스인, 한국인)을 제외하고는 모든 대담은 독일어로 이루어졌다. 대담은 다소 불편하더라도 불필요한 긴장이나 정치적으로 각색된 진술을 피하는 것이 더 중요하다고 보아 의도적으로 녹음하지 않았다. 그 대신 대담을 진행하면서 간간이 메모를 했다가 나중에 기억을 되살려 내용을 보완하는 방식을 택했다. 물론 쉽지는 않았지만, 대담자들 중에는 내가 그들의 발언을 받아 적을 때까지 잠깐씩 기다려주는 이들도 적지 않았다. 그래도 발언의 일부를 놓치거나 잘 못 알아들은 경우에는 양해를 구하여 되묻곤 했다. 이렇게 해서 모두 7권의 대담 노트가 만들어졌다. 그 내용은 아마도 나만이 해독할 수 있을 것이다. 대담의 요점이 주로 불완전한 독일어 문장으로 쓰였지만, 영어나 한글이 적잖이 섞여 들어가기도 했다. 더러는 한자가 차용되기도 했고, 그 밖에 온갖 기호들이 다 동원되었다. 그때그때 내 머리에 떠오르는 대로 어떻게든 신속히 표시해두는 게 중요했다. 내가 몇 시간 후에 암호들을 풀어내고 그 맥락으로 기억을 되살려 생각의 흐름을 온전히 재생해낼 수 있기만 하면 되는 것이었다.

모든 대담자들은 친절하고 협조적이었다. 물론 외국인 질문자로서 어쩔 수 없이 갖게 되는 언어 능력과 사실관계에 대한 지식의 한계로 인한 어려움이 없지는 않았지만, 대담자가 사적인 의견 개진과 정보 제공에 따르는 심리적 부담이나 정치적 이유로 인한 저항을 거의 갖지 않는다는 점에서 장점도 있었다. 오히려 일반적으로 외국인 연구자는 개인적인 선입견이나 사적인 이해관계로부터 자유롭다는 측면에서 사안을 객관적으로 바라볼 수 있는 이점을 갖기도 한다. 아마도 그것이 훌륭한 지지(地誌)들이 흔히 외국인 지리학자에 의해 쓰였던 이유이기도 할 것이다.

모든 대담자들이 나에게 똑같이 중요했지만, 몇몇 사례들은 더 상세히 기술되기도 했다. 그것은 그들이 더 중요하기 때문이라기보다 그들이 속하는 집단의 입장을 잘 대표한다는 나의 판단에 따른 것이다. 대담에 대한 이 짧은 설명이 독자들에게 내 조사의 진행과정을 어느 정도 전달해줄 수 있기 바란다. 돌이켜보건대 나의 대담들은 미리 설계된 체계적인 계획에 따라 진행되기보다는 정해진 목표를 가지고 당시 현지 사정에 적응하는 방식으로, 그리고 더러는 즉흥적으로 또는 우연히, 이루어져갔다고 할 수 있다. 그럼에도 불구하고 나는 그들의 진술이 통일과정에 대한 당사자들의 긍정적인 경험과 부정적인 경험 및 그 원인과 결과에 대한 평가들을 폭넓게 반영하고 있다고 본다. 굳이 말하자면 부분적인 분위기를 묘사한 그림이기는 하지만, 그럼에도 전체적 실체에 합당하는 인상을 전달하고 있는 것이다.

—

인상 깊은 이야기들

내 대담 시리즈 초기에 로베르트 보슈 아카데미의 도움으로 크리스티안 불프(Christian Wulff) 전 독일대통령을 만날 수 있었던 것은 행운이었다(2019년 3월 29일). 그는 나의 일곱 번째, 그리고 독일 정치권에서는 가장 중요한 대담자였다.

나는 그가 독일통일 22주년 기념일을 기해 한국을 방문했을 때에 이미 그를 한 번 만난 적이 있었다. 2012년 10월 9일 저녁 우리는 서울의 독일대사 관저에서 800여 명의 손님들과 함께 독일통일 22주년 축하연회에 참석했었다. 다음날 아침 독일대사관으로부터 불프 대통령이 나를 만나고 싶어 한다는 전언이 왔다. 나는 대통령이 묵고 있는 호텔로 찾아가겠다고 했는데, 그는 나에게 할 말이 있다고 하면서 직접 장관실로 찾아왔다. 이 특별한 만남에서 그는 나의 '적극적 통일준비 정책'을 명시적으로 지지하였다.

"나는 독일 정치인의 한 사람으로서 1989년 당시 누구도 갑작스러운 통일에 대해 개념적으로 준비되어 있지 않았었다는 사실에 대해 부끄럽게 생각합니다. 대부분 그 가능성을 희박하다고 보았거든요. 혹 그런 순간을 예견하는 이들이 있더라도 보복주의자(Revanchisten)로 몰리기 십상이었지요. 한국에서는 분명히 더 잘될 것 같습니다."

독일 의회(Deutsche Bundestag) 안에 있는 그의 사무실에서 그는 2011년 7월 더반(Durban)에서 한국이 2018년 동계올림픽을 평창으로 유치했을 때 이명박 대통령과 만났던 것을 회고하기도 하였다. 불프 대통령과의 대담은 한 시간 반 동안 계속되었다. '만약 내일 한국이 통일된다면'이라는 가정 하에 그는 한국인들에게 몇 가지 조언을 하기도 했는데, 그에 관해서는 나중에 다시 얘기하기로 한다. 마지막으로 나는 대통령께 내가 꼭 물어보고 싶었던 까다로운 질문을 하나 내놓았다:

"옛 동독의 지도자들은 다 어떻게 되었습니까? 그들은 지금 무엇을 하고 있습니까?"

"거의 다 해임되었습니다. 대부분은 자리에서 물러나 은퇴해야 했고, 일부 재교육을 받은 후에 문화재단 같은 데에서 새로운 일자리를 구한 이들도 있고요."

그는 나에게 당시 동독에 통일 후에도 계속 활용될 수 있었던 좋은 인적자원이 있었다는 것을 시인했다. 그것에 대해 자세히 설명하는 대신 그는 다시 한번 만나자고 하면서 이메일 주소를 적어 내게 건네주었다. 그러고는 이메일로 질문을 보내도 좋다고 덧붙였다. 나는 그 말이 아직도 유효하기를 바란다.

　나는 동독 정부의 마지막 국가 수반(1989년 11월 13일~1990년 4
월 12일)이자 각료회의 의장(Vorsitzender des Ministerrates)이었
던 한스 모드로(Hans Modrow) 씨를 2019년 5월 28일 좌파당 중
앙당사에 있는 그의 사무실(5. Stock im Karl-Liebknecht-Haus der
Parteizentrale der Linken)에서 만났다. 91세의 전 수상은 남한에서
온 학자를 직접 영접하기 위해 일층 현관까지 내려와서 기다리고 있
었다. 인사말에서부터 그는 한국과의 개인적인 관계를 강조함으로
써 외교적 격식을 갖추려 했다. 그는 내게 김일성과 에리히 호네커
(Erich Honecker, 1976~89년 DDR 국가평의회 의장)가 함께 찍은 사진
이 든 오래된 화보를 꺼내 보여주면서, 1984년 드레스덴(Dresden)에
서 독일사회주의통일당(Sozialistische Einheitspartei Deutschlands,
SED)의 지구당위원장(Chef des Bezirks) 자격으로 '지도자 동지'를
수행했던 것을 자랑스러워했다. 그는 2018년에도 평양과 서울을 방
문했었다고 하면서 여전히 한반도 상황에 관심이 있음을 드러냈다.
　나라를 잃어버린 비극적 정치 지도자의 소극적 태도를 그렸던 나
의 예상과 달리 그는 열정적이고 적극적이었다. 하기야 그는 통일 후
에도 독일 연방의회 의원에 이어 유럽의회 의원으로 정치 일선에서
활동을 했었다. 고령에도 불구하고 그는 대화의 주제에 계속해서 집
중하였고 통일에 관련된 사건과 수치(數値)들을 놀라우리만치 잘 기
억하고 있었다. 그러면서 몇 가지 점에 대해서는 유감을 표시하였다.
특히 그의 '3단계 통일론(Modrows Plan)'이 실현되지 못한 것을 못

내 아쉬워하면서 나에게 그 내용과 의의를 장시간 설명하기도 했다.

"동독(DDR)은 사라진 것이 아니고 통일독일 속에 살아 있습니다".

그는 구동독의 주들이 서독(BRD)으로 들어간 후에 독일의회에서 통합작업이 어떻게 계속 이루어져야 했는지를 역설했다. 그럴 때 그는 마치 여전히 전환기에 살고 있는 것같이 열성적이었다. 두 시간이 훌쩍 지난 후, 내게는 아직 많은 질문이 남아 있었지만, 대담을 마칠 수밖에 없었다.

"4대 강국은 통일한국에 너무나 큰 이해관계를 가지고 있습니다. 그러므로 당신들은 작은 보폭으로 천천히 걸어가는 것이 좋을 것입니다. 남과 북이 균형을 맞추면서 말이지요."

이것이 고국에서 정치적으로 좌절한 한 마르크시스트 정치인의 한반도 통일 전망에 대한 마지막 코멘트였다.

로베르트 보슈 아카데미를 통한 나의 요청으로 베를린 장벽 붕괴 당시 서베를린 시장이었던 발터 몸페어(Walter Momper) 씨와의 대담이 이루어졌다. 2019년 5월 27일 그는 몸소 프란최지셰 슈트라세 32번지의 연구원도서실로 찾아오겠다고 했다. 약속시간이 지나도 그가 오지 않자 나는 초조해지기 시작했다. '백 마르크 선물(Hundert Mark Geschenk)에 대해 직접 들어보아야 하는데.' 15분이 훨씬 넘어서야 나타난 그는 나의 이러한 희망을 충족시켰을 뿐만 아니라 당시 상황에 대해 기대 이상으로 생생한 이야기들을 들려주었다. 다음은 역사적 증인으로부터 들은 놀라운 증언이다:

"10월 29일 샤보브스키(Günter Schabowski) 씨가 나, 베를린 시장

에게 곧 여행 자유화가 주어질 것이라고 말했습니다. 실제로 우리는
'베를린 최고의 날 환영'까지 9일의 시간을 가졌던 셈이지요."

'얼마나 많이 올 것 같으냐'는 그의 질문에 샤보브스키는 '첫날 약
50만의 비자 신청서가 접수될 것'이라고 대답했다고 했다. 그 말은
내게는 하나의 충격이었다. 왜냐하면 모두들 내게 말했듯이 나는 그
런 상황을 아무도 예상하지 못했었다고 믿고 있었기 때문이다. 그는
1989년 여름에 이미 동독이 그 상태로 계속 갈 수는 없다는 생각이
들었다고 했다.

"도대체 어떻게 100마르크의 환영금을 나눠줄 아이디어를 내게 되
었습니까?"

그는 그 규정이 그전에 이미 연방정부에서 만들어놓았던 것이라고
했다. 다만 그는 대규모 방문이 일어나기 전에 대량의 100마르크 지
폐를 베를린으로 수송해 와야 했고, 그 돈을 방문객들에게 일일이 나
눠주기 위하여 공공기관들의 도움을 요청해야만 했다고 술회했다.

"모든 일이 물 흐르듯이 이루어졌습니다. 어떤 관료주의적 규제나
성가신 간섭도 없었고, 오직 즉각적인 '예', '예'만 돌아왔지요. 왜냐
하면 모두가 기뻐했고 함께하기를 원했거든요."

나는 '어째서 동독 측에서 저항이 전혀 없었는가' 물었다.

"위에서는 뭘 좀 어떻게 해보려고 했지만, 아래에서는 전혀 동조하
지 않았습니다. 나라가 그렇게 망하더군요."

그의 대답은 항상 간단명료했다. '왜 정치를 떠났느냐'고 묻자 그
는 짧게 대답했다.

"1990년 선거에서 졌지요. 사민당(SPD)도 그랬고요."

그는 나에게 텔레비전 필름 〈보른홀르머 슈트라세(Bornholmer Straße)〉와 〈바이센 제(Weissensee)〉를 보라고 권했다. 미안하게도 아직 그럴 시간을 내지 못했지만 언젠가는 꼭 챙겨볼 생각이다.

나에게 생각할 거리를 장만해준 것은 정치인들만이 아니라 전문가들, 특히 분단 독일의 양쪽을 다 경험한 이들이기도 했다.

안나 카민스키(Anna Kaminsky) 여사를 일찌감치 2019년 4월 3일에 만났다. 게라(Gera) 출생, 라이프치히 카를-마르크스대학(Karl-Marx-Universität in Leipzig, 현 라이프치히대학의 동독 시절 이름)에서 언어학 공부, 통일 후에 박사학위 취득, 다양한 연구소의 연구원을 거치면서 여러 권의 저서 출판, 2001년부터 독일사회주의통일당 독재 청산을 위한 연방재단(Bundesstiftung zur Aufarbeitung der SED-Diktatur)의 소장. 그녀의 경력은 그녀가 학자, 작가, 행정가로서 얼마나 목표지향적으로 그리고 성공적으로 일해왔는지를 말해준다. 사회에 대한 폭넓은 지식과 과거 청산에 적극적으로 참여한 경험을 토대로 그녀는 나에게 통일문제에 대하여 많은 깨우침을 주었다. 여기에 그녀가 나에게 말한 몇 마디를 소개한다.

"1989~90년에 동서독 간에는 합의가 있었습니다: 나치를 물리치고, 공산주의를 반복하지 않으며, 비밀경찰 문서를 보존하고 청산한다는 것이었습니다."

"독재 시대에는 많은 범죄와 희생자 집단들이 있었습니다. 서독에서는 12년이었지만 동독에서는 56년이었지요."

"청산작업은 희생자들의 관점에서 소명되고 처리되어야 합니다."

"변혁의 모든 피해는 주로 동독 사람들이 당했고, 모든 지도적 지위는 서독 사람들이 차지했습니다."

그녀는 '92퍼센트의 동독 여자들이 직장 생활을 했지만, 실질적 양성평등이나 여성해방과는 별로 관계없었다'고 했다.

"여자들이 더 활동적이었고 서쪽으로의 이주에도 앞장서지 않았습니까?"

내가 끼어들자, 『동독의 여자들』의 저자는 실상을 이렇게 간명하게 요약해주었다:

"그럴 수밖에 없었습니다. 동독에서 여자들은 남자들과 국가에 매여 살았으니까요."

약속한 한 시간이 지나가고, 비서가 다음 약속이 있다고 거듭 신호를 주었지만, 그녀는 나와의 대담을 반 시간 이상 더 이어나갔다.

"조무래기들은 놔주고 거물들은 반드시 법정에 세워야 해요. 체재만 생각하지 말고, 사람의 문제로 바라보아야 합니다. 그리고 정권과 정부는 처음부터 정직해야 합니다."

그녀의 조언들은 너무나 인상적이었던 만큼, 나는 받아쓰기에 바빴다. 그 바람에 그녀와 함께 사진 찍을 것을 잊어버렸는데, 그것이 내가 그녀와의 만남에서 후회하는 단 한 가지이다.

실비아 브래젤(Sylvia Bräsel) 여사가 나에게 퇴임한 판사 한 분을 소개하겠다고 했을 때, 나는 정장 차림의 근엄한 노신사를 상정했다. 그런데 이런 나의 순진한 선입견과는 달리, 스포티한 점퍼에 빵모자를 눌러쓴 한 남자가 만면에 웃음을 띤 채 편안한 모습으로 나타났다. 2019년 4월 13일 바이마르(Weimar) 기차역 앞, 나는 크리스토프 슈미츠-숄레만(Christoph Schmitz-Scholemann) 씨를 그렇게 처음 만났다. 베를린 장벽이 무너졌을 당시 그는 뒤셀도르프(Düsseldorf) 노동법원의 판사였다. 1990년 초에 동독(DDR)의 법조 개혁에 일조하고자 자원했으나 받아들여지지 않았다. 그러나 2001년 마침내, 1990년까지 동독에 속해 있었던 에르푸르트(Erfurt) 연방 노동법원의 판사로 전보되었고, 그때부터 퇴임한 이후 지금까지 그는 '독일 역사-문화의 상징' 바이마르에 정착해 살고 있다.

슈미츠-숄레만 씨는 우리를 유네스코 세계유산으로 지정된 바이마르공화국의 수도로 안내하였다. 바이마르 바우하우스 박물관(Bauhausmuseum Weimar)을 관람하고 독일국립극장(Deutsche Nationaltheater)을 거쳐 괴테(J. W. Goethe)와 실러(F. Schiller)의 집들에 이르는 동안, 나는 그가 판사로서 바이마르헌법(Die Verfassung des Deutschen Reichs)에뿐만 아니라 튀링겐 문인협회의 회장(der Vorsitzende des Thüringer Literaturrats)으로서 독일 문화사에도 해박하다는 걸 알게 되었다.

이 판사 출신의 문인은 1919년 바이마르공화국을 탄생시킨 국민의회와 괴테의 사랑, 실러의 가난에 얽힌 에피소드를 현장에서 들려주었다. 안나 아말리아 대공비 도서관(Herzogin Anna Amalia Bibliothek)을 관람한 후 우리는 일름강변의 공원으로 갔다. 이 유쾌한 산책에는 내 아내와 훔볼트대학 법학도인 그의 아들이 동행했다. 화창한 날씨에 고전적 바이마르와 재기 넘치는 지성의 앙상블 속에서 흥미진진한 대화를 이어가는 즐거움이란!

그가 서평모임에 참석하기로 되어 있어서 유감스럽게도 이 즐거운 만남의 시간은 한정되어 있었다. 그 모임에서 읽는다는 『민주주의 구조자를 위한 열 가지 규칙(Zehn Regeln für Demokratie-Retter)』(Jürgen Wiebecke 저)이라는 흥미로운 책을 나는 후에 베를린에서 주문해서 읽었다. 헤어지면서 그는 자신이 낸 많은 책 중에서 『시대정신에 대하여(Von Geist der Stunde)』와 『튀링겐 시선(Thüringer Anthologie)』 두 권을 내게 선물로 주었다. 그리하여 그와의 바이마르 대담은 그의 책 부제가 말하듯이 "역사와 지리 속으로 떠난 시적인 여행"이 되었다.

우리의 대담 내용에 대해서는 후에 기술하기로 하고 여기서는 그의 말 세 단락만 인용해두고자 한다.

"전화 통화가 도청된다는 것을 다들 알고 있었어요. 그래서 암호를 써서 말했지요. 예컨대 '어머니가 위독해요'는 '서방 방문 허가를 받도록 어머니가 위독하다는 전보를 보내주세요'로 통했습니다."

"동독 사람들이 서쪽을 바라보았듯이, 서독 사람들도 그랬어요." 이 압축된 문장을 나는 이렇게 이해했다: '당시 동독인들이 자유롭고 풍요로운 서독을 선망했던 데에 비해, 서독인들은 대시양 긴너 서쪽의 아메리카를 모범으로 삼았지요.'

그리고 다음은 어쩌면 핵심을 찌르는 말이다.

"오늘날까지도 동독지역과 동독인들은 주체가 아닌 객체로 언급되고 있습니다."

우리는 5월 24일 에르푸르트에서, 그리고 그 이후에는 이메일로 대담을 이어갔다. 그리고 나는 그것을 참으로 귀하게 여겼다. 나는

그가 번역한 책의 제목을 기억에 새겨놓았다:

'Cum ridere voles(웃고 싶으면 찾아오세요).'

정말이지 나는 튀링겐에, 바이마르에 다시 가보고 싶다.

2019년 11월 25일 나는 마르부르크대학 지리학부(Fachbereich Geographie der Philipps-Universität Marburg)에서 "독일통일이 한국에 주는 교훈"이라는 주제로 독일에서 세 번째로 강연을 했다. 이강연은 마르부르크대학의 크리스티안 오프(Christian Opp) 교수가주선했다. 그는 엘러스 교수가 추천해서 알게 되었는데, 첫 만남에서 우리 내외에게 그가 살고 있는 라이프치히를 지리학자답게 구석구석 안내해주었다. 그는 특히 월요기도회로부터 평화혁명과 통일에 이르기까지 이 도시의 시민들이 해낸 역할과 그 후의 재건 과정을 소상히 설명해주었고, 그 과정에서 구동독의 학자로서 그리고 통일독일의 교수로서 겪은 개인적인 경험까지 생생하게 들려주었다. 나는 40여 년 전에 잠깐 들른 적이 있는 아름다운 중세 도시 마르부르크를 다시 보고 싶기도 했고, 무엇보다도 내 연구를 위해 대학생들을 꼭 만나보아야 한다는 생각에서 그의 강연 제안을 선뜻 수락했다. 다만 나는 공개 강연보다는 앞서 있었던 한두 번의 강연처럼 '내부 행사'로 치렀으면 좋겠다고 밝혔다. 아직 공표할 만큼 숙성되지 않은 연구결과를 가지고 불필요한 정치적 분란을 야기하고 싶지 않았기 때문이었다.

우려했던 것이 무색하게도 그날 소강당에 모인 학생들은 20여 명에 지나지 않았다. 결국 내가 바라던 바대로 워크숍 형식이 되긴 했지만, 그래도 생각보다 적은 청중이었다. 오프 교수도 미안해하면서 하필 '미래를 위한 금요일(Friday for Future)' 운동이 시작된 날이어서 대학에서 모든 강의가 보이콧 되고 있다고 연신 양해를 구했다. 스웨덴의 한 소녀(그레타 툰베리, Greta Thunberg)가 제안했다는, 기후변화에 대응하기 위한 시민운동을 현장에서 경험한 것도 의미가 있었지만, 실은 참석자들과 개인적이고 밀접한 대화를 나누고 토론할 수 있었다는 점에서 잘된 일이기도 했다.

먼저 15분가량 내 견해를 개진했다: 통일은 독일인들이 이루어낸 위대한 업적이다. 모든 것이 합력하여 선을 이루었다. 그러나 미진했던 점도 있었다고 본다. 그중 중요한 한 가지는 동독인들의 성취를 과소평가했던 것이라고 본다. 모든 것이 너무 빨리 경제로 수렴되었던 것도 사실이다. 나는 잠시 시간을 두었다가 '타율(Fremdbestimmung)'에 대한 동독인들의 비판적 인식을 지적했다. 끝으로 나는 한국을 위한 교훈을 키워드로 요약했다: 안보; 자유와 통일; 대북 정책의 일관성; 통일준비; 그리고 교류협력.

그 후에 한 시간 남짓 질의 응답이 이어졌다: 통일 여건에 있어서 독일과 한국의 공통점과 차이점; 북한 비핵화; 남북 이산가족과 탈북민 등이 주요 주제였다. 마지막으로 내가 미리 배포한 설문지를 회수하였다. 그 내용에 대해서는 차후에 기술하겠고, 여기서는 우선 응답자들의 이름을 밝혀두겠다: 그들은 율리안 슈바베(Julian Schwabe), 플로리안 헨니히(Florian Hennig), 익명의 남자(24세), 그리고 뒤풀이 모임에 동석한 율리아 베크(Julia Beck)와 닐스 얀센(Nils Jansen)까지 모두 다섯이다.

1960~70년대 서독 좌파학생운동의 중심이었던 마르부르크대학의 학생들은 특히 유럽과 국제사회에서 통일독일의 지위, 한반도 통일에서 중국의 역할, 그리고 북한의 인권문제 등에 큰 관심을 보였다. 그들은 내가 독일에서 만난 다른 젊은이들과 마찬가지로 사실관계에 대해 객관적이고, 과거와 외부세계에 대해 개방적이었다. "독일통일 과정은 정치인들에게는 관대했지만 동독 시민들에게는 가혹했습니다." 한 학생의 이 한마디는 듣는 이로 하여금 오랫동안 많은 생각을 하게 했다.

나는 한때 동료 지리학자 에카르트 엘러스와 악셀 프립스가 제안한 양독 간 경계를 사이에 두고 이웃한 두 도시들 간의 관계 변화에 대한 비교연구를 해볼까 하고 궁리하였다. 사례로 나는 구서독의 브라운슈바이크(Braunschweig)와 구동독의 마그데부르크(Magdeburg)가 적절할 것 같다고 판단하고 이 두 도시의 인사들을 접촉해보았다.

그리하여 2019년 6월 13일 헨닝 슈타인퓌러(Henning Steinführer, 브라운슈바이크시 문화학술협력관)와 그의 부인 안네트(Annett Steinführer, 튀넨농촌지역연구소 연구원) 박사 부부를 브라운슈바이크 필하모니 식당(Restaurant Vielharmonie)에서 만났다. 부부는 둘 다 동독 출신이다. 당시 아비투르(Abitur, 대입자격시험)를 앞둔 학생이었던 부인은 1989년 11월 9일을 "열쇠의 날"이라고 표현했고, 남편은 군인으로서 평화혁명을 비폭력이자 "무명령"으로 경험했다고 말했다. 두 사람은 라이프치히에서 사귀고, 전환기 후에 대학에 진학하여 2006년에 박사학위를 취득하고, 2010년에 브라운슈바이크에서 일자리를 찾았다. 헨닝의 아버지는 1988년까지 동독 인민군의 대령이었다가 예편후 기업에서 일했는데, 통일 후 44세의 나이에 해고되었다. 재교육을 받았지만 다시 직장에 소속될 기회는 갖지 못했다. 이런 쓰라린 경험을 하고 긴 시간 실직자로 지냈던 77세의 노인은 2018년에 라이프치히 지방선거에서 시의원으로 선출되었다. 할아버지는 여전히 동독인의 정체성을 보유하고 있지만, 14살 먹은 손자는 당연히 브라운슈바이크인이라고 했다. 헨닝이 말했다:

"경계에 인접해 사는 주민들은 상대방 쪽에 대해 특별한 인식을 가지지요."

동독 시절에도 브라운슈바이크와 마그데부르크 사이에는 교회끼리의 교류나 친척방문 같은 긴밀한 연결이 있었고, 1987년에 공식적으로 자매도시가 된 이후에는 훨씬 더 가까워졌다.

"오늘날 두 도시 사이에는 통근자가 많아졌지만, 아직 지리적 거리보다 정신적 거리가 훨씬 큰 것이 사실입니다."

이들 자매도시 간의 관계에 관한 일을 하고 있는 역사학자의 말이다.

다음 날(2019년 6월 14일) 아침, 나는 독일통일 광장 1번지(Platz der Deutschen Einheit 1)에 있는 브라운슈바이크 시청으로 울리히 마르쿠르트(Ulrich Markurth) 시장을 찾아갔다.

"제2차 세계대전 동안에 두 도시의 90퍼센트가 파괴되었습니다. 그리고 전후에는, 특히 동서간 교통이 단절된 1961년 이후에는, 다시 분단으로 고생했습니다."

시장은 통일이 두 도시의 상대적 위치를 주변에서 중심으로 바꾸면서 경제발전도 회복할 수 있게 만들었다고 강조했다.

"그러나 경계 개방은 두 도시 간 사회적 유형의 차이를 극명하게 드러냈습니다. 두 도시 사이에는 교통량이 크게 늘어났고, 인구이동도 엄청나게 증가하였습니다. 이주의 동기와 이주자의 구성은 그러나 서로 달랐습니다: 브라운슈바이크에서 마그데부르크로는 주로 행정, 경영, 사회간접자본 부문의 지식인들과 전문가들이 옮겨가서 체제 변화를 도왔고, 그에 비해 노동분야에서는 꽤 많은 이들이 반대 방향으로도 움직였지요. 예컨대 일부 학생들과 기계제조 부문 기술자들은 오히려 마그데부르크 쪽으로 갔어요. 전반적으로는 브라운슈바이크가 크게 이득을 보았다고 하겠습니다: 무엇보다도 시장이 확대되었으니까요."

베를린으로 돌아오는 길에 나는 접경지대 도시에 대한 비교연구는 이 단계에서 더 이상 추진하지 않기로 결정했다. 문제 제기는 지리학적이고 흥미롭지만, 시간이 제한된 여건 하에서는 초점을 분산해서 희석하기보다는 하나의 주제에 국한해서 집중함으로써 내용을 깊고 풍부하게 하는 편이 전략적으로 보다 효율적이라고 판단했다. 다만 이미 예정된 작센-안할트 주지사(Ministerpräsident vom Sachsen-Anhalt) 라이너 하젤로프(Reiner Haseloff)와의 대담(2019년 6월 17일) 및 마그데부르크 시장 루츠 트륌퍼(Lutz Trümper)와의 만남(2019년 8월 15일)은 계획대로 진행하기로 하였다. 그리고 실제로 그것은 주제에 관한 나의 이해를 다각화, 심화시키는 데에 매우 큰 도움이 되었다.

"통일 후 우리는 브라운슈바이크에게서 많은 도움을 받았습니다. 나의 두 아들과 네 손자도 브라운슈바이크에 살고 있어요. 그리고 거기에 친구들도 물론 많이 있어요. 우리 축구 라이벌에게 가는 데에 45분밖에 안 걸린다니까요."

이웃한 양 도시의 시장들끼리는 그들의 자매도시들 사이처럼 서로 돈독한 우정과 함께 팽팽한 경쟁의식도 커가고 있는 것으로 보였다.

끝으로 로베르트 보슈 아카데미의 동료들과 나눈 대화에 대해 몇 마디 하고 싶다. 아카데미에는 공식적인 행사와 여행 외에 연구원들과 직원들이 매주 화요일에 펠로-주방에서 모여 점심식사를 함께하는 프로그램이 있었다. 대개는 식사를 하면서 독일과 세계의 현실문제에 대해 내부 또는 비공개 발표와 토론을 병행했다. 예컨대 아래와 같은 초대장이 늘 미리 이메일 메시지로 고지된다.

'친애하는 동료 연구원 여러분, 2019년 12월 10일 12:30 4층 여러분의 주방에서 있을 내부 대화모임에 초대합니다. 우리 배식 팀이 점심식사를 준비할 것입니다. 달력에 표시해두었다가 다른 사정이 없으면 꼭 참석해주시기 바랍니다.'

이런 회동에서는 온갖 유용한 정보, 학술적 발견, 정치상황에 대한 평론 등이 자유롭게 발표되고, 관련하여 때로는 재치있는 유머를 곁들인 토론이 속도감 있게 이루어진다. 나는 아시아적 전통이나 노인의 미덕이 지시하는 대로 주로 듣는 편에 섰지만, 이 모임을 현실 이슈에 대한 국제적인 의견교환의 기회로 삼았다. 그리하여 아카데미가 내건 모토 '생각하라, 논쟁하라, 고무하라(think, debate, inspire)!'

에 부응하는 자극을 받곤 했었다.

　그중 세 사람의 동료는 직접 나의 대담자로 나서주었다. 라팔 두트키에비츠(Rafal Dutkiewicz) 씨는 박사학위를 가진 수학자로 1980년대 폴란드의 자유노조운동(Solidarinosc)을 이끈 후 민주화된 정부에서 브로츠와프(Wroclaw) 시장을 역임하였다. 그는 자진해서 내 연구를 위한 대담자가 되어주었고, 독일통일에 대한 폴란드의 시각을 자세히 설명해주었다(2019년 7월 3일). 그가 아니었으면 내가 폴란드의 유능한 정치인으로부터 독일통일과 같은 까다로운 문제에 대해 균형 있는 견해를 듣는 것이 쉽지 않았을 것이다.

　"1979년 6월에, 새로 선출된 요한 바오로 II세 교황(Papst Johannes Paul II.)께서 폴란드를 방문하셨습니다. 교황께서 집전하신 성미사에는 100만 명이 참가했습니다. 두려움을 떨쳐버린 인민은 그들이 힘을 가졌다는 것을 깨달았지요. 그것이 자유노조운동을 가열시켰습니다. 유럽의 민주혁명은 그렇게 폴란드에서 시작되었습니다. 동구 공산권의 붕괴는 사실 10년 전 교황의 폴란드 여행으로 이미 시작되었다는 말입니다."

　그는 폴란드 인민들에게 동독이 공식적 친구였다면, 서독은 진정한 친구였고, 소련은 최대의 적이었다고 당시의 대외관계를 비유했다. 그가 지난 200년 동안 폴란드가 겪은 고난의 역사를 요약하고 폴란드인들이 독일통일에 대해 기쁨과 불안이라는 양면적 감정을 갖는다고 설명하였을 때, 나는 큰 감동을 받았다. 로베르트 보슈 아카데미에서 오데르 강안의 브로츠와프(Wroclaw an der Oder)로 단체여행(Academy on Tour)을 갔을 때, 그는 전쟁으로 폐허가 된 도시가 어떻게 몰라보게 재건되고 화려하게 피어날 수 있는지를 보여주었다. 그는 시장 재임시에 브로츠와프가 2016년 '유럽 문화수도'에 선정된 것을 매우 자랑스러워했다. 나는 여러 면에서 한국과 공통점이 많은 이 놀랍고 멋진 나라의 민주주의가 더 이상 어떤 굴곡도 없이 안정적으로 발전해나가기를 기원했다.

캐나다에서 온 저널리스트 펠로 더그 손더스(Doug Saunders) 씨와도 흥미로운 대화를 나눴다(2019년 11월 11일). 어쩌면 그가 한반도 통일에 대해 나를 인터뷰했다고 하는 편이 나을지도 모르겠다.

"중국이 미래의 국익을 위해 북한을 일종의 흥정의 대가로 붙잡고 있다고 봅니까?"

"흥정이란 말은 적절치 않은 표현 같네요. 나는 한반도에서 변화의 가능성을 보고 있거든요. 남북 상황, 북한 및 북한과 중국의 관계, 그리고 중국 자신도 변화할 수밖에 없을 것입니다. 아시다시피 소련은 독일이 통일되기를 바라지 않았지만 내외상황이 그것을 받아들이지 않을 수 없도록 압박하지 않았습니까?"

그는 갑작스럽고 신속한 독일의 통일을 지적하면서 그것이 한국에게 최선이 모범이 될 수 있겠는지 물었다. 다시 말해서 만약 한국을 둘러싼 상황이 급변한다면 바로 통일 쪽으로 움직이는 것이 최선의 방책이겠는가 하는 질문이었다. 즉답을 미룬 채 나는 그에게 '독일의 경우에 다른 대안이 있었다고 생각하느냐'고 되물었다. 그러고 나서, '여건의 변화를 신중히 판단하여야 하겠지만 나라면 가능한 모든 기회를 포착할 것'이라고 답했다. 이어서 나는 독일과 한국이 역사적, 지정학적, 그리고 현실 정치적 및 사회경제적으로 어떻게 서로 비슷하고 어떻게 서로 다른지에 관하여 내 견해를 일러주었다. 우리는 계속해서 통일과 연관된 재정적, 군사적 및 구조적 문제들에 대해 서로 의견을 주고받았는데, 이 대화를 통해 나는 국제무대에서 활약하는 저널리스트가 이 사안을 바라보는 시각의 일면을 볼 수 있었다.

나탈리 누가헤드(Natalie Nougayrede) 여사를 나는 2020년 1월 9일 프란최지셰 슈트라세 32번지 4층의 내 사무실 바로 옆에 있는 그녀의 사무실에서 만났다. 내가 서울로 돌아오기 닷새 전이었다.《르몽드(Le Monde)》최초의 여성 편집장을 지낸 이 국제전문기자는 파리에서의 크리스마스 휴가를 중단하고 일찍 베를린으로 돌아와서 나의 61번째 대담자가 되어주었다. 그녀는 어린 시절을 알자스 (Elsaß) 지방에서 보낸 덕에 프랑스어와 독일어를 모국어로 구사했고, 오랜 모스크바 특파원답게 러시아어에도 능통했다. 그러나 우리의 대담은 로베르트 보슈 아카데미에서의 일상대로 영어로 이루어졌다. 그녀는 학교에서 '유럽의 평화와 발전을 위해 독일과의 화해와 우의가 매우 중요하다'고 배웠다고 했다.

"장벽이 무너졌을 때, 나는 파리의 대학생이었어요. 오직 역사의 현장에 있고 싶다는 일념으로 베를린으로 가는 기차를 탔어요."

독일에 대한 프랑스인들의 이미지를 그녀는 세 단어로 요약했다: '폐쇄적인(close)', '좌절감(frustration)', 그리고 '질투하는(jealous)'.

"유럽인들은 아직도 서로를 알아가고 있는 중이에요."

노련한 여기자의 진술은 언제나 날카롭고 빈틈이 없었지만, 또한 재기발랄하고 유쾌했다.

"유럽의 민주주의와 통합을 위한 미국의 기여는 대단히 컸고, 따라서 결코 잊을 수 없는 것이었습니다. 그러나 그것을 공개적으로 말하는 것은 일종의 금기가 되어 있습니다."

이 지성인의 말은 결국 나를 깊은 생각에 빠뜨렸다. 왜냐하면 나 또한 많은 한국인들이 그사이 한국의 민주화와 산업화를 위한 미국의 기여에 감사하는 것을 잊어버리고 있다는 사실을 부끄럽게 생각하고 있었기 때문이다. 국가 안보를 위한 도움은 말할 것도 없고.

요즈음 나는 종종 나의 대담자들로부터 안부 인사를 받는다. 코로나 바이러스가 온 세계에 퍼져 서로 오가지 못하게 되었으니, 이메일과 문자 메시지로 근황을 묻고 건강을 염려해주는 것이다. 내가 독일 현지조사를 일 년 늦게 하도록 계획했더라면 어떻게 되었을까? 아마도 온 나라를 종횡으로 돌아다니면서 대담자를 만나고, 그들과 마주앉아 함께 먹고, 마시고, 대화를 나누는 일은 가당치도 않았을 것이다. 대재앙이 와서 세상이 봉쇄되기 전에 계획한 모든 일을 때 맞추어 마쳤으니, 이런 행운이 어디 있는가! 나는 이 행운이야말로 '성찰'과 '인연'의 결합으로 이루어진 것이라고 믿고 싶다. 인연이란 본래 과거에 맺어진 인간관계가 재생되는 것이다. 그리고 성찰 역시 과거사에 대한 것이다. 내 학문적 고국과의 인연이 나에게 내 조국의 미래를 위한 성찰을 가능하게 해주었으니, 참으로 절묘하지 않은가!

브란덴부르크 문 앞에 선 한국 통일부 간부들. 2012년 2월 27일, 베를린

로베르트 보슈 아카데미 동독지역 수학여행. 2019년 10월 30일, 메클렌부르크-포어폼메른

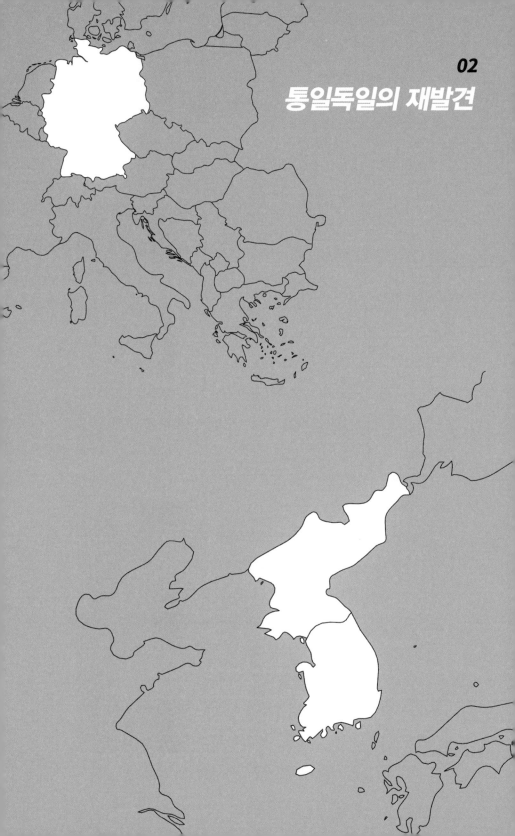

통일독일의 재발견

남독의 프린 암 킴제

"놀랍습니다. 40년이 지났는데 독일어를 그렇게 유창하게 하다니."

"감사합니다만, 내 독일어는 그사이 상당히 녹슬었고 많이 흔들립니다."

"아니요, 당신은 독일어를 정말 잘합니다. 외국어를 그렇게 오래 쓰지 않고도 잃어버리지 않았다니, 당신은 분명히 천재입니다."

"천만에요. 내 독일어가 아직 소통될 만하다면, 그것은 괴테 인스티투트(Goethe-Institut)의 선생님들 덕분입니다. 나에게 독일어를 40년 동안 유지하도록 가르친 것은 그들이었으니까요."

이것은 내가 2019년 프린 암 킴제(Prien am Chiemsee)를 43년 만에 다시 방문하여 대담자와 나눈 기분 좋은 대화의 한 토막이다.

나는 오래전부터 프린 암 킴제의 괴테 인스티투트를 다시 한번 가보고 싶다는 소망을 가져왔다. 1976년 5월 30일, 흔히 말하듯이 '청

운의 뜻'을 품은 26세의 한 청년이 뮌헨공항(Flughafen München)
에 내렸다. 그는 독일학술교류처(DAAD) 장학생으로, 대학으로 가기
전에 먼저 프린 암 킴제에 있는 괴테 인스티투트에서 독일어를 배우
게 되어 있었다. 이것이 내 독일 유학의 시작이었고, 그로 인해서 나
와 이 나라 사이에는 운명적인 인연이 맺어졌다. 아내와 어린 아들은
일단 한국에 남겨두었다가, 내가 킬대학에 어느 정도 정착한 후 현지
사정이 허락하는 대로 데려올 작정이었다.

괴테 인스티투트는 나를 한 민박집(Familie Roy, Neugartenstr. 58)
에 묵게 하고 독일어 시험을 거쳐 중급 I 코스에 배정하였다. 사실 나
와 아내는 독일로 유학 가기로 결정한 후부터 근 일 년 동안 남산에
있는 서울 괴테 인스티투트에서 매주 2회 저녁반 독일어 강의를 수
강하여 초급 III. 과정을 이수했었다. 나는 두 달 후에는 중급 II. 과정
을 이수하기 위해 울름(Ulm) 근교의 블라우보이렌(Blaubeuren)으
로 옮겨가야 했기 때문에, 프린 암 킴제에는 두 달만 머물렀다. 그러
나 그것은 선진국의 아름다운 호반의 휴양도시에서 별 부담 없이 희
망에 차서 꿈을 그렸던, 내 인생에서 가장 아름다운 시간의 한 부분
이었다. 괴테 인스티투트의 사람들과 민박 호스트, 그리고 시가지에
서 만난 사람들은 하나같이 예의 바르고 친절했다. 모든 것이 다 신
기하고 좋아 보였다. 한국에 남겨둔 가족이 그리울 때면 나는 이렇게
나 자신을 위로했다: '고생은 잠시다. 내가 공부를 마치고 돌아가서
다시 함께 살게 되면, 모든 것이 다시 좋아질 것이다. 그러니 만사를
제치고 열심히 배우고 익혀야 한다.'

이 아름다운 소도시에서의 두 달은 나에게 독일이 내 나라의 발전

모델로 자리잡게 될 만큼 강렬한 인상을 남겼다. 이 나라는 경제와 문화, 학문, 그리고 통일을 포함하여 역사와의 화해에 이르기까지 나에게 많은 교육자료를 제공했다. 아마도 그래서 나는 그 시절을 즐겨 회상하는 것일 것이다. 일종의 문화충격이라고 할까? 그럴지도 모르지만, 어떤 충격이 일생 동안 지속되었다면 그냥 단순한 충격만은 아닐 것이다.

그러면 그로부터 40여 년이 지난 후에는 어떨까? 나는 나의 대담 여정에 추억의 장소들을 포함시킬 계획을 세우고, 프린 암 킴제 시장에게 면담을 요청하는 편지를 보냈다(2019년 6월 9일과 7월 11일). 그 요지는 대략 이렇다:

'저는 지리학자로서, 그리고 전임 통일부 장관으로서 한국의 미래를 위한 교훈을 얻고자 독일에 체류하면서 독일통일 과정의 여러 측면을 연구하고 있습니다. 이를 위해 저는 당시 동독과 서독의 지도자들을 비롯하여 이 분야 전문가들과 관련 당사자들을 만나 대담을 진행하고 있습니다. 이에 시장님께서 편리한 때에 제가 프린 암 킴제를 방문하여 시장님을 면담하고 통일에 관한 개인적인 경험, 느낌과 평가를 들을 수 있겠는지를 여쭙습니다.

프린 암 킴제는 저에게 특별한 의미가 있습니다: 저는 1976년 독일에 유학 와서 그곳 괴테 인스티투트에서 독일어를 배웠습니다. 43년 만에 바이에른(Bayern)의 아름다운 게마인데(Gemeinde)를 다시 찾아가 그곳 시장님으로부터 독일 역사상 아마도 가장 위대한 사건과 그 이후에 대해 들을 수 있다면 대단한 기쁨이겠습니다.'

남독 프린 암 킴제에서 북독 노르트프리슬란트의 랑겐호른까지,

그것은 시간적으로는 나의 독일 유학 기간, 공간적으로는 내 조사지역 전반에 걸치는 영역이다. 그러나 나의 요청은 거절당했다. 그것은 이번 대담조사 전체에서 유일한 사례이기도 했다.

'제1시장님은 지금 여러 가지 일과 약속으로 다망하십니다. 그래서 불요불급한 일로는 더 이상 일정을 잡을 수 없습니다.' (비서실, 2019년 7월 19일)

물론 이해는 되었지만 솔직히 유감이었다.

다행히 다른 기회가 찾아왔다. 다큐멘터리 필름 감독으로 나의 대담자이기도 했던 플로리안 후버(Florian Huber, 2019년 5월 22일, Hamburg) 씨가 나를 프린 암 킴제에 사는 그의 부모님과 연결시켜 준 것이었다. 2019년 9월 뮌헨(München) 방문 두 번째 날, 나는 아내와 함께 프린 암 킴제로 갔다. 플로리안의 어머니 이름가르트 후버(Irmgard Huber) 여사가 기차역까지 나와서 집으로 우리를 안내했다. 남편 게르하르트(Gerhard Huber) 씨는 꽃이 만개한 정원에서 휠체어에 앉아 우리를 기다리고 있었다.

"나는 개인적으로 통일과 직접 연관되지는 않았습니다. 동독에 가까운 친척도 없었고, 동독에는 교회의 일원으로 두어 번 갔을 뿐이고요. 동독은 내게 놀랍기는 했지만, 감정적으로 별로 가깝게 느껴지지는 않았어요. 아무튼 나는 서독이 결국 그걸 해낼 거라고 믿었습니다."

노부부는 우리에게 차와 케이크를 내어놓았다. 우리는 조용하고 느긋하게 여생을 즐기는 한 은퇴자 부부의 지혜로운 모습을 보았다.

당시를 회상하면서 우리는 일상생활 전반에 걸쳐 외국학생뿐만 아니라 주민들에게도 이상적인 문화 교류의 기회를 제공했던 괴테 인스티투트가 없어진 것을 함께 아쉬워했다. 세계화가 진전되고 특히 통일이 이루어진 지금이야말로 괴테 인스티투트가 통일독일에 대해 알리고 국제적인 이해를 증진시키는 역할을 잘 해낼 수 있지 않았을까 하는 생각이었다. 헤어지면서 부인은 우리에게 킴제의 여객선 운항시간표를 건네주었다.

"독일에 대해 좋은 말을 해주어서 감사합니다. 우리는 한국도 꼭 잘되길 바랍니다. 당신들에게 늘 행운이 함께하길 기원합니다."

그런데 남편의 이 작별인사가 조금도 형식적으로 들리지 않았다. "하나님께 경배(Grüß Gott)!"라는 인사말이 그랬듯이.

후버 내외가 추천하는 대로 우리는 프라우엔인젤(Fraueninsel)로 가는 배를 탔다. 호숫가 아름다운 집들과 숲 사이로 난 오솔길을 따라 그림 같은 섬을 한 바퀴 돌면서 산책을 즐겼다. 날씨는 눈부시게 화창했다. 나는 아내에게 그동안 몇 번이나 반복했을 그 시절의 에피소드들을 들려주었다: 큼지막한 족발과 어마어마한 양의 맥주, "부오아그모아스테르(Bürgermeister)"처럼 알아들을 수 없었던 바이에른 시투리, 한국 여권이 안 통해서 국경에서 좌절된 잘츠부르크(Salzburg) 소풍, 인스티투트 파티 손님들 앞에서 내 서툰 독일어로 한 빙하지형 강의, 그 모든 아름다운 추억이 일시에 되살아나다니!

돌아오는 배에서 우리는 석양이 비치는 헤렌인젤(Herreninsel)을 바라보며 리하르트 바그너(Richard Wagner)와 그의 오페라를 후원했던 루드비히 II세(König Ludwig II.)에 대한 얘기를 나누었다. 이어서 우리는 바그너재단의 초청으로 2001년 8월 바이로이트 여름축제

(Bayreuther Sommerfestival)에 갔을 때를 회상하며 다시 즐거워했다. 그것은 놀랍게도 빛바랜 과거를 다시 살려낸 즐거운 시간여행이었다.

북독의 농촌 중심지 랑겐호른

2019년 8월에 아내와 랑겐호른을 방문했을 때 현지에서 만난 기자
가 내게 감회를 몇 자 적어달라 하여 방문기를 써 보내주었다. 며칠 뒤
신문에 그대로 실린 그 방문기를 여기에 옮기는 편이, 새롭게 글을 추
가하는 것보다 당시 생생한 느낌을 전하는 데 더 좋을 것 같다.

40년 만에 자신이 한때 친숙했던 장소로 돌아간다는 것은 흥미로운
일이다. 랑겐호른(Langenhorn)은 내 박사학위논문 「Zentralörtliches
Verhalten und Sozialstruktur in ländlichen Räumen(농촌지역
의 중심지 행동과 사회구조)」의 조사지역이었다. 나는 이튿날, 2019
년 8월 9일 아침에 랑겐호른에서 올데 올드젠(Olde Oldsen) 시장
을 면담하기 위해 베를린에서 후줌(Husum)으로 가는 기차를 탔다.
나는 그가 나의 대담 요청을 받고 바로 수락했을 때 정말 기뻤다. 그

리하여 옛 연구지역의 현 기관장은 나의 새로운 연구를 위한 34번째 대담자가 되었다. 솔직히 말해서 나는 대담 자체보다도 그사이에 그곳이 얼마나 어떻게 변했을지에 더 관심이 있었다. 나는 '바닷가 회색 도시(Die graue Stadt am Meer, Theodor Storm)'로 유명한 후줌의 호텔에서 거의 잠을 이룰 수 없을 만큼 긴장했다. 바다에서 불어오는 바람 소리 때문이 아니라, 랑겐호른과 다시 만난다는 기쁨 때문이었다.

이른 아침 후줌에서 랑겐호른으로 가는 기차 '쥘트 셔틀 플러스(Sylt Shuttle Plus)'는 쾌적했다: 객실에는 아내와 나 달랑 둘뿐이었다. 기차가 랑겐호른에 가까와지면서 나는 차츰 조바심이 났다. 랑겐호른도 독일의 다른 많은 농촌지역 소도시들처럼 그사이에 쇠퇴하여 수동적 공간으로 변해버린 것은 아닐까? 그렇다면 참 딱한 일이지. 제때에 적극적인 대책을 썼어야 했을 텐데. 나는 스스로 벽에다 악마를 그리면서 지레 걱정을 하고 있었다.

우리가 랑겐호른 역에 내려 노르트프리슬란트(Nordfriesland)의 신선한 공기를 들이마셨을 때, 모든 걱정은 한꺼번에 사라졌다. 올드젠 시장과 그의 부인이 우리를 옛 친구처럼 편안히 맞이하여주었다. 그의 차에 동승하여 도시를 한 바퀴 돌고 나서 나는 경험 있는 지리학자이자 지역정책가로서, 좀 전에 기차에서 걱정했던 것과는 달리, 랑겐호른이 아주 잘 나아가고 있다는 것을 바로 확인할 수 있었다. 도처에 신축 건물들이 들어섰고, 여러 곳에서 건축공사가 진행되고 있었으며, 기업 부지들이 줄을 잇고 있는 가운데, 특히 커다란 EDEKA와 ALDI 매장들이 눈에 들어왔다. 그 모든 것이 랑겐호른과 그 주변에 새로운 일자리를 만들고 새로운 주민들을 끌어들인다. 그에 따라 인구도 분명히 늘어났을 것이다. 시장은 내게 3,274라는 숫자를 말했는데, 그렇다면 40년 만에 주민 수가 40%나 늘어났다는 말이 아닌가! 그는 내게 새로 유치원을 지을 부지를 보여주었다. 그것은 또한 주민의 성별, 연령별 구성에서 안정된 인구구조를 의미하는 것이었다. '통일 후에 구동독지역에서 여러 가구가 이주해 왔다'는 문서관 말차(Karl Ingwer Malcha) 씨의 증언도 놀라웠다. 랑겐호른은 건전하게 성장하고 능동적으로 발전하고 있었던 것이다.

나는 몇 달 동안 걸어서 그리고 자전거로 돌아다니며 조사했던 도시의 구석구석 대부분의 골목과 건물을 알아볼 수 있었다. 초등학교 지리 수업, 눈밭 위의 몰이사냥, 적십자 부인회의 초청강연, 난생 처음 해본 볼링……. 그리고 마침내 가가호호 방문해서 설문지 조사를 했었다. "조사자와 응답자의 완벽한 협력", 킬대학의 바르텔스(D. Bartels) 교수와 클라우젠(L. Clausen) 교수는 연구가 끝난 후 내 현지조사를 그렇게 격찬했었다.

애통하게도 당시 시장으로 내 연구를 앞장서 지원했던 마그누스 페데르센(Magnus C. Feddersen) 시장은 그사이 세상을 떠나고 없었다. 2012년 내가 킬과 베를린을 공식 방문했을 때만 해도 슐레스비히-홀슈타인(Schleswig-Holstein) 주지사의 배려로 우리는 전화 통화를 했었다. 당시 나에게 숙소를 제공했던 우체부 카를 니센(Karl Nissen) 씨와 그의 부인도 교회 뒤 묘지에 잠들어 있었다. 다른 한 가지 아쉬웠던 것은 나에게 늘 유용한 정보와 자료를 주었던 게마인데 사무소(Gemeindeamt)가 없어진 것이었다. 행정서비스를 받기 위해서나 공간적 정체성을 지키기 위해서 사무소가 불가결하다고 여겼던 랑겐호른 주민에게도 큰 손실이었을 것이다.

이 자리를 빌려 나는 랑겐호른에 대한 지역정책에 관해 짧게나마 내 소견을 밝혀두고자 한다. 당시 내 박사학위 논문에서 나는 플렌스부르크(Flensburg)와 킬을 상위 중심지, 후줌을 중위 중심지, 니뷜(Niebüll), 레크(Leck)와 브레트슈테트(Bredstedt)를 하위 중심지로, 그리고 랑겐호른을 농촌 중심지로 인지하고 그렇게 다루었다. 그리고 그 연구논문은 학술적으로 공인되었다. 40년이 지난 지금 나

랑겐호른 방문 기사, 《Husumer Nachrichten》, 2019년 8월 13일

는 랑겐호른이 다양한 서비스업과 기업들의 입지와 함께 성공적으로 성장하고 있으며 농촌 중심지의 기능을 훌륭히 수행하고 있음을 재확인하였다. 이런 사실은 공식적으로 인정되고 정책적으로 지원되어야 한다고 본다. 오늘날 동서독을 막론하고 농촌지역의 인구감소가 부담이 된 상황에 유의한다면, 그렇게 하는 것이 경제적으로도 유익할 것이다. 나중에 이들 지역들을 다시 살려내고자 할 때 들어가게 될 막대한 비용을 고려하면 더욱 그러하다. 슐레스비히-홀슈타인 주정부는 농촌지역의 지속적인 발전을 담보할 중요한 열쇠를 쥐고 있는 것을 행운이라고 기뻐해야 할 것이다.

　내가 처음 노르트프리슬란트를 경험적 연구의 조사지역으로 선정하겠다고 했을 때, 내 독일 동료들은 "거기는 안 돼, 거기 사람들은 달(月) 뒤에서도 천 년이나 떨어져 있다니까"라며 극구 말렸다. 그러나 40년이 지난 지금, 나는 자갈 땅과 습지 사이에 놓인 이 변경지방이 그 반대를 보여주고 있음에 기뻐한다: 농촌지역이 꽃피우고 번창하며 미래를 향해 전진하고 있는 것이다. 명예시민으로 재추대된 외국인으로서 '함께 둑을 쌓은'('둑을 쌓지 않을 자는 비켜라'라는 이 지방 격언에서 띠온 구절로 간척지에 삶의 터전을 일궈낸 역사를 압축한 말) 모두에게 감사한다.

　(Ilse Buchwald, 「Langenhorn hat Fan in Südkorea」, in: 《Husumer Nachrichten》, 2019년 8월 13일 화요일)

킬 유학생, 장관으로 돌아오다

2019년 3월 20일 나와 아내는 데게 부부(Eckart und Kay Dege)의 초대를 받아 킬 근교의 빌렌(Wielen)에 있는 그들의 집을 방문하였다. 그들 부부와 우리는 1970년대 초부터 반세기에 걸친 오랜 친구 사이로, 특히 킬대학 유학시절 이후로는 형제처럼 지내왔다.

도착한 다음 날 우리는 에카르트의 자랑스러운 벤츠 지프에 동승하여 킬 시내로 나갔다. 안개비가 부슬부슬 내리는 으스스한 날씨에 아스라이 펼쳐지는 녹색의 평평한 들판, 오랜만에 다시 보는 전형적인 북독 경관이었다. 마침내 진청색 킬만(Kieler Förde)의 무겁게 가라앉은 하늘에서 불어오는 신선한 바람이 순식간에 긴 세월을 거슬러 우리를 예전으로 데려갔다. 모든 것은 우리가 공부했던 그 시절과 다를 바 없었다. 다만 도심의 도보자 전용지구가 좀 넓어졌고, 그곳을 걷는 이들이 몰라보게 늙었을 뿐이었다. 에카르트는 고맙게도 그

때 우리가 공부했던 대학 메인 캠퍼스의 지리학과와 대학병원의 위생연구소를 보여주었다. 우리는 건물의 구석구석을 어김없이 알아볼 수 있었다. 그러나 사람들은 다 바뀌어 있었다. 하기야 그사이 40년의 세월이 흘렀으니까. 돌아오는 길에 우리는 우리의 어린 아들과 셋이서 같이 살았던 잠베어슈트라세(Samwerstraße) 6의 구식 아파트 앞에서 함께 기념사진을 찍었다. 단순한 낭만적 제스처였지만 느낌은 길고 복잡했다.

'제2의 고향 도시'에 대한 통상적인 회고담을 여기에 더 이상 장황하게 늘어놓는 것은 지루할 것이다. 대신 킬에 대한 나의 생각을 비교적 실감나게 보도한 몇 년 전 신문기사를 옮겨놓는다: 2012년 2월 대한민국 통일부 장관의 자격으로 독일을 방문했을 때 나는 킬에 이틀간 머물면서 킬대학에서 초청 강연을 한 적이 있다. 아래는 그때 《킬신문》에 「킬 유학생, 장관으로 돌아오다」라는 제목으로 실린 대담 기사이다.

인생이 최고의 각본을 쓴다고 한다. 유명한 학자이자 현직 장관인 류우익 박사를 만난 사람은, 특히 그가 '여선히 킬 사람(Kieler)으로 남아 있다'고 말할 때, 영화에서처럼 빨리 그를 믿게 된다. 그는 올해 60세로 1980년 킬대학에서 박사학위를 받았다. 어제 류 박사는 정치인으로 모교 킬대학에 돌아와 조국의 통일에 대한 조언을 구했다.

류 박사에게 이번 킬 방문은 아름다운 과거로의 여행이다. 그래서 이 교수 출신의 통일부 장관은 독일연방 내독부 장관 등과 협의하러 베를린으로 가기에 앞서 모교에서 분단 조국의 상황과 그의 정책들에 대해 초청강연을 하게 되었다. 그의 강연은 32년 전 그가 "농촌지역에서 중심지 행동과 사회구조—슐레스비히-홀슈타인과 남한의 비교연구"라는 논문으로 박사 학위를 받았던 바로 그 강의실에서 있었다. 그는 유창한 독일어로 강연을 시작하기 전에 청중들 앞에서 고개 숙여 인사하고, 그의 학문적 고향, 대학에 감사를 표했다.

잠베어슈트라세 6번지 3층 왼쪽—아시아에서 온 유학생은 거기서 1976년 겨울 학기부터 살았다. 마찬가지로 킬대학에서 공부한 부인, 어린 아들과 함께였다. 낡은 자전거를 끊임없이 고쳐 써야 했고,

킬대학 방문 기사, 《Kieler Nachrichten》, 2012년 2월 25일

작은 아파트 난방을 위해 매번 지하실에서 석탄을 날라 올려야 하는 어려움이 있었지만, —그는 웃으며 회상했다— 가난한 나라에서 온 젊은 부부에게 그것은 행복한 생활이었다. 그는 독일 유학이 그에게 "사고와 행동의 튼튼한 기초"를 마련해주었다고 강조하면서 거듭 감사했다. 박사학위 취득 후에 그는 귀국하여 서울대학교 교수로, 그리고 나중에는 정치인으로 조국에 봉사하였다. 그는 전임 김영삼 대통령을 자문했고, 이명박 대통령의 비서실장으로, 그리고 주중국 대사로 일하다가 2011년 장관에 임명되었다.

킬에서 그는 핵무장한 북한을 다루기 위한 정책을 다각도로 조명했다. 현실적인 긴장상태에서 결코 쉬운 과제가 아니다. 그럼에도 류 장관은 안정적인 대화 국면을 만들어내고, 가능한 통일준비를 추진하고, 이웃 중국 및 일본과의 협력을 강화할 방안을 모색하기 위해 최선을 다하고 있다. 킬 시절 그는 독일 친구들과 독일과 한국 중에 어느 나라가 먼저 통일할 것인가를 두고 내기를 걸었다고 했다. 그가 지고 말았다. 그는 독일통일을 진심으로 축하하면서 독일인들이 이루어낸 위대한 성취에 대해 찬사를 아끼지 않았다.

"이제 이긴 경험과 지혜를 가지고 내기에 진 동창의 나라가 통일하도록 지원해주시기 바랍니다."

이 한국인을 적어도 몇 시간 동안이라도 다시 킬 사람으로 되돌아가게 한 것은 대학의 환대나 옛 친구들을 다시 만나는 기쁨만이 아니었다. 킬에 오자마자 그는 발트해에서 불어오는 신선한 공기를 한껏 들이마셨다.

"32년 전 그대로였습니다."

(Martina Drexler: 「Kieler Student kehrt als Minister zurück」, in:《Kieler Nachrichten》, 2012년 2월 25일 토요일)

동베를린에서 일 년을 살다

나는 로베르트 보슈 재단의 후원으로 일 년간 독일에서 체류하게 되었을 때 거주지로 베를린을 선택했었다. 그리고 그것은 잘한 일이 었다. 자유의 도시, 분단의 시기에 갈라져 고통받던 통일독일의 수 도는 지금 다시 하나로 합쳐져 유럽의 중심으로 성장하고 있다. 나 는 분단과 통일의 장소에서 일상생활을 영위했다. 아내와 나는 일부 러 예전에 동베를린이었던 곳, 판코 지구(Stadtbezirk Pankow)에 셋 집을 구했다. 거기에다 우리는 자동차 없이 지내기로 했다. 로베르트 보슈 재단의 직원이 베를린에서는 대중교통수단으로 충분하다고 일 러주었듯이 그 편이 돈이 절약될 뿐만 아니라 도시에 친숙해지는 데 에도 유리하기 때문이었다.

나는 동독 사람들의 삶에 조금이라도 더 가까이 다가가기 위해 기 꺼이 동베를린의 공기를 마시면서 살고 싶었다. 또한 그렇게 해서 이

나라의 양쪽 지역에 대한 경험과 지식에 균형을 맞출 수 있다면, 내가 의도하는 바 참여관찰을 하는 데에도 효과적일 것이라는 생각이 들었다. 서독에 대해서는, 그것도 주로 40여 년 전에 얻은 불완전한 지식이기는 하지만, 어느 정도의 감(感)은 가지고 있었다. 반면에 동독에 대해서는 거의 허상을 갖고 있었을 뿐이었다.

　도시 경관만으로 동-서 베를린을 명확히 구분해내기는 어려웠다. 더구나 장벽 붕괴 30년 후에 찾아온 이방인으로서는 거의 불가능한 일이었다. 그나마 우리 베를린 집의 이웃사람들은 대부분 동독 출신이었다. 그리고 상점, 식당, 그리고 신호등의 남자 모형(Ampelmännchen) 등 다른 많은 것들이 대체로 아직 동독 분위기를 지니고 있었다. 어쨌든 사람이 어떤 사회에 들어가 살면서 편안하게 느낀다는 것은 중요하고 좋은 일이다. 이웃들의 인식을 제대로 이해하고 평가하기 위해서는 먼저 그들을 이해하고 그들에게서 받아들여져야 한다. 그렇게 다른 문화를 체험하고 익힘으로써 마침내 그들 스스로가 자각하는 내면을 이해하자는 것이었다.

　도심에서 조금 떨어진 조용한 주거지구. 동독 시절 여기에서는 주로 체제에 충성하는 사람들과 외교관들이 살았다고 한다. 그런데 지금은 노인들이 많이 살고 있다.

　나의 통일독일 수도에서의 하루는 이른 아침 골목길 입구 모퉁이에 있는 빵집에서 시작된다. 그리고 늦은 저녁 귀갓길 하우스폭타이플라츠(Hausvogteiplatz) 또는 알렉산더 플라츠(Alexanderplatz)에서 타는 판코행 지하철 U2(Sonderzug U2 nach Pankow)에서 나는 '동독 사람들'을 만난다. 슬라브어 악센트가 있는 외국어를 자주 듣고, 간혹 '키 작은 베트남인들'을 마주치지만, 다른 아시아인들은 거의 볼 수 없다. 나는 피로에 지치거나 주름지고 여윈 얼굴들에서 그네들의 다사다난했던 삶의 역사를 읽어보곤 했다. 난민 아가씨가 일하는 비네타슈트라세 역(Vinetastraße Bhf) 작은 꽃집에서 앙증스러운 화분이나 꽃 몇 송이를 사들고 들어가는 것도 빼놓을 수 없는 즐거움이다.

얼마 후에는 지하철역에서, 버스정거장에서 또는 ALDI에 오가는 길에 낯익은 얼굴들과 마주치게 되었다. 그러나 대개는 서로 인사를 나누지 않는다. 더러 "할로(Hallo)!"라고 하거나 눈을 찡긋할 때면, 언젠가 그들과 친숙해질 것이라는 희망을 갖기도 했다. '외국인에 대한 적대감?' 그런 것은 없다. 단지 일부 노인들이 호기심이나 불신에서 다소 거리를 두는 듯 행동할 때가 있을 뿐이다. 그리고 그것은 경험상 낯선 사람들에게 조심하는 것쯤으로 이해할 만하기도 하다. 어린이들은 훨씬 적극적이어서 밝은 모습으로 망설임 없이 다가온다. 나는 그것을 참 좋아했다. 그러나 유감스럽게도 시간이 빨리 흘러가, 좀 익숙해지는가 싶으니 어느새 귀국할 때가 다가왔다.

베를린 체류기 끝나갈 무렵에야 나는 동베를린의 베를리너 슈트라세(Berliner Straße)와 서베를린의 쿠어퓌르스텐담(Kurfürstendamm) 간의 다른 점들을 조금 알아볼 수 있게 되었다. 그런데 동서를 막론하고 사람들이 전부, 어디서나, 왜 그렇게 어두운 검은색 옷만 입는지는 아직도 이해하지 못한다. 그리고 그들은 잘 웃지 않는다. 더 이상 슬퍼할 일이 없는데도 말이다.

"다들 베를린으로 오려 하지요."

택시 운전사의 말이다. 베를린에는 일자리가 많고 온갖 정보가 집중된다고 했다. 권력과 돈과 기회가 모두 통일독일의 수도로 집중되고 있다. 독일적인 특성이 강하지만 영어가 많이 사용되는 이 도시로 유럽을 넘어 국제적인 기능들이 모여들고 있다. 당연히 부정적인 것들도 함께다. 베를린은 자석과 같지만, 거꾸로 사통팔달 어디로든 나갈 수도 있다. 맞다. 베를린에 살면 여러모로 이득이 많다. 아내는 특히 베를린의 문화 프로그램 회원권과 대중교통 정기권을 결합시키기를 좋아했다.

"동독 시절 우리 집은 잘사는 편이었습니다. 그런데도 학자였던 아버지는 정부가 인민을 속인다고 반대편에 섰지요. 그는 출장길에 서독으로 도망쳤어요. 그 후 나와 내 동생은 어머니와 함께 동베를린에 남아 있었지요. 1989년 11월 9일 밤에 아버지가 부퍼탈(Wuppertal)에서 전화해서 '우리 언제 다시 만날까' 하고 물었어요. 느닷없는 물음에 우리는 당황했지요. 그러자 아버지가 텔레비전을 켜보라고 했어요." 우리 집 위층에 사는 중년 남자는 나에게 가족사를 들려주었다. "열일곱 살 소년은 신이 나서 천지사방으로 돌아다녔지요. 그리고 나는 전에는 허락되지 않았던 대학에 갈 수 있었답니다."

그는 현재 자기 클리닉을 가진 정신과 의사이다. (Daniel Steinitz, 2019년 10월 10일)

5층에 사는 슐렝커(Susanne Schlenker) 여사는 우리 집 비상 열쇠를 한 벌 가지고 있었다. 우리가 처음 입주한 다음 날, 그녀는 우리에게 쓰레기 처리용 플라스틱 봉지 한 통을 선물로 가져와서 공동주택 규칙 등 일상생활에 필요한 여러 가지 사항을 알려주었다.

"통일 전에 우리 독일인들은 답답했어요. 그때 나는 열여덟 살 여고생이었어요. 우리는 젊고, 개방적이고, 자유로웠어요. "이제 세상이 좋아질 거야," 우리는 그렇게 생각했지요. 통일이 아니었다면 나는 베를린으로 오지 않았을 거예요. 통일은 내 삶에 중요한 영향을 미쳤어요."

지금은 보험 옴부즈맨으로 보험쟁송에 관한 업무를 하고 있는 여변호사가 한 말이다. 그녀는 바덴-뷔르템부르크주(Baden-Württemberg) 무트랑엔(Mutlangen)에서 태어나 베를린 자유대학(Freie Universität, FU)과 훔볼트대학(Humboldt Universität, HU)에서 공부하고 함부르크대학(Universität Hamburg)에서 박사학위를 받았다. "서베를린은 지루하고 더러웠어요. 반대로 1990년대 동베를린은 마치 파티장 같았어요." 동베를린에서 세 아이를 낳아 기른 엄마는 통일을 기뻐했다고 했다. 동베를린 지역에서 잘 살고 있는 슈바벤 여인(Schwäbin)은 통일을 정상화로 본다. 그녀의 마무리 말이 재미있다.

"독일인들 가운데는 행복해하는 능력이 결여된 딱한 이들이 많아요."(Susanne Schlenker, 2019년 10월 15일)

우리는 베를린에서 ARD의 〈타게스샤우(Tagesschau)〉나 ZDF의 〈호이테(Heute)〉 같은 종합 뉴스 프로그램을 제외하면 텔레비전을 별로 보지 않았다. 범죄물이나 공포, 싸움에 관한 얘기가 너무 많아서 우리가 편히 보기는 쉽지 않았다. 아마도 독일 사람들이 잘 살고 있다는 것을 보여주는 반증이 아닐까?

우리 집은 동서 접경지역 장벽 근처에 있어서 기념유적지들에 가까웠다. 특히 슈레버가르텐(Schrebergarten)을 통과해서 보른홀르머 슈트라세(Bornholmer Straße)로 이어지는 오솔길을 산책하면 언제나 기분이 좋아졌다. 그 길을 지나 뵈제브뤼케(Bösebrücke)에 이르면 1989년의 사진들이 장벽이 열린 당시 이곳 장면들을 생생하게 되살려 보여준다. 회색 콘크리트 장벽의 잔해도 물론 그대로 보존되어 있다. 그때마다 나는 한때 왕래를 가로막았던 분단의 상징물을 무너뜨리고 나서 또한 그것을 오롯이 보존하고 있음에 일종의 전율을 느꼈다.

걸어서 15분이면 가는 장벽공원(Mauerpark)에서도 같은 감동을 받는다. 거기는 주말이 더 좋다. 잔디 언덕 위에서 사람들이 혼자 또는 여럿이 모여 앉고, 서고, 드러누운 채 제각기 여가를 즐긴다. 나는 그야말로 평화롭고 느긋하게 자유를 만끽하는 인민들의 모습을 본다. 아래쪽 수백 보 떨어진 곳에서는 벼룩시장이 열리고 있다. 세계 각지의 사람들이 모여 온갖 물건들을 팔고 산다. 새것, 옛것, 일상 생활용품에서 먼 나라에서 온 호화 사치품까지 그야말로 없는 게 없다. 여러 나라의 다양한 요리들이 냄새를 풍긴다. 되너 케밥(Döner Kebap)과 커리 부르스트(Curry Wurst)가 제일 인기 있어 보이고, 햄버거(Hamburger)와 샤슬릭(Schaslik)도 뒤지지 않는 것 같다. 일본 스시(Sushi)와 베트남 쌀국수(Pho)에, 태극기를 내건 비빔밥(Bibimbap) 코너도 보인다. 복잡하고, 시끄럽고, 한데 뒤섞여서 사람들은 재미있어한다. 군중 속에서 사람들은 살아 있음을 제대로 느낀다. 그리고 동서를 막론하고 통일독일의 수도 베를린의 구석구석에 세계주의적 특성이 흐르고 있음을 체감한다.

일 년 안에 베를린 사람이 되기는 쉽지 않았다. 그걸 케네디(J. F. Kennedy) 대통령은 하루 만에 "나는 베를린 시민이다(Ich bin ein Berliner)!"(1963년 6월 26일)라고 했다지만. 그래도 나는 독일통일 30주년 기념일에 베를린 필하모니가 베토벤 교향곡 9번을 연주했을 때의 그 감동을 결코 잊지 못할 것이다. 그날 브란덴부르크 문 (Brandenburger Tor)의 신비로운 야경은 당대 최고의 교향악단이 연주한 명곡 중의 명곡 〈합창〉과 어울려 황홀경을 자아냈다.

그렇다, 동베를린에서 일 년을 살면서 돌아다닌 것은 잘한 일이었다. 베를린 사람들의 일상생활 속으로 들어가 그들과 어울리면서 함께 느끼고, 시민들의 태도와 행동을 조용히 지켜보고, 그리고 길거리에서 우연히 만난 생면부지의 사람들과 이런저런 이야기를 나누고……. 이 모든 경험들이 나에게 깊은 인상을 남긴 후 독일통일 과정에 대한 내 평가 속으로 스며들어간 것이다.

신연방주의 발견

구서독지역을 지칭하는 '구연방주(alte Bundesländer)'와 달리 구동독지역은 '신연방주(neue Bundesländer)'로 불린다. 그 근거는 동독이 각 연방주의 지위로 독일연방공화국(BRD)에 가입하였기 때문이라고 할 수 있다. 이 '가입(Beitritt)'은 오래고 힘드는 법적, 행정적 절차를 피하기 위한 실용적 통일 방법이었다고 한다. 그리고 그것은 의도한 대로 잘 작동하였다. 그러나 한 가지 문제는 남았다: 통일이 서독에 의한 불공정한 동독 '흡수'였다는 것이다. 적어도 그것이 오늘날 통일독일에 대한 적지 않은 사람들의 관점이다. 예상할 수 없었고 실제로 예상하지도 못하게 빨리 온 '기회의 창'이 두 개의 독일 국가들을 하나로 합치는 과정을 신속하게 이루어지게 한 것은 사실이다. 그렇다고 하더라도, 오늘날 지난 30년에 대한 회고에서 나타나는 동서관계를 둘러싼 갈등 양상에서 보듯이, 당시 역사의 시간적 단축은 이후 양 지역의 통합에 근본적인 문제를 남긴 것으로 보인다. 이런 관점에서 '신연방주'라는 표현이 정치적으로 옳은지는 의문이다. 내가 여기에서 소제목으로 쓴 '발견'이라는 어휘도 마찬가지다. 동독 지역은, 마치 아메리카가 콜럼버스에게 '신대륙'이었듯이, 예전부터 있었지만 다만 나에게 알려지지 않았을 뿐이었던 것이다. 그럼에도 불구하고 나는 실용적인 이유로 그 표현을 차용하기로 했다. 왜냐하면 독일인들이 그렇게 부르기도 하고, 나에게는 이 지역이 실제로 — 경험적으로나 어의적으로나— 새로운 발견이었기 때문이다.

내가 이번에 독일에 체류하는 동안 동베를린 바깥에서 신연방주와 최초로 접촉한 곳은 튀링겐의 줄(Suhl)이었다. 로베르트 보슈 아카데미의 주선으로 나는 독일로 떠나기 전에 서울에서 이미 2019년 역사박람회(Geschichtsmesse 2019, 1월 24~26일)에 등록할 수 있었다. 그것은 노르트라인-베스트팔렌(Nordrhein-Westfalen)으로 간 아카데미 수학여행(2019년 1월 21~23일)에 바로 이어서 열렸다. 행사 개최장소는 튀링겐의 링베르크(Ringberg) 산 위에 있는 링베르크 호텔로, 줄시에서는 좀 떨어져 있고 튀링겐 숲이 파노라마처럼 내려다보여 회의 장소로는 괜찮은 곳이었다. 그러나 솔직히 말해서 회의 자체는 내가 기대했던 것과는 달랐다. "여기서 민주주의란 무슨 말인가? 장벽 붕괴 후 30년 독일과 유럽"이 '독일사회주의통일당 독재 청산을 위한 연방재단'이 주최한 이 회의의 주제였다. 내 예상과 달리 행사는 학술적이지도, 체계적으로 조직되지도 못한 채, 되는 대로 대충 늘어놓은 것 같았다. 나의 사안에 대한 지식이나 독일어 능력에 한계가 있다는 점을 감안하더라도, 문제제기 자체가 조정되지 못했고 일부는 도발적이까지 했다. 서적 전시도 철 지난 낡은 것들이나, 예컨대 북한을 위한 모금 광고 같은, 회의 주제에 걸맞지 않은 것들을 펼쳐놓고 있는 등 격이 한참 떨어졌다. 몇 가지 발표와 사업보고를 참고 들어보다가 결국 나는 사전에 자세히 알아보지 않고 참가한 것을 후회하고 말았다.

'박람회잖아. 박람회란 상품전시회나 대중적 축제지, 학술회의가 아니지 않은가!'

마지막 날 오후, 결국 나는 아내를 데리고 눈 덮인 튀링겐 숲속으로 산책을 나갔다. 주최측에게는 미안했지만, 그게 거기서 내가 할 수 있는 최선이었다. 아무튼 아내와 단둘이 한 겨울 숲속 산책만은 나름 정취가 있었다.

줄에서의 어두운 분위기는 1992년 6월 동독 방문에서 보고 느꼈던 기억을 다시 불러냈다. 그것은 '대통령자문 21세기위원회' 통일분과 태스크 포스의 통일독일 현지 시찰이었다. 나는 열 명의 위원으로 구성된 시찰단을 이끌고 동독의 주요도시 몇 곳을 방문했었다. 그때 시커멓게 퇴락한 라이프치히의 도시경관과 큰 혼란에 빠져 있던 옛 명문 라이프치히대학의 피폐한 모습은 우리를 엄청난 충격에 빠뜨렸었다.

그로부터 27년 후 라이프치히는 놀랍게 달라진 모습을 보여준다. 이제는 더 이상 '통일이 이 도시를 어디로 데려갈 것인가'를 물을 필요가 없게 되었다. 이 도시는 더는 공산독재 하의 퇴락하고 더러운 도시가 아니다. 고도(古都)는 깨끗하고 반짝였으며 초현대적인 모습을 갖추고 동독을 비추는 세 등대 중 하나로 발전해 있다. 라이프치히는 완전히 새로운 도시가 되어 있다. 즉 그사이에 유서 깊고 매력적인 독일의 박람회 및 교역도시 기능을 회복한 것이다. 무엇보다도 이 도시는 1989년 동독체제의 붕괴를 촉발시킨 월요데모 (Montagsdemonstration)의 집결지 니콜라이 교회(Nicholai Kirche)로 인해 그 전통과 문화가 더욱 풍부해졌다.

내가 라이프치히 사목교회(Pfarkirche)를 처음 방문한 것은 2019년 7월 12일이었다. 나는 아내와 우리에게 도시를 안내해준 동료 지리학자 크리스티안 오프 교수와 함께 이 후기 고딕 교회의 중잉선 (Mittelschiff) 신도석에 앉았다. 나는 심장이 유난스레 뛰는 것을 느꼈다. 도시가 사람들의 삶을 일깨우고, 교회가 그들을 자유로 이끌었다는 것을 공감할 수 있었다. 그래서 나는 2019년 8월 아들 내외와 손자들이 베를린으로 우리를 방문했을 때에도, 먼저 그들을 니콜라이 교회로 데려가 '평화기도(Friedensgebete)'의 역사부터 설명해주었다. 독일 여행길에 우리 집에서 묵어간 아내의 친구늘 역시 우리 손에 이끌려 리이프치히로 가야 했고, 함께 니콜라이 교회의 예배에 참석하고 바흐 합창단 연주를 들어야 했다.

설문조사를 위한 대담자로 나는 의식적으로 라이프치히 대학 학생들을 택했고 그것은 성공적이었다. 괴테가 그의 『파우스트』에서 여러 번 언급했던 아우어바흐 지하식당(Auerbachs Keller)의 작센지방 요리 또한 지나칠 수 없는 즐거움이었다. 돌이켜 보니 다시 한번 구도심 한복판 황제로(Königlichen Straße, Via Regia)와 제국 교역로

(Reichshandelsstraße, Via Imperii)의 교차로에 서서 이 도시가 내뿜는 시대정신의 공기를 한껏 들이마시고 싶구나!

나에게 동독의 가슴을 열고 사람들의 생각과 느낌을 내보여주었던 곳은 단연 에르푸르트였다. 실비아 브래젤 박사는 내 친구 지리학자 에카르트 데게 교수가 소개한 사람이었다. 데게 교수는 브래젤 박사 부부를, 한국 연구에 대한 공통된 관심으로 인해 오래전부터 안다고 했다. 브래젤 여사는 환영의 징표로 나에게 지리학자이자 저널리스트인 지그프리트 젠테(Siegfried Genthe)의 『한국 여행기(Korea Reiseschilderung)』(1905)를 선물했다. 한때 정치인이긴 했지만 몸과 마음이 천상 지리학 교수인 나는 이 귀한 선물을 기꺼이 받았다. 동독 출신의 이 가족은 나를 따뜻이 맞아주었고, 나에게 다른 독일 사람들을 소개해주었으며, 지난 30년 동안 동독에서 일어난 사건들과 사람들의 생활에 대해 설명해주었다.

브래젤 가족은 1992년에서 1996년까지 서울에서 살았다. 브래젤 여사는 연세대에서 초빙교수로 학생들을 가르치기도 했는데, 요즘도 문화관계 연구차 가끔 서울에 간다고 했다. 그녀는 지인들 중에서 통일에 대해 서로 다른 의견을 가진 몇 사람을 내게 소개하고 대담을 주선해주었다(2019년 4월 11~14일).

에르푸르트대학의 쿨레스(G. Kuhles) 관장은 귀중본 수장실에서 한국과 지리에 관련된 고서(古書) 몇 권을 가져와 나에게 보여주었다. 그가 나에게 에르푸르트대학의 역사에 대해 설명하면서 '통일 후에 새로 설립되었다'고 말했을 때, 나는 실례를 무릅쓰고 이의를 제기했다.

"당신의 설명에 의하면 에르푸르트대학은 1397년에 설립된, 세계에서 가장 오래된 대학의 하나가 아닙니까? 명문대학의 역사를 단축시키면 안 되지요. 대학이 잠시 문을 닫은 때가 있었지만 (1816~1994), 그것은 일시적인 중단이었다고 보아야 할 것입니다."

쿨레스 씨는 내 의견에 찬동하면서 대학 총장과 이사회에 전달하겠다고 했다. 사실은 나에게 비슷한 경험이 있었다. 내가 교무처장이었을 때 서울대학교의 설립연도를 1895년으로 바로잡았던 것이다. 그 전에는 서울대학교가 그 전신이었던 법대, 사대, 의대 등 단과대학들과 일제 하 경성제국대학의 역사를 무시한 채 해방 후인 1946년에 설립된 것으로 통용되고 있었다.

루트샤이트(M. Ludscheidt) 씨는 복음부 도서관(Bibliothek des Evangelischen Ministeriums)의 관장으로 우리를 아우구스티너 수도원(Augustinerkloster)의 루터기념관(Luther-Gedenkstätte)과 귀중본 수장실로 안내하였다. 루터의 생애와 종교개혁을 설명하면서 그는 '당시 수도승은 냉방에서 잠을 자고 하루 두 끼만 먹으면서 정진했다'고 말해 우리 일행을 숙연하게 만들었다. 그 후 브래젤 씨는 자주 "불쌍한 수도승, 하루 두 끼에 냉방이라니!"라고 농담을 하곤 했다. 그 말이 나에게는 아픔이 있는 풍자로 들렸다.

바이마르 뢰벤 아포테케(Löwen-Apotheke)의 뤼데(H. Lüdde) 씨는 우리를 그의 약국으로 안내하였고, 신학자이자 작가인 부인(M-A. Lüdde)은 우리에게 커피와 케이크를 대접하면서 통일과 관련된 교회의 역할에 대해 경험담을 들려주었다. 뤼데 씨는 4대째 약국을 경영하고 있는 약사로, 그의 유서 깊은 약국과 이제 막 약사가 되어 그 약국을 물려받고 있는 딸을 매우 자랑스러워했다. 그는 약장 뒤에 있는 조제실, 실험실과 처방전 문서고를 공개했다. 약대 교수 출신의 약사인 아내는 이 내밀한 장소를 안내받고 무척 기뻐했다. 우리는 200년 넘도록 모은 처방전들을 체계적으로 정리해놓은 서고에 놀라움을 금할 수 없었다. 그는 그중에서 감기 처방전 한 장을 꺼내 보여주었는데, 고객의 이름이 프리드리히 실러(1759~1805)였다. 그전에 튀링겐 문인협회 회장(C. Schmitz-Scholemann)의 안내를 받으며 괴테와 실러의 집을 들른 적이 있어 더욱 인상 깊었다. 여기서 나는 다시 한번 참혹한 전쟁과 독재를 극복해낸 독일 문화의, 깊이를 가늠할 수 없는 기초를 보았다.

여기서 나는 에르푸르트에서 있었던 잊지 못할 한 장면을 스케치하고자 한다. 2019년 5월 24일 에르푸르트 도심의 크래머브뤼케 호텔 춤 알텐 슈반 식당(Restaurant Zum Alten Schwan, Hotel Krämerbrücke)에서였다. 우리 부부는 네 명의 손님을 점심식사에 초대하였다: 앞에 얘기한 브래젤(Bräsel) 부부, 인류학자 슈튀크라트(Juliane Stückrad) 박사, 그리고 슈미츠-숄레만 씨 등 나와 대담을 했거나 대담을 앞두고 있는 이들로, 굳이 말하자면 친절한 도움에 대해 고마움을 표하기 위해 마련한 자리였다. 모두들 시간에 맞춰 이 격조 있는 식당에 도착했고 서로 기분 좋게 인사를 나누었다. 그런데 우리가 식탁에 자리를 잡고 앉자마자 브래젤 씨와 슈미츠-숄레만 씨 사이에 뜨거운 논쟁이 시작되었다. 두 사람은 오래전부터 서로 잘 알아 격의 없이 교류하는 사이였다. 근면, 질서, 의무감 등 독일의 전통적 덕성과 관련하여 독일의 젊은 세대가 보이는 태도에 대한 의견 차이에서 발단한 논쟁은, 서독의 68-학생운동이 갖는 역사적 의의를 둘러싼 의견 대립을 넘어, 통일 이후 동서갈등과 정책에 대한 상반된 평가로 번져갔다.

당시 두 사람의 논지(論旨)를 정확히 이해하기 어려웠던 나는 훗날 따로 자세한 내용을 물어보았다. 브래젤 씨가 이메일로 알려준 바에 의하면 그날 논쟁의 초점은 68-학생운동에서 비롯된 적군파(Rote Armee Fraktion, RAF) 테러의 정치적 연계에 대한 의견, 그리고 특히 이 운동으로 생겨난 녹색좌파 정치(Claudia Roth: 「Deutschland, Du Stück Scheiße」, Robert Habeck: 「Mit Deutschland kann ich nichts anfangen」)가 오늘날 초래한 결과에 대한 입장이었다고 했다. 두 사람은 RAF식 사고가 지속 발전에 미칠 작용에 대해 서로 다른 의견을 가졌다는 것이었다. 브래젤 씨는 국가의 전통과 문화를 존중하지 않는 이러한 태도는, 사람들과 국가의 정체성 관계—미래의 국가적 또는 국제적인 도전에 대한 국민의 참여의식—를 약화시킬 것이므로, 잘못된 것이라고 지적했다고 했다. 이런 견해차는 아마도 두 사람의 서로 다른 개인적 경력과 경험뿐만 아니라 현재 독일 사회에 존재하는 상이한 정치적 입장을 대변하는 것일 것이다. 그리고 그것은 정상적인 현상으로 바라보아야 할 것이다.

나는 그런 상황을 전혀 예상할 수 없었다. 그리고 초청자로서 이러한 공개토론을 평가할 수도 없었기 때문에 난처한 입장에 처했었던 것도 사실이다. 그럼에도 나는 토론이 시종일관 상대를 존중하는 가운데 주제를 벗어나지 않고 진행되고, 사실에 입각해서 이루어지며, 마지막에는 같이 웃으면서 식사로 돌아오는 것을 보고 감탄했다. 거기서 나는 독일 지성의 무한한 힘을 보았다. 나는 그들의 대화 문화에서 깊은 인상과 함께 커다란 자극을 받았고, 또 많이 배웠다. 얼마 후에 슈미츠-숄레만 씨는 나에게 다시 한번 생각하게 하는 글귀를 보내왔다:

'식탁 위 벽에 걸린 그림 속의 백조는 무슨 생각을 했을까를 자문해봅니다.' (2019년 5월 31일)

덧붙이자면, 나는 점심식사 후에 예정대로 율리아네 슈튀크라트 박사와 둘이서 대담을 가졌다. 이 젊은 여성 인류학자는 신연방주들에서 통일과 연관된 '화(Unmut)'가 널리 퍼져 있고 그 결과가 심각하다고 역설했다. 그녀는 브란덴부르크에서 한 그녀의 경험적 연구를 토대로 화를 전환기 동독 사람들의 핵심적인 감정상태로 보았다. 동독에서 태어나고 성장한 여성 연구원은 그녀의 생각을 이렇게 압축했다:

"동독인들은 자신들의 모국에서 이방인이 되고 말았습니다. 그런데 죄송하지만, 독일이 통일되고 나서야 나는 우리의 문제들이 북한에 비하면 사치라는 것을 깨달았어요. 조상들의 굶주림으로 '후손들이 고통받고 있다'고 쓴 우츠 예글(Utz Jeggle)의 말 그대로 말입니다."

후에 내 얘기를 전해 들은 브래젤 여사는 슈튀크라트 박사가 핵심 개념으로 제시한 화라는 어휘가 전환기 동독 사람들의 상황에 대한 실제적 판단의 주요 척도로 합당한지에 대하여 의문을 제기했다: 화라는 개념은 물론 전환과정에서 나타난 노여움, 분개, 분노, 울분, 원한과 같은 감정에 대한 표현들을 집약하기는 하지만, 그것만으로는 동시에 반대쪽에서 작용하는 용기, 이성, 의지, 교양과 같은 요소들을 사상시키게 된다는 것이다. 동독에서나 서독에서나 실상은 여러 측면이 있으므로, 그것을 구별해야 한다고 했다. 그녀는 전환기에 용기와 혁신을 보여준 동독 사람들도 적지 않았고, 시장경제의 메커니즘에 익숙하지는 않지만 잘 교육받은 동독인들의 수도 많았다고 강조했다. 그녀는 서독 사람들의 말을 인용했다:

"동독 사람들은 바뀐 체제에서 살아가는 방법을 빨리 익혀야 합니다. 아니면 앞으로도 그들에게 모든 것이 그대로 갈 수 있습니다."

그녀는 또, 북한과 동독의 상황의 직접 비교 가능성에 관해 연구한 바 있는 빈대학교 동아시아연구소의 뤼디거 프랑크(Rüdiger Frank) 교수처럼, 당해 사회의 문화적, 역사적 특수성을 고려하지 않는 관점을 상대화하기도 했다.

이러한 반론을 접하면서 나는 통일이 한마디로 요약될 수 있는 단순한 현상이 아니며, 동독인들도 통일에 대하여 다 같은 생각을 갖고 있지는 않다는 것을 재확인하게 되었다.

구동독 농촌지역과 주민들의 상황은 에르푸르트, 바이마르 등 도시에서 들은 대담자들의 개인신상에 관한 감동적인 이야기들과는 전혀 다른 양상으로 나타났다. 라이프치히, 드레스덴과 같이 성장하는 대도시들과는 대조적으로 구동독의 농촌지역은 정체하거나 쇠퇴하여 문제지역이 되어 있었다. 사실 지리학자로서 나의 일차적 관심은 농촌지역에 있었다. 내가 어린 시절을 농촌지역에서 보냈으니 그럴 만도 했다. 그리하여 내 석사학위 논문의 주제는 한국 농촌지역에서 정기시장의 시공간적 규칙성에 관한 연구였고(서울대학교 1973), 박사학위 논문 역시 독일 농촌지역에서 중심지 행동과 계층구조 사이의 관계를 구명하는 연구였다(Universität Kiel 1980). 그리고 교수가 된 후 첫 번째로 쓴 논문도 농촌지역에서 인구유출이 초래하는 결과에 관한 것이었다(1981). 그런 연유로 나는 로베르트 보슈 아카데미가 내 독일 체류 초기에 독일의 농촌사회 재활프로그램 '새지역 운동가(Neulandgewinner)'의 전문가들을 내 통일 연구를 위한 대담자로 소개했을 때 무척 기뻤다.

3월 5일 나는 실비아 히르슈(Sylvia Hirsch, Robert Bosch Stiftung) 여사와 그녀의 동료 빌리슈(Andreas Willisch) 씨 및 스쿠렐(B. Scurrel, Thünen-Institut für Regionalentwicklung) 여사와 로베르트 보슈 아카데미 도서실에서 만났다. 그들은 나에게 쇠퇴하는 농촌지역과 그들이 직면한 도전들에 대해 이론적, 경험적으로 정리해서 설명해주었다. 그리고 대도시와 농촌지역 간의 균형발전의 필요성을 강조하였다. 통일 후 30년이 지난 시점에서, 독일 국토정책이 오래전부터 목표로 설정해놓은 바와 같이, 도시와 농촌이 균등한 생활여건(gleichwertige Lebensverhältnisse)을 갖추도록 하는 과제를 더 이상 미루어서는 안 된다는 것이었다. 나도 동의하면서 그동안 내가 학술적 연구와 실무적 경험을 통해 얻은 몇 가지 정책 수단들을 알려주었다. 예를 들어, 최소한의 현지 일자리와 기본수요 공급을 유지하게 하기 위해 핵심 취락(Key Settlements)을 확보하는 전략과 대중매체

를 이용하여 홍보를 강화하는 방안 등이 일단 중요한 의미가 있다고
하였다.

그 후에 로베르트 보슈 아카데미가 두 번의 수학여행을 구동독의
농촌지역으로 데려간 것 또한 나로서는 감사한 일이었다. 그 첫 번째
는 작센과 작센-안할트로 간 이틀간의 수학여행이었다. 연구원들과
직원들은 함께 소도시 부르첸(Wurzen)과 차이츠(Zeitz)를 방문했다.
베를린에서 라이프치히까지는 기차로, 그다음에는 버스로 갔다. 우
리는 유출지역 현장에서 미래를 찾고 기존의 것과는 다른 새로운 길
을 모색하는 새지역운동가들을 만났다. 그들은 변화의 기회를 보면
서 새로운 아이디어를 내고 다른 지역의 모범사례가 되기도 해서, 동
독 농촌지역의 마을과 소도시들에서 삶의 질을 개선하고 사회적 단
합을 강화하기 위해 노력한다. 초저녁에 불 꺼진 건물들과 나대지(裸
垈地)가 널린 을씨년스러운 도심 풍경을 바라보는 것은 나로서는 낯
설고 당황스러웠다. 나는 나 자신 농촌 연구가로서 무의식 중에 '성
장하는 공간'에서 살고 생각하는 데에 익숙해져 있다는 것을 깨달았
다. 차이츠의 농촌지역 운동가들은 문화활동을 통해 도시의 매력을
늘리는 데 주력하고 있었다.

"가장 중요한 것은 일자리입니다. 다른 것들은 다 부수적인 조건
들입니다. 그런데 이 조그만 시민단체로 어떻게 거기에 이르겠습니
까?"

보슈 재단 후원회의 추르(W. Chur) 씨가 자문자답으로 과녁을 맞
추었지만, 공감을 표시하기조차 안쓰러웠다. 인구가 감소하는 농촌

지역의 취락체계에 관한 내 현장답사(1988년)에 의하면, 교육의 질적인 기회 역시 인구유출의 중요한 요인의 하나였다. 일반화하기 어렵고 국지적으로만 유효한 수단이라도, 해결방안은 당연히 있기 마련이다.

두 번째 여행은 2019년 10월 28일에서 30일까지 메클렌부르크-포어폼메른(Mecklenburg-Vorpommern)으로 갔다. 발트해에 연한 이 북부의 신연방주는 독일에서 인구가 가장 희박한 지역이다(69명/km^2). 비록 많은 호수와 도처에 널린 풍력발전기가 첫눈에 낭만적으로 보이고 실제로 북독에서 가장 많이 찾는 여름 휴가지이긴 하지만, 이 지역은 복잡한 역사적 배경을 가지고 있고 도시산업이 적어 경제력이 취약한 문제지역이다. 수학여행 일정은 웅장한 슈베린 성(schweriner Schloss) 관람에서부터 시작되었다. 잠시 후에 우리는 대규모 조립식 건물(Plattenbau) 단지 앞에서 당시 동독에서의 일상과 그 이후의 급격한 사회적 변혁에 관한 설명을 들었다. 사회주의 모범마을의 동독-문화관에서 우리는 다시 그곳에서 활동하고 있는 새지역운동가들과 '남아 있는' 주민들을 만났다.

"그때가 더 좋았어요. 모든 것이 다 더 인간적이었고, 더 조직적이었다니까요."

한 노파의 증언은 나를 안타깝게 했다. 무엇이 그녀를 이렇게 생각하도록 만들었을까? 엄청난 변화에 뒤처져서 피동적으로나마 살아남기가 얼마나 힘들었을까? 극단주의자들은 이 틈새와 공백을 파고들었다. 다음 순간 나는 '위대한 영도자의 하해와 같은 은혜로 천국에서 살고 있다'고 무조건 믿어야 하는 북한 주민들이 생각났다. 인구 및 발전에 관한 베를린 연구소(Berlin-Institutes für Bevölkerung und Entwicklung) 소장은 이렇게 진단한다:

'오늘날 종속적(abgehängt)이라고 지칭되면서 인기영합적인 정당들의 부화장(孵化場)으로 간주되는 지역들은 앞으로 더 힘들어질 것이다. 그 지역들에 대해서 어떻게 생존을 위해 기본적인 서비스를 해결하고 나아가 어떻게 재생시킬 것인지에 관하여 아직 아무런 개념이 없다. 아마도 그것은 어렵거나 불가능할지도 모른다.' (Reiner Klingholz: 「Die demographische Lage der Nation」, in: 《Berlin-Institut für Bevölkerung und Entwicklung》, 2019, S. 5)

이 수학여행의 정점은 아무래도 로스톡-리히텐하겐(Rostock-Lichtenhagen)에 있는 '해바라기집(Sonnenblumenhaus)'에서 가진 볼프강 리히터(Wolfgang Richter)와의 만남이었을 것이다. 이 지리학 박사는 우리에게 1992년 8월 우파 폭도들이 베트남 노동자들에게 가한 무시무시한 공격에 대해 설명해주었다.

"그것은 2차대전 이후 독일에서 일어난 최대의 폭력사태였습니다."

당시 로스톡시의 외국인 담당관이었던 그는 약 150명의 베트남 출신 주민들과 불타는 해바라기집에 갇혔다가 죽음의 공포 속에서 지붕 위로 도망쳤다. 누구도 드러내놓고 '홀로코스트(Holocaust)'나 '유태인 배척(Antisemitismus)'을 말하지는 않았지만, 나는 어쩔 수 없이 이른바 '난민들(Flüchtlinge)'과 '아우슈비츠(Auschwitz)'에서 본 것들을 기억해내고 말았다. 그의 기대나 우리의 희망과 달리 유사한 사건들은 반복해서 일어나고 있다. 그리고 그것은 동독지역에만 국한된 것이 아니다. 2018년 켐니츠(Chemnitz)에서 일어난 인종분규에 대해 그는 이렇게 말했다:

"우리가 그때 본 것은 한 편의 소수민족 학살극(Pogromstimmung)이었습니다."

흔히 나치 범죄는 결코 잊을 수 없는 독일인들의 수치라고 말한다. 그러나 정치와 사회는 과거의 잘못으로부터 정말 얼마나 배웠는가? 외국인 혐오는 독일인들의 다른 얼굴인가, 아니면 인류가 앓는 급성 전염병인가?

이번 여행의 마지막 일정으로 우리는 메스틀린(Mestlin)에서 동독 출신 청년 세 명과 회합을 가졌다. 이들은 직장 생활을 하면서 각기 SPD, CDU와 FDP의 당원으로 정치에 적극적으로 참여하고 있는 이들이었다. 인상적이었던 것은 이 세 청년들이 모두 조금도 주저하지 않고 자신들의 정치적 관점과 현실문제에 대한 의견을 피력하였으며, 지향하는 미래상을 분명한 어조로 밝히는 것이었다. 그들은 개방적이고 편견이나 선입견으로부터 자유로워 보였다.

베를린으로 돌아오는 밤길의 어두운 버스 속, 편안한 의자의 긴 등받이에 기댄 내 머릿속에서는 짧은 여행 동안 찍힌 긴 필름이 돌아가고 있었다. 음양이 극명하게 대비되는 흑백 영상이 끊어지고 이어지기를 반복했다. 창밖에 불빛이 요란해지면서 베를린 시가지로 들어설 무렵, 나는 하나의 지구에 사는 각양각색의 인간들이 다음 세대에는 제발 평화롭게 어울려 살게 되기를 기원했다.

마지막으로 몇 줄을 더 보태고자 한다. 베를린 주재 한국대사관의 김인호 통일관은 어느 주말 아내와 나를 발트해 남단의 한 만(灣)에 연한 우제돔(Usedom)으로 안내하였다. 김 과장은 통일부에서 한때 나와 함께 일한 간부 직원이었다. 그는 통일에 관련된 업무에 관하여 대사를 보좌하도록 베를린 대사관에 파견된 공무원이다. 통일관은 워싱턴, 도쿄, 베이징, 모스크바, 그리고 베를린, 이렇게 다섯 자리가 있는데, 그중 모스크바와 베를린의 자리는 내가 장관이었을 때 주도해서 만들어졌다.

"장관님 덕분에 한국 정부는 독일의 통일정책에 대한 정보를 계속 받고 있고, 또 거꾸로 독일에서 한국의 통일정책 홍보도 활발히 이루어지고 있습니다. 그리고 개인적으로 제가 오늘 독일에 한국 외교관으로 와 있고요."

그는 거듭해서 고맙다고 말했다. 그가 통일관으로 일하는 것이 어떻게 내게 감사할 일인가, 거꾸로 내가 그에게 감사할 일이지.

고운 백사장이 몇 킬로미터나 길게 이어지는 이른바 태양섬(Sonneninsel)은 매력적인 휴양지의 요소들을 갖추고 있다: 깨끗한 자연과 잘 개발된 인프라. 나는 특히 두 가지 점에서 매료되었다: 하나는 동독지역의 경제적 성공 사례로서 메클렌부르크-포어폼메른에서 관광의 역할과 의미를 실제 체험한다는 것이었고, 다른 하나는 현지 대사관의 전문가로부터 독일과 한국의 통일에 대한 경험과 의견을 직접 듣는다는 것이었다. 그러나 그가 나에게 자기 의견을 내놓고 얘기하기를 무척 조심스러워했던 것을 나는 굳이 탓하지 않았다. 내심으로는 그리 편하지 않았지만, 그의 어려운 입장을 이해 못 할 바는 아니었다. 사실 나와 현지 대사, 즉 한국의 현 정부는 통일정책에 관하여 근본적으로 상반된 입장을 취하고 있었고, 그것을 그가 잘 알고 있었기 때문이다. 참 딱한 일이지만 그것이 정치 현실이다.

끝없이 이어지는 풍력발전기의 거대한 날개들이 나에게는 북독의 평탄한 경관을 해치는 것으로 보였다. 이걸 보면서 통일독일의 행복한 관광객들은 자연과 정치와 경제, 그리고 경관의 상호관계에 대하여 과연 어떤 생각을 할까? 그리고 그들 사이의 일관성과 조화에 대해서는?

성장 중심지들의 부침

　내가 쓴 교과서 『고등학교 지리II』(교학사, 1984)에서 나는 6페이지
에 걸쳐 루르지방(Ruhrgebiet)을 기술하고 독일경제 성장의 모터이
자 유럽의 산업 중심지라고 소개했다. 거기서 나는 루르공업지대의
주요 입지요인으로 루르탄전, 철광석, 라인강의 용수와 수운 및 풍부
한 노동력과 기술발전을 들었다. 책 속에 그려 넣은 지도에서는 한쪽
에 자원과 교통, 다른 한쪽에 산업화와 도시화를 나타내어 대비시킴
으로써 양자간의 관계를 보여주었다. 그리하여 보훔(Bochum), 도르
트문트(Dortmund), 뒤스부르크(Duisburg), 에센(Essen), 겔젠키르
헨(Gelsenkirchen), 오버하우젠(Oberhausen) 등 일련의 인접한 대
도시들과 주변지역을 포괄하는 루르 대도시지역(Metropole Ruhr)을
"인구의 용광로"라고 지칭하고 지역경제 발전의 전형적 모델로 제시
하였다. 그러나 1960년대부터는 이 지역이 외국에서 들여오는 저렴

한 석탄과 철광석 및 환경문제 등 여러 가지 도전으로 위기에 봉착하였다고 지적했다. 끝으로 나는 본(Bonn)-쾰른(Köln)-뒤셀도르프로 이어지는 남북방향의 라인축(Rheinschiene)과 함께 산업혁명 후 독일경제의 성장과 전후 재건을 이끈 이 동서방향의 성장축에 대한 구조조정을 위해 여러 가지 정책적 노력들이 진행되고 있다고 덧붙였다.

이 장을 쓰기 위해 나는 특히 지리학 교수 가족인 데게 씨네 3부자(父子), 『루르지방(Das Ruhrgebiet)』의 저자 빌헬름 데게(Wilhelm Dege) 교수와 그의 두 아들 에카르트와 빌프리트(Wilfried)로부터 많은 도움을 받았다. 그리고 한국 답사를 함께했던 독일지리교사협회(Verband Deutscher Schulgeographen)의 한스 크뉘벨(Hans Knübel), 하인츠 숄체(Heinz Scholze) 씨도 나에게 연구 및 교육자료를 지원하고 직접 이 복잡한 지역의 구석구석을 안내해주었다. 제2차 세계대전까지만 해도 루르지방에서 유일한 대학이었던 뮌스터대학(Universität Münster)의 카를 엥겔하르트(Karl Engelhard), 알로이스 마이르(Alois Mayr) 교수도 나에게 이 지역에 대한 지지적(地誌的) 정보와 연구결과들을 제공하면서 친절하게 내 글쓰기를 지원했었다.

그리하여 당시 이 책으로 공부한 많은 한국인들에게 루르지방은 독일의 경제발전을 주도한 핵심지역으로서 독일 지리를 대표하는 개념으로 인식되었다. 거기에는 1960~70년대에 독일에서 일한 한국인 노동자들도 한몫을 했다. 한국인 광부와 간호사 다수가 이 인구밀집지역으로 갔고, 거기에서 일해서 고국에 있는 가족에게 독일 마르크를 보냈다. 그리고 이렇게 벌어들인 외화는 당시 갓 시작된 한국의 산업화에 큰 보탬이 되었다.

독일에 체류하면서 연구를 진행하는 과정에서 나는 루르지방과 그 곳이 당면한 문제들에 대해서 자주 들었다. 그것은 대개 구조적으로 취약한 지역이 동독에만 있는 것이 아니라 서독에도 있다는 주장과 관련해서였다: 루르지방, 자르란트(Saarland), 그리고 슐레스비히-홀슈타인주가 주로 거론되었다. 처음에는 잘못 알아들은 것이 아닌 가 했다. 그러나 그것이 사실이라는 것을 알게 되었을 때 나는 내 연 구 주제와 상관없이라도 꼭 현지에 가서 그곳 상황을 직접 보아야만 한다는 일종의 강박관념을 갖게 되었다.

내 바람을 들은 엘러스 교수는 친절하게도 나에게, 우리 부부에게 4일 동안(2019년 12월 12~15일) 도르트문트에서 시작해서 에센, 보훔 등 루르 도시 몇 곳을 보여주겠다고 하면서 그 참에 본에도 같이 가 보자고 제안했다. 본은 여러 해 전에 그가 본대학(Universität Bonn) 교수로 있으면서 국제지리학연합에서 나와 같이 일할 때, 이미 지리 학적으로 전문적인 답사를 안내해준 적이 있었다. 그러나 이번에는 나를 위해 이 도시가 '수도(首都) 기능을 상실한 이후에 겪은 구조변 화'를 주제로 도시행정을 담당하고 있는 현지 전문가들과의 대담을 주선해주겠다고 하였다.

도르트문트 역사(驛舍) 앞의 독일축구박물관(DFM)은 매우 상징적 이었다. 나는 바로 독일 축구 분데스리가(Fußball Bundesliga)에서 여러 번 우승한 전통이 있는 챔피언 보루시아 도르트문트(Borussia Dortmund)를 기억해냈다. 한때 독일 중공업의 중심지로서 공업화를 이끄는 모터였던 지역의 경제는 그러나 장기적으로는 스포츠에서만큼 성공적이지 못했다. 20세기 중반까지만 해도 도르트문트에는 열다섯 곳 이상의 석탄광산이 채광을 했었는데, 1987년에는 마지막 광산이 문을 닫고 말았다. 구조조정은 일찌감치 시작되었지만 추진이 부진했고, 그나마 긍정적 효과가 나타나는 데에는 시간이 걸렸다. 그사이에 도르트문트의 금융, 보험업과 대학 인근의 IT 관련 현대적 서비스업은 상당히 자리를 잡아 고용을 늘리고 있다. 그리고 옛 공업지대에는 문화-여가시설들도 도처에 들어섰다. 보홈에 있는 독일광산박물관(DBM)과 에센 광산관세동맹(Zeche Zollverein)의 옛 세광소(Kohlenwäsche)에 있는 루르박물관(Ruhrmuseum)은 루르지방의 발전사를 생생하게 보여주었다. 에센의 광산(Zeche)과 코크스 관세동맹(Kokerei Zollverein)은 2001년 유네스코 세계유산으로 지정되었다.

그러나 경제구조를 안정시키기 위해서는 이 지역이 해야 할 일이 아직도 많은 것 같았다. 내가 생각하기에는 그 관건은 미래지향적 연구개발에 훨씬 더 적극적으로 투자하고, 기술적, 학술적인 혁신을 지원하는 데에 있을 것 같았다. 여가 및 문화시설도 매력적인 생활환경을 조성하기 위해 물론 중요하다. 그러나 지역이 가진 가장 값진 자산은 아무래도 여전히 활발한 많은 우수한 연구소들과 대학들, 그리고 연구공원들과 수많은 창업 기업들을 가진 전통적 공업 중심지의 막대한 연구 잠재력일 것이기 때문이다.

사실 루르지방과 노르트라인-베스트팔렌의 다른 공업지대에서 교육시설의 설립과 확충은 전후 구조개혁사업의 중요한 부분이었다.

아헨(Achen)-본-쾰른-뮌스터(Münster) 등 기존 주립대학의 대대적인 확충에 더하여, 보훔(1962), 뒤셀도르프(1965), 도르트문트(1968), 빌레펠트(Bielefeld, 1969), 부퍼탈(1972), 지겐(Siegen, 1972), 파더보른(Paderborn, 1972), 뒤스부르크와 에센(1972) 등의 도시에 대학이 신설되었고, 수많은 전문대학들이 세워졌으며, 거기에 더하여 연방과 주에서 관할하는 많은 연구소들이 들어섰다. 일부 기존 교육시설에서 시작된 이들 교육-연구기관은 광산-공업지대가 후기 산업시대로 나아가기 위해 필요한 근본적인 구성요소였다. 이 변화의 초기에는 자동차산업(예: 보훔의 오펠 공장 또는 뒤셀도르프의 메르세데스)과 금속가공 및 화학공업도 동반 발전했었다.

이틀간의 일주 여행을 마치면서 이 열정적인 퇴임 교수는 우리에게 보훔대학을 보여주었다. 보훔대학은 독일연방공화국이 최초로 설립한 대학인데 오늘날은 독일에서 가장 큰 대학들 중의 하나가 되어 있다. 이 대학 지리학과에는 피터 쇨러(Peter Schöller), 카를하인츠 호테스(Karlheinz Hottes), 린하르트 뢰처(Lienhard Lötscher) 등 나와 친분이 있는 유명한 교수들이 있었지만, 획일적인 콘크리트 건물들을 줌 세워놓고 일련번호를 매겨나간 캠퍼스는 전혀 맘에 들지 않았다. 건설 당시에 이미 흉물스럽고 어떤 면에서는 비인간적인 캠퍼스뿐만 아니라, 그에 더하여 산업사회의 획일적인 대량생산 체제도 같이 비판받았다고 한다.

그런데 1975년에 시내에서 이전해 간 서울대학교 관악 캠퍼스가 하필이면 이 대학을 모델로 삼아 신속 저렴하게 건설되었다니, 학생들로부터 '방직공장'으로 조롱받았던 것은 사실 충분히 예견될 수 있었던 일이라고 하겠다. 애석하게도 사람들은 선진국의 선례들로부터 중요하고 좋은 일만 배우는 것이 아니라 쉽고 값싼 것을 배워서 해악을 자초하기도 한다. 그나저나 한때 구조 개선 수단으로 도입되었던 대학과 연구소들이 오늘날 취약한 경제로 고통받는 도시나 지역들을 구조하기 위한 예비 닻으로 기능한다는 것은 아이러니컬하지 않은가?

이 계절에 독일 날씨가 흔히 그러하듯이 비가 추적추적 내리는 으스스한 날, 81세의 노교수는 두 시간 넘게 직접 운전해서 우리를 도르트문트 햄턴 호텔(Hampton Hotel)에서 연방도시 본(Bundesstadt Bonn)의 경제진흥청으로 데려갔다. 지리학자 아르눌프 마르크바르트-쿠론(Arnulf Marquardt-Kuron) 씨와 지역계획가 마티아스 쇠네르트(Mathias Schönert) 씨가 자료를 준비해서 우리를 기다리고 있었다. 이날 대화의 주제는 본에서 베를린으로 수도를 이전하는 데에 수반된 문제들과 본을 유엔도시(UN-Stadt) 겸 학술 중심지로 변화시키기 위한 정책대안들에 관해서였다.

본은 연방의회가 국회와 정부의 주요 부처들을 베를린으로 이전시키기로 의결한 1991년부터 더 이상 독일연방공화국의 수도가 아니었다.

"일시적으로 충격이 있었지만 본은 2008~2009년에 이미 안정을 되찾았습니다."

그들의 설명을 들으면서 나는 이들의 전문성을 신뢰하게 되었다.

"정책수단들의 5대 지주(支柱)가 설정되었지요. 수도의 경험을 가진 연방도시; 국제협력 및 회의 중심지; 학술 및 연구 중심지역; 미래 지향적 경제구조를 가진 지역; 그리고 여가 및 문화시설을 갖춘 환경 친화적 도시가 그것입니다."

1994년에 제정된 '베를린/본-법'에서는 연방수도 베를린과 연방 도시 본 간에 공정하고 지속가능한 분업이 합의되었다. 91개의 결정 이 이루어졌고, 51개의 기능이 본에 남아 있도록 정해졌다. 본에는 모두 14억 유로가 투자되었고 210개의 정책 사업들이 시행되었다. 6 개 연방부처들은 각기 가장 중요한 업무부서를 이전처럼 본에 남겨 두게 되었다. 본을 유엔도시로 확충하는 사업들도 성공적으로 추진 되었다. 알렉산더 폰 훔볼트 재단(AvH), 독일연구원(DFG) 및 DAAD 같은 학술 연구기관들은 예전과 같이 본에 본사를 유지하였고, 독 일우편주식회사(Deutsche Post AG)와 독일전신주식회사(Deutsche Telekom AG) 같은 공공기관들도 그랬다. 그 말은 지역정책의 중점 은 무엇보다도 일자리를 유지하고 새로운 일자리를 만드는 데에 있 다는 것이다. 그리하여 이 도시의 인구는 1990년 292,234명에서 2018년 말에는 327, 258명으로 늘어났다. 두 전문가가 자랑할 만했 다. 시 주민의 30%가량이 학위를 가지고 있다고 했다. 이날 대담은 매우 유익했다. 다만 개인적으로 본에서 열릴 베토벤 250주년 기념 공연을 보지 못하고 곧 한국으로 돌아가야 하는 것이 애석했을 뿐이 었다.

나는 통일독일의 수도 이전과 그 결과에 대해 특별한 관심을 가지 고 있었다. 한국도 언젠가는 같은 문제를 갖게 될 것이기 때문만은 아니었다. 한국에서 통일도 되기 전에 이미 유사한 계획이 있었기 때문이다. 노무현 정권은 한국의 수도를 서울에서 신도시로 옮기려는 계획을 추진했는데, 나는 그것에 대해 처음부터 비판적이었다. 나는 소위 신행정수도를 건설하여 수도를 이전하겠다는 정부계획에 대해 반대하는 시민운동을 주도하면서 논문과 칼럼을 썼고 결국 위헌소송까지 냈었다. 마침내 헌법재판소는 '수도의 입지는 헌법사항이므로 신행정수도건설법은 위헌'이라고 판결하였다(2004년 10월 21일).

나는 서울이 역사적으로나 헌법적으로나 남한과 북한에 사는 한국인 모두의 수도라고 본다. '서울'이라는 말 자체가 고유명사일 뿐만 아니라 수도를 의미하는 일반명사라는 사실이 이를 말해준다. 서울은 1392년 조선 건국과 함께 수도로 정해졌고 이후 식민지 시대와 분단시대를 거치면서도 수백 년 동안 변함없이 한반도 전체의 수도였고, 대한민국의 정체성과 정통성을 구성하는 주요 요소이기도 하다. 그러므로 서울은 남북한 한국인 모두가 참여하여 만들게 될 통일한국의 헌법에 의해서만 이전할 수 있는 것이다. 거듭 강조하거니와 한반도가 분단되어 있는 현 상황에서 수도를 이전하는 정책은 통일에 역행하고 분단을 고착시키는 나쁜 정책이다. 공간적 분산이니 지역균형발전을 위하여라는 주장은 이 경우 인기영합책의 변명일 뿐이다. 거기에다 수도기능을 사실상 공간적으로 분리하는 것은, 독일의 경우에서도 일부 나타나고 있듯이, 엄청난 시간과 비용의 낭비를 초래하므로 사회적, 경제적으로도 비효율적이다.

침울하기도 했지만 전체적으로 즐거웠던 루르지방과 본으로의 여행은 우리에게 잊지 못할 2019년 크리스마스 선물이기도 했다. 썰렁한 광산박물관과는 달리 크리스마스 시장(Weihnachtsmarkt)은 사람들로 붐볐다. 루르지방 요리를 전문으로 하는 도르트문트 교외의 아늑한 시골식당에서 엘러스 부부와 함께한 통거위 구이 만찬은 별미였다. 그리고 무엇보다 우리에게 역사와 전망까지 담아 제대로 된 지역의 그림을 보여주기 위해 애쓴 옛 친구 부부가 베푼 친절은 잊을 수가 없다. 이들 도르트문트 커플은 그들의 아름다운 자택에서 손수 요리한 돼지고기구이와 빵으로 만든 경단(Semmelklösse)에 도르트문트 맥주를 내어놓고 우리의 루르 방문을 축하했다. 아내는, 노부인이 남편이 가져온 샴페인을 테스트한 후 조금도 망설이지 않고 치운 후 제맛이 나는 새 병을 다시 가져오는 것을 보고 그 단호함에 놀라워했다. "바보는 퍼먹고 지성은 퍼마신다." 남편은 농담으로 분위기를 띄우기를 잊지 않는다. 그렇게 해서 나는 기젤라 디켄베르거(Gisela Dickenberger) 여사와 통일에 대한 대담까지 하게 되었다. 그녀의 사별한 남편은 도르트문트의 기업가였는데, 동독지역에서 회사를 새로 설립하는 이들에게 자기의 전문지식과 경험을 헌신적으로 제공해주었다고 한다. 통일문제에 대해서 그녀는 말을 아꼈다. "그건 교수님이 나보다 더 잘 아십니다." 겸손은 상대방에 대한 칭찬으로 이어진다. 그러나 나는 사기업 소유주 가족의 일원이었던 그녀로부터 통일 당시에 기업들이 가졌던 관점을 생생하게 들을 수 있었다. 나로서는 접근하기 쉽지 않았던 기회였다.

어떤 사람이 어디서 석양을 바라보고 서 있다면, 다른 데에서 일출을 보고 있는 사람이 있을 것이다. 예를 들면 북미의 시카고, 디트로이트, 피츠버그 등지에서 중공업이 사양길에 들어서고 있는 동안에 남동쪽의 캘리포니아, 텍사스, 아리조나와 조지아, 플로리다, 사우스캐롤라이나에서는 새로운 공업지역과 관광 중심지들이 발달하였다. 북부의 '러스트벨트(Rustbelt)' 또는 '스노벨트(Snowbelt)'와 반대로, 남부에서는 첨단기술과 현대적 서비스 및 그와 연관된 인구증가와 함께 새로운 경제 중심지들이 생겨나 '선벨트(Sunbelt)'를 만들었다. 그 이름은 햇빛이 많이 비치는 이 지역의 기후에서 따온 것이다.

북미에서와 비슷하게 남부 독일에서 독일경제의 미래를 주도할 지역이 발달하고 있다. 이 독일 선벨트는 대략 남부의 바이에른주와 바덴-뷔르템베르크주에 걸쳐 있다. 인구 및 발전에 대한 베를린 연구소의 인구증가 예측에 따르면 남부 독일이 전반적 평가에서 월등히 앞선다. 우수한 평가를 받은 시군들(Kreisen und kreisfreien Städten)의 분포를 보면 바이에른주에 열두 곳, 바덴-뷔르템베르크주에 일곱 곳, 그리고 작센주에 한 곳이 있다. 최우수 자리는 바이에른주의 수도 뮌헨이 차지했고, 그 주변 지역들이 뒤를 잇는다.

나는 킬에서 공부하였고 이번에도 베를린에 거주했기 때문에, 나의 공간적 접촉범위는 주로 북독에 국한된다. 그리고 그것은 설문조사에 있어서는 하나의 근본적인 문제가 될 수 있다.

로베르트 보슈 재단의 수석 프로젝트매니저 올리버 라트케가 고맙게도 이 문제를 해결하기 위한 방법에 실마리를 제공하였다. 그는 2019년 6월, 나에게 슈투트가르트 본사에서 동료직원들을 대상으로 한반도 통일을 주제로 오찬 강연을 할 것을 제안하였다. 그 기회에 보슈 문서실(Bosch-Archiv)과 포르셰(Porsche)의 전문가들과 대담할 수 있지 않겠느냐는 것이었다. 7월 1일 나는 아내와 함께 바덴-뷔르템부르크주의 수도이자 메르세데스-벤츠, 포르셰와 보슈의 생산 공장이자 본사가 있는 슈투트가르트로 날아갔다. 내 강연의 제목은 "격동하는 한반도(Korean Peninsula in Turbulence)"였다. PPT의 텍스트는 영어로 만들고 말은 독일어로 했다. 여기서는 강연의 요지를 대신하여 PPT에 썼던 소제목을 제시해둔다:

- 한반도의 지정학(Geopolitics of the Korean Peninsula);
- 동아시아의 인기영합적 지도자들(Populist Leaderships in East Asia);
- 북한의 비핵화(Denuclearization of North Korea);
- 무엇을 할 것인가? 통일을 위한 상상(What to do? Imagination for unification);
- 에필로그: '베를린 보고' —하나의 성찰(Epilogue: "Bericht aus Berlin — eine Reflexion).

60여 명의 청중은 경청하였고 특히 북한 비핵화 문제에 큰 관심을 보였다. 나는 이 문제에 관련된 3자가 비핵화의 개념을 의도적으로 서로 다르게 사용하고 있다고 지적했다: 미국은 '북한 비핵화'에 대하여 협상한다고 말하는데, 북한은 '한반도 비핵화'를 주장하고 있으며, 대한민국은 그 둘 사이를 오가고 있다는 것이었다. 나는 이렇게 단정했다:

'북한은 결코 스스로 핵무기를 포기하지 않을 것이다. 트럼프와 김정은의 이번 회담은 인기영합적 쇼에 지나지 않는다. 따라서 결국 실패할 것이다.'

나는 '동아시아의 이런 격동과 부조화가 한반도에게는 결국 30년 전에 한 번 놓친 적이 있는 통일의 기회가 될 수 있을 것'이라고 전망하는 것으로 결론을 맺었다. 이어서 한반도 문제에 대한 중국의 태도, 한국으로 온 탈북민들의 생활, 그리고 독일에서 하는 내 연구의 내용 등에 대한 질문들이 이어졌다. 나는 한국에 대한 일종의 커다란 공감대와 함께 독일 지식인들의 세계질서 변화에 대한 예민한 의식을 느꼈다. 그것은 선진국 사람들이 갖는 마음의 평화 내지 이미 통일과정을 성공적으로 겪어낸 이들만이 누릴 수 있는 일종의 특권 같은 것이었다.

강연을 마치고 나서 나는 다시 올리버 라트케 씨의 안내를 받아 보슈 문서실의 디트리히 쿨가츠(Dietrich Kuhlgatz) 씨, 그리고 홍보실장 틸만 브로트베크(Tilmann Brodbeck) 씨 및 그의 팀원들과 전환기 전후 대기업들의 행태를 중심으로 한 대담을 가졌다. 이들의 증언에서 서독의 자동차 기업들이 이미 통일 전부터 동독에 부품 생산과 조립을 중심으로 투자하거나 그것을 모색했다는 사실들을 확인할 수 있었다. 다만 기업경영자들이 처음부터 통일을 염두에 두었는지는 불확실했고, 정부의 준비나 대응이 미흡했다는 인상을 받았다.

이어서 저녁 늦게 나는 하노버(Hannover)로 날아갔다. 국내선 항공여행은 비행시간은 한 시간가량이면 되지만 그 전후가 번거롭다. 이날도 식사를 거른 채 밤늦게야 하노버 호텔에 도착했다. 몹시 피곤했지만 이튿날 니더작센주 기업인협회(Unternehmerverbände Niedersachsen e. V.)의 전무 폴커 뮐러(Volker Müller) 씨와 기업인들의 인식과 경험에 관한 또 하나의 중요한 대담을 갖기로 예정되어 있었기 때문에 어쩔 수 없었다.

튀링겐의 슈미츠-슐레만 씨와 브래젤 부부는 나에게 뮌헨의 친지들을 소개하여 나와 대담을 하도록 주선해주었다. 브래젤 부부의 딸 파멜라(Pamela) 양의 조언에 따라 나는 "10월 축제(Oktoberfest)"가 시작되기 일주일 전(2019년 9월 15~20일)에 뮌헨에 가서 대담을 하도록 일정을 잡았다. 일주일 후로 계획했더라면, 우리에게는 세계적인 축제에 참여할 수 있는 좋은 기회가 수어졌겠지만, 축제기간에 대담을 요청하는 것은 예의도 아니거니와 성사되기도 어렵다는 것이었다. 물론 호텔 방도 비싸고 구하기가 쉽지 않았을 것이라고 했다. 당시 나에게 중요한 것은 놀고 즐기는 것이 아니라 조사였다. 파멜라와 남편 코르비니안 하버란더(Korbinian Haberlander) 씨는 우리를 뮌헨공항에서 호텔까지 데려다주었다. 호텔 드라이뢰벤(Hotel Dreilöwen)은 뮌헨 중앙역 가까이에 있어서 우리가 사람들을 만나기에 좋은 위치였다. 우리는 프린 암 킴제에서 게르하르트 후버 씨와, 카를스루에(Karlsruhe)에서 마르틴 뢰버(Herr Martin Roeber) 씨와 만나기로 하였는데, 뮌헨에서 기차를 타고 다녀오려면 역 가까이에서 묵는 것이 편리했다. 아우크스부르크(Augsburg)의 판사 아우렐 발덴펠스(Aurel Waldenfels) 씨도 일과 후에 기차 타고 바로 올 수 있어서 역 앞이 좋다고 했고, 연방의회 의원인 토마스 자텔베르거

(Thomas Sattelberger) 씨도 대담을 위해 직접 호텔로 오겠다고 했다.

뮌헨에서의 첫날, 코르넬리아와 요제프 볼프(Kornelia und Joseph Wolf) 부부는 우리를 바이에른 요리 전문식당으로 만찬에 초대하였다. 우리 두 부부는 호텔에서 걸어서 구도심 골목에 있는 낭만적인 전통식당으로 갔다. 우리는 바이에른 요리를 즐기면서 경륜 있는 기업가와 세무상담사 부인이 들려주는 이 독특한 지역의 정치, 경제와 문화의 특성과 배경에 대한 설명에 빠져들었다. 통일에 대한 질문도 따로 할 필요가 없었다. 일찌기 43년 전에 체험한 바 있는 바이에른 특유의 밝고 개방적인 분위기가 이번에도 역시 모든 것을 쉽게 풀어가주었다. 알프스 전방지역(Voralpen)의 다채로운 자연 속에 유쾌한 사람들과 화사한 문화! 그 모든 것이 근엄한 유교적 전통 아래 절제하도록 교육받은 동아시아인에게는 예나 이제나 부러울 만큼 화려하고 멋질 따름이었다.

'자유국(Freistaat)' 바이에른의 관대함을 나는 다른 대담자들에게서도 어김없이 인지할 수 있었다. 그것은 쾌적한 기후를 포함한 매력적인 자연환경과 풍성한 문화에다 전통적 농업지역이 첨단 산업지역으로 발전하면서 이루어진 경제적 도약의 활기까지 더해진 결과로 보인다.

"경제는 과대 평가되고, 문화는 과소 평가되었습니다. 문화적 실사(實査)가 결여되었던 것입니다."

자텔베르거 의원은 그런 이유로 90년대의 동독을 "순교자의 연대(Märtyrer-Jahre)"라고 표현했다.

발덴펠스 판사는 독일통일에 있어 최대의 잘못을 구동독의 "지도자 공백"에서 찾았다.

"잘못을 인정하고 이해를 구하여 그들이 존중받고 있다고 느끼게 해주어야 합니다."

그는 공감능력을 강조하면서 개인적으로 상관이 "내가 이렇게 생각하면 잘못일까요?"라고 물었을 때, 감동을 받았다고 말했다.

《쥐트도이체 차이퉁(Süddeutschen Zeitung)》의 데틀레프 에슬링거(Detlef Esslinger) 국내정치부 부장은 덴마크 철학자 쇠렌 키르케고르(Søren Kierkegaard)를 인용했다:

'인생은 앞을 향하여 살고 뒤를 향해서 후회한다.'

그는 나에게 회케-인터뷰(Höcke-Interview)를 읽어보았느냐고 묻고 나서 '공포'에 대하여 설명했다:

"다시 잃을 수도 있다."

내게는 이 짧은 문장이 아주 그럴듯하게 들렸다. 인구이동이든 기후변화든 우리는 '이것 아니면 저것'을 택하지 않으면 안 되는 절박한 상황에 처해 있다. 바로 '공포'다.

비판적인 반론을 세기해도 뮌헨의 대담자들은 항상 이해하려는 입장을 견지하고 실질적인 해법을 제시했다. 그것도 웃으면서. 매력적인 자연환경에 더하여 사람들의 이러한 긍정적인 성숙함이 최고 경제성장률과 최저 실업률을 가능하게 하는 동력이 되었을 것이다. 아니면 그 역일지도 모르겠다. 어쨌던 자유국 바이에른은 독일통일에서 가장 많은 이득을 보면서 앞장서 나가고 있고, 미래의 발전가능성에 있어서도 제일 좋은 평가를 받고 있다.

뮌헨에서 머문 일주일에서 하루를 빼내어 카를스루에로 간 것은 그만한 보람이 있었다. 기차로 슈투트가르트에서 한 번 갈아타고 편도 세 시간이 걸렸다. 노년의 언론인 마르틴 뢰버 씨가 우리를 카를스루에 역에서 란다우/팔츠의 헤륵스하임(Herxheim bei Landau/Pfalz)에 있는 자기 집으로 데려갔을 때, 부인은 벌써 열심히 요리를 하고 있었다. 바깥 정원식탁에 차려진 점심은 '간으로 빚은 경단을 곁들인 암퇘지 위장(Saumagen mit Leberknödeln)'이라는 요리였다. 상당히 기이하게 들리는 지리적 음식으로, 통일수상 헬무트 콜(Helmut Kohl)이 좋아했다고 했다. 그들의 작지만 아담한 정원에서 우리는 정말 좋은 시간을 보냈다. 부부는 우리에게 손수 집을 지은 역사와 함께 정원의 과실수들 한 그루 한 그루에 대해 설명해주었다. 노신사는 내 아내에게 잘 익은 무화과 열매를 따주기도 했다. 그는 통일을 '믿을 수 없는 성공'이라고 분명하게 규정했다.

"위르겐 하버마스(Jürgen Habermas), 귄터 그라스(Günter Grass) 등 좌파 인사들은 사회주의를 구하려고 힘썼지요. 사람들은 보복주의(Revanchismus)를 두려워했어요. 동독은 체제가 완전히 망가졌었습니다. 동독 지도부는 진실을 왜곡하고 자국민과 세계를 속이려 들었지만, 헛수고였지요."

그는 많은 변호사들이 동독의 법조(法曹)를 바로 세우기 위해 자진해서 서독에서 동독으로 갔고, 대학교수들도 줄지어 같은 행보를 했다고 증언했다. 그 동기가 무엇이었느냐는 나의 질문에 그는 세 단어를 댔다: '모험(Abenteuer)', '에토스(Ethos)', 그리고 '경력(Karriere)'. 부부는 시골에 사는 옛 친구처럼 우리에게 선물을 주었다. 나를 위해 오려두었던 신문기사 스크랩은 뮌헨으로 돌아오는 기차 속에서 읽었고, 손수 빚은 사과주는 베를린으로 가져가 한국대사 부부와 함께 마셨다. 그리고 옌스 하커(Jens Hacker)가 쓴 『독일의 오류들(Deutsche Irrtümer)』(Ullstein, 1992)은 베를린을 거쳐 한국의 내 시골집 서재에서 새로운 자리를 찾았다.

 독자들 중에는 나의 이러한 기억과 인상들이 내 연구의 주제와 무슨 상관이 있느냐고 의아해하는 이들이 있을 것이다. 이에 대해 나는 내가 하고자 하는 일이 '통일문제에 관한 독일의 경험을 모아서 한국의 미래를 위해 평가하는 것'임을 상기시키고자 한다.

 이 제2장에서 나는 먼저 나 자신이 40여 년 전에 경험하고 익힌 서독의 몇 곳을 다시 찾아가서 그때의 기억을 현재와 비교하고, 그리하여 얻은 생각들을 서술하였다. 이것이 내 '재발견'의 한쪽 궤적이다.

 거기에 더하여 동베를린에 살면서, 그리고 구동독지역을 돌아다니면서 보고 듣고 체험한 것들은 나에게 통일의 진행과 결과에 대한 다른 관점들을 열어주었고, 내 사고를 또 다른 성찰로 이끌었다. 우울한 개인적 경험, 꺾이고 뒤틀린 이력과 어두운 미래 전망, 구동독지역 주민과의 대화에서는 이런 범주의 경험담이나 평가가 자주 등장했다. 그리고 이것이 내 재발견의 또 다른 한쪽 궤적이다.

 이들 대비되는 두 관점들은 나로 하여금 한국인들이 소망하는 조속한 통일에서 주의를 기울여야 할 중요한 것들을 다시 깊이 들여다보게 하였다. 이러한 개인적인 관찰과 대담들이 무미건조한 통계나 지도, 또는 그래프보다 인간적이고 설득력 있는 그림을 전달한다고 하는 데에 대체로 동의할 것이다. 내가 동독에서 양지와 음지의 대조적 장면들을 보았다면, 서독에서는 장소의 성쇠(盛衰) 또는 부침(浮沈)을 보았다고 하겠다.

시간은 흘러가고 장소는 변한다. 모든 것은 변하고, 어떤 것도 영원하지는 않다. 인생도 그러하다. 누구나 더 많은 햇빛을 받으려 한다. 그럴 능력이 있는 사람들을 칭찬하고 지원할 일이다. 다만 그 햇빛의 온기를 다른 사람들과도 나누는 것이 중요하다. 더 늦기 전에.

**Richard von Weizsäcker 독일통일 대통령
면담. 2012년 2월 28일, 베를린**

**Christian Wulff 전 독일대통령 면담.
2012년 10월 10일, 서울**

**Hans Mordow 동독 마지막 총리 면담.
2019년 5월 28일, 베를린**

**Lothar De Maiziere 동독 과도정부 총리 면담.
2019년 5월 7일, 베를린**

독일의 경험

위대한 성취

"왜 독일에서는 영국과 프랑스에서와 같은 혁명이 없었습니까?"

동아시아에서 유학 온 순진한 학생의 생뚱맞은 질문이었다. 그가 독일에서 박사학위 과정을 시작한 1976~77년 겨울 학기였다.

"왜냐하면 경찰이 금지했기 때문이라네."

역사학과 베른하르트 담(Bernhard Dahm) 교수가 한쪽 눈을 찡긋 하면서 대답했다. 나는 당시 교수의 대답이 희한하다고 생각하면서도, 줄곧 '내 질문이 너무 불경스럽지 않았나' 하고 불편해했다.

13년 후에 그 유학생은 지구의 반대편 서울에서 뉴스를 들었다.

'동독 시민들 평화혁명(Friedliche Revolution), 베를린 장벽(Berliner Mauer)이 무너졌다.'

그런 일이 일어나리라고는 누구도 예견하지 못했다. 서독 수상 헬무트 콜조차 폴란드 공식방문으로 외국에 가 있었다. 모두가 불가능할 줄 안 일이 그렇게 예상치 못한 상황에서 갑자기 일어났다. 1989년 11월 9일, 전 독일사를 통틀어 가장 기쁜 사건이 일어났다. 동독 시민들의 평화혁명이, 28년간 한 나라를 둘로 갈라놓았던 장벽을 무너뜨린 것이었다. 그로써 제2차 세계대전 후에 강제된 독일 분단이 극복되었다.

'우리는 인민이다!'

구호와 함께 시민들은 용감하게 거리로 나갔다. 교회는 그들에게 집회장소를 제공하고 그들을 보호했다. 물론 자유를 향한 기독교 정신의 실천이었다. 당시 나는 어떻게 되어가는지 몹시 궁금했지만, 텔레비전 보도를 따라가는 것 외에 달리 할 수 있는 일이 없었다. 오직 한 마음으로 간절히 기원할 뿐이었다:

'독일을 위해 모든 것이 잘되기를(Alles Gute für Deutschland)!'

그로부터 30년이 지난 지금 독일대통령(Frank-Walter Steinmeier)이 '평화혁명의 길을 연 자유와 민주주의를 향한 열망은 칭송되어야 한다'(2019년 라이프치히)고 하는 연설을 들으면서, 나는 마침내 실현된 자유의 가치 앞에서 다시 숙연해졌다.

내 '불경스러운 질문'과 교수의 '희한한 대답'에 대한 불편한 궁금증은 40년이 지나서야 풀렸다. 메르켈(Angela Merkel) 연방총리가 2019년 10월 3일, 묘하게도 킬에서 열린, 독일통일 기념일 축제행사의 한 연설에서 토마스 만(Thomas Mann)을 인용하면서였다.

'작가(토마스 만)는 1945년 5월에 '독일과 독일인'이라는 그의 유명한 연설에서 독일인들에게 "부자유", "미성숙", 그리고 "미련한 복종심"이 유별나다는 딱지를 붙였습니다. 그는 이것을 "독일에는 혁명이

한 번도 없었다"는 것으로 설명했습니다. 유감스럽게도 그는 그의 이 부정적 관념으로부터 44년이 지난 후에 독일에서 실제로 성공적인 혁명이 일어나는 것을 경험하지 못했습니다.'

통일이 뒤따랐다. 철의 장막(der Eiserne Vorhang)은 걷혔고, 유럽은 이념에 의한 분열이 없는 하나의 공간으로 회복되었다. 그리고 그 모든 것이 비폭력, 평화적으로 이루어진 것이다! 그것은 기적이었다. 왜냐하면 혁명이란, 프랑스혁명(1789~1794)이 그러했듯이, 본래 폭력적이기 때문이다.

"그들이 이번에는 왜 총을 쏘지 않았을까요? 준비가 되어 있지 않았던가요?"

나의 질문에 당시 '원탁회의(der Runde Tisch)'에 적극적으로 참여했던 오라니엔부르크(Oranienburg)의 목사는 세 가지 이유를 말해 주었다:

"인민의 봉기를 또다시 같은 수단으로 억누를 수는 없었지요. 모든 준비를 했지만, 촛불과 기도에는 대비하지 못했어요. 그리고 지배자는 더 이상 행위능력이 없었습니다." (Reinhard Röhm, 2019년 12월 9일)

"참 잘되었지요, 하나님, 감사합니다(Gott sei dank)!" 그가 덧붙였고, 나도 물론 동의했다. "Gott sei dank!" 이 말은 내가 아는 가장 아름다운 독일어 표현이다.

내가 보기에 통일총리 헬무트 콜(1982~98년 Bundeskanzler)은 진정한 지도자였다. 그는 매우 사려 깊고 결단력 있게 기회를 포착하고 내외의 정치적 여건을 주도적으로 조성해나갔다. 독일통일 30년 후 한 신문의 논설은 '오직 헬무트 콜만이 그 일을 해낼 수 있었다'고 썼다:

'그는 총리로서 근 10년 동안 기민당(CDU) 당수 시절에 추진했던 대로 그의 정책을 밀고 나갔다. […] 그것이 그로 하여금 수백, 수천의 반대를 무릅쓰고 나토의 군비확장결의(NATO-Nachrüstungsbeschluss)를 관철시키고 선거에서 승리를 쟁취할 수 있게 하였다. 그것이 그에게 1981년부터 재임한 로널드 레이건(Ronald Reagan) 대통령과 조지 부시(George H. W. Bush) 부통령 (1989년부터는 대통령)의 감사와 신뢰를 계속해서 확보하게 해주었다.' (Georg Paul Hefty: 「Unaufhaltsam zur Einheit」, in:《Frankfurter Allgemeine》, 2020년 10월 2일)

마지막 문장은 마침 사드(THAAD) 배치를 두고 혼란을 겪고 있는 한국의 지도자들에게 중요한 교훈을 줄 수 있을 것 같다. 통일을 설득력 있게 갈파한 총리의 말들은 감동적이다:

'국가 통일에 대한 의식은 예나 지금이나 깨어 있습니다. 그리고 그것을 지키려는 의지는 꺾이지 않습니다.' (1987년 9월 에리히 호네커 서독 방문 때)

'라인강이 확실히 바다로 흘러가듯이, 독일통일은 그렇게 확실히 옵니다. 유럽 통일도 그렇습니다.' (1989년 7월 고르바초프 서독 방문 때 라인강변에서)

이어서 독일 총리의 소련 국가 서기를 향한 분명하고 직설적인 질문이 나온다:

'우리가 우리 세대에 하겠습니까, 아니면 더 기다리겠습니까?'

역사의 분기점에서 그는 독일통일을 위해 동독의 지도자와 시민들 뿐만 아니라 많은 서독인들을 설득하고 지지를 이끌어냈다. 그리고 독일통일의 특이한 진행과정을 이웃 나라들과 4대 점령국들에게 이해할 수 있고 받아들일 수 있는 것으로 만들었다. 나는 그것을 그와 독일 정치가 장벽 붕괴의 시기에 이룬 위대한 업적이라고 본다. 그 이전과 마찬가지로 그 이후에도!

미하일 고르바초프(Mikhail Gorbachev)는 오늘날까지 독일인들에게 대단히 인기가 많다. 왜냐하면 그가 '인민들이 두려워하는 것'을 하지 않았기 때문이다. 사람들은 결말이 어떻게 될 것인지를 염려했다: '혹시 동베를린에서 1953년에, 부다페스트(Budapest)에서 1956년에, 그리고 프라하(Prag)에서 1968년에 일어났던 군사적 진압이 반복되는 것은 아닌가?' 나는 여기서 그의 페레스트로이카(Perestroika)와 글라스노스트(Glasnost)를 과소평가할 의도는 없다. 아니, 오히려 강조하고 싶다. 그러나 사실은 소련이 위기에 빠져 있었고 그래서 안팎으로 근본적인 개혁이 불가피했었다는 사실이 과거의 행태를 그대로 답습할 수 없었던 결정적인 이유였던 것이다. 그러므로 그가 소련의 부당하고 부적절한 정책을 이어가지 않기로 결정한 것은 현명하고 용감했다고 할 수 있다. 당시 독일 내무장관이었고 현재 국회의장인 볼프강 쇼이블레(Wolfgang Schäuble)도 이렇게 회고한다:

'콜의 카디건 외교(Strickjackendiplomatie, 1990년 7월 콜 총리가 고르바초프 서기장과 캅카스의 셀렘추크강변 별장에서 통일독일의 주권 행사와 EU 및 NATO 잔류 문제를 놓고 회담할 때 카디건을 입은 데에서 유래한 표현)가 성공했던 것은 당시 소련이 매우 어려운 형편에 처해 있어서 미하일 고르바초프가 독일통일에 동의할 수밖에 없었던 덕분이었다.' (Wolfgang Schäuble: 「Der lange Weg zum Annus mirabilis—Zur Vorgeschichte von Mauerfall und Deutscher Einheit」, in: 『30 Jahre Deutsche Einheit, Reinbek』, Lau Verlag 2019)

여기서 잊지 말아야 할 것은 동독의 평화혁명 이전에 폴란드, 헝가리와 체코에서 전사(前史)가 있었다는 사실이다. 1980년대 폴란드의 자유노조운동(Solidarnosc-Bewegung)에 대해 헬무트 슈미트(Helmut Schmidt)는 이렇게 말했다:

'소련의 지배에 대하여 분열된 의식을 가지고 있으면서, '원탁회의'를 발명하여 이 분열된 의식의 한쪽을 따른 것은 야루첼스키(W. Jaruzelski)였다. 폴란드인들이 독일인들을 구했다.' (「So geht Einheit」, in:《Berlin-Institut für Bevölkerung und Entwicklung》, 2015, S. 7)

또, 한 폴란드계 미국인 역사학자는 이렇게 썼다:

'나는 브로츠와프가 1980년대에 새롭고 고귀한 의미를 얻어가는 것을 멀리서 바라보았다. 이 도시는 동유럽의 자주 해방과 독일의 통일을 선도한 자유노조운동, 즉 폴란드 시민운동의 아성(牙城)으로 자리잡았다.' (Fritz Stern: 「Fünf Deutschland und ein Leben」, S. 17)

이 뜻깊은 문장을 나는 로베르트 보슈 아카데미 동료였던 두트키에비츠 전 브로츠와프 시장이 그의 아름다운 도시를 직접 안내하였

을 때, 그에게서 전해 들었다. (Rafal Dutkiewicz, 7월 25~26일)

헝가리는 1989년 9월 11일에 이미 동독에서 넘어온 난민들에게 오스트리아로 가는 문을 열어주었다. 동독 출신으로 브라운슈바이크에 사는 학자 커플 슈타인퓌러 부부는 나에게 단호히 말했다. (2019년 6월 13일)

"SED-통치의 시대는 겐셔 외무장관(Außenminister Genscher)이 9월 30일 저녁 프라하 서독대사관 2층 발코니에서 그 유명한 열세 단어를 말했을 때 이미 끝났습니다: '우리는 오늘 저녁 여러분께, 오늘 여러분의 출국 여행이 […] (가능하게 되었다는) 것을 알려드리기 위해, 여러분을 찾아왔습니다.'"

대규모 탈출이 뒤따랐다. 그리하여 독일인들은 그들의 좋은 이웃들에게 두고두고 감사해야 하게 되었다.

소련의 지도자(고르바초프)와는 달리 로널드 레이건과 조지 부시 두 미국대통령들은 점차 잊히고 있다. 왜냐하면 그들은 '기대되는 것'을 실행했기 때문이다. 내 생각으로는 미국대통령들이 역사의 방향을 제대로 인지했던 것이 당연한 일만은 아니었다. 마가레트 대처(Margaret Thatcher)와 프랑수아 미테랑(François Mitterrand)을 독일통일에 동의하도록 이끌고, 통일독일의 NATO와 EU 잔류를 관철한 이가 미하일 고르바초프였던가? 유럽의 세 정상들은 본래 분명히 반대했었다. 미국 대통령에게 설득되기 전까지는. 나는 이에 대한 나의 생각을 캐나다 언론인(Doug Saunders)과의 대담(2019년 11월 19일)에서 이렇게 표현했다.

'어떤 의미에서는 미국이 실질적 연출자였다고 봅니다.'

이어서 나는 그에게 레이건과 부시 두 미국대통령들이 독일통일과 관련하여 펼친 적극적 활동들과 함께 당시 본 주재 미국대사 버논 월터스(Vernon Walters)가 일찌감치 "독일통일 곧 온다"(《International Herald Tribune》, 1989년 9월 4일)라고 언명했던 것을 상기시켰다.

장벽이 무너진 날 사람들이 바로 그렇게 신속한 통일을 생각하지는 않았을 것이다. '우리는 인민이다(Wir sind das Volk)'라는 데모대의 구호는 시간이 지나면서 '우리는 하나의 인민이다(Wir sind ein Volk)'로 바뀌어갔다. 헬무트 콜 총리가 1989년 11월 28일 독일과 유럽 통일의 단계적 계획으로 '10개항 계획(Zehn-Punkte-Program)'을 제안했을 때는 모두가 깜짝 놀랐다. 장벽 붕괴에서 공식적 독일통일까지 겨우 11개월이 걸렸을 뿐이다. 그야말로 '미친 속도'였다. 모든 것이 가능한 한 최대한 빨리 이루어졌다. 즉 불안정성과 불확실성의 시기에 말 그대로 번개같이 빨랐던 것이다. 이 짧은 시간에, 3월 18일 선거를 치르고, 6월 1일 동독에 서독 마르크를 도입한 것을 포함하여, 전혀 상이한 두 체제를 합치기 위하여 필요한 모든 중요한 절차가 도입되고 시행되었다. 굳이 비교를 하자면 영국에서 브렉시트(Brexit) 논의는 2019년 12월 12일 선거로 결과를 얻기까지 3년 이상이 걸렸다.

내가 보기로 헬무트 콜은 그의 '10개항 계획'으로 독일통일의 주도권을 장악했다. 결정적인 것은 한편으로 서독과 동독, 그리고 다른 한편으로 프랑스, 영국, 소련 및 미국 간에 체결된 '2+4 조약'이었다. 이 조약이 독일통일로 가는 길을 열었다. 그리고 서독이 오더-나이세-선(Oder-Neiße-Linie)을 독일과 폴란드 사이의 국경으로 인정하고 이어서 1990년 14일 해당 문서에 서명한 것도 이웃 나라들의 신뢰를 확보하는 데 기여하였다. 그것은 운명적인 '독일문제' 해결과 유럽의 미래를 위해 의미 있는 진일보였다. 이런 모든 활동과 조약들로 '사회주의 동독의 개혁이 독일통일의 대안이 될 수 있을까'라는 질문도 종결되었다.

본래 대처 총리에게서 유래한 '대안은 없다(There is no alternative)'라는 말을, 한 독일 문화비평가는 'TINA'라는 말로 축약했다. 그는 예컨대 원탁회의에서 새로운 헌법의 시안을 만드는 것과 같은 다른 모든 시도들은 그로써 헛일이 되고 말았다고 주장했다(Thomas Oberender, 2019년 12월 9일). 신속한 통일을 바라는 인민의 압박, 그리고 그로 인한 시간의 압박이 워낙 컸기 때문에, 어떤 정당이나 시민단체도 감히 그에 맞설 엄두를 내지 못했다.

만약 제3의 길의 가능성에 대하여 논쟁하면서 시간을 보냈더라면, 그것은 아마도 돌이킬 수 없는 실책이 되고 말았을 것이다. 국내외의 정치적인 국면은 기대하지 않은 방향으로 바뀌어가고, 독일은 통일의 기회를 놓쳤을 것이다. 실제로 1991년 말 소련에서는 고르바초프가 권좌에서 밀려났다. 격렬한 변동이 일어났던 전환기였음을 항시 기억해야 한다. 극심한 불안정성과 오류의 시기로, 하룻밤 사이에 모든 것의 유효성이 뒤바뀌어버리기 일쑤였다.

목적의식을 가지고 단호하게 결정을 내리는 정치인들의 업무능력만이 아니라 거기에 따르는 일들을 정확하고 완전하게 처리해낸 행정관료들의 업무능력에도 놀라움을 금할 수 없다. 그것도 아무런 본보기도 없이 말이다. 내가 생각하기에 그것은 이 나라에 정치, 경제, 사회적으로 안정된 기반이 있었기에 가능했던 것 같다. 그 안정 기반이야말로 독일 인민의 위대한 자산이고, 양쪽 독일 시민들의 건강한 정치의식이 이룬 공적이라고 하겠다. 1990년 10월 3일 통일조약이 비준되었고, DDR은 독일연방공화국에 가입하였다. 그리하여 DDR은 역사 속으로 사라지고 재통일된 독일이 탄생하였다.

나는 동독 사람들과 서독 사람들에게 왜 DDR이 아무런 저항도 없이 그렇게 맥없이 무너졌는지를 여러 번 물었다. 40년 이상 나름 '잘 작동했던' 체제였지 않은가 말이다. 나는 다만 '정치적으로 부패했었다'거나 '경제적으로 파탄났었다', 또는 '개혁을 하려고 했었다'라는 부분적인 설명을 들었을 뿐 하나의 명쾌한 답변을 얻지는 못했다. 어쨌든 대부분의 동독 시민들은 이미 오래전부터 SED-체제에 대해 불만을 가지고 있었던 것 같다. 그들은 '이대로 계속 갈 수는 없다'고 생각했다고 한다. 요컨대 민심이 떠났던 것이다.

그리해서 일부는 도망쳤고, 남아 있는 다른 이들은 상황을 바꾸기 위해 데모를 했다. 그렇다, 그들은 정의롭지 못한 옛 DDR과는 다른 자유민주국가를 열망했다. 많은 사람들이 어떻게든 이미 모든 것을 갖추고 있고 민주질서가 자리잡은 서방, 즉 BRD로 넘어갔다.

슈타지(Staatssicherheitsdienst, SSD) 청산 같은 과제들이 많이 남아 있기는 했지만, 정치적인 통합은 별 마찰 없이 신속하게 이루어져 갔다. 그러나 경제적, 사회적 통합은 그보다 훨씬 어렵고 오래 걸렸

다. 가장 어려운 문제는 물론 구동독지역의 계획경제체제를 구서독
지역에서와 같은 시장경제체제로 전환시키는 일이었다.

이 목적을 달성하기 위해 신탁청(Treuhand-Anstalt)이 설립되었
다. 그 임무는 전권을 가지고 동독지역 인민소유기업들(VEB)의 사유
화를 추진하고 시장경제에서 경쟁력을 가지고 존속 가능하도록 지
원하는 것이었다. 신탁청은 1990년부터 1994년까지 4년 동안 이 업
무를 수행하였다. 그러나 그 공과에 대해서는 오늘날까지 논란이 많
다. 근본적으로 동독의 산업은 서독과 서유럽의 기업들에 맞설 경
쟁력이 없었고 기술적으로 훨씬 뒤떨어져 있었다. 그리하여 동독지
역에서의 구조조정은 재개발 부문에서 부분적으로 성공했을 뿐, 기
업들에 있어서는 대부분 해체 내지 폐쇄로 이어졌다. 이는 결국 옛
DDR의 광역적 탈산업화를 의미했다.

그러나 예외적으로 성공한 사례들도 있었다. 나는 여기서 기쁜
마음으로 구동독의 인민소유기업(VEB)이었던 '로트캐프헨-젝트
(Rotkäppchen-Sekt)'의 성공한 역사를 약술하고자 한다. 나는 2019
년 7월 8일 '빨간 모자(Rotkäppchen)'라는 동화와 같은 이름을 달고
빨간 병 두껑이 달린 샴페인을 생산하고 있는 이 양조회사를 찾아
구동독지역 운스트루트의 프라이부르크(Freyburg/Unstrut)로 갔다.

여기서도 처음에는 매출이 급감했다. 1990년에는 전년도에 비해
50%나 감소해서 상표의 소멸을 위협할 정도였다. 양조회사 직원들
은 샴페인을 자동차 트렁크에 싣고 온 나라를 종횡으로 돌아다니면
서 팔았다. 1991년에는 직원 수도 1989년 재직 인원의 5분의 1로 줄

어들었다. 1993년 3월 4일, 마침내 신탁청은 로트캐프헨을 경영자 매수(management buyout)를 통해 양도하기로 결정했다. 소유지분은 대표와 4명의 직원에게 넘어갔다. 그들은 로트캐프헨이 사기업(私企業)으로 성공할 수 있으리라는 확신을 가지고 모험을 감행했다. 1994년에 창립 100주년을 축하한 로트캐프헨-젝트 주식회사는 오늘날 독일에서 가장 많이 팔리는 샴페인 생산자가 되어 있다.

"우리는 고급 샴페인을 생산했었습니다. 그런데 갑자기 로트캐프헨이 시장을 잃어버렸던 것이지요. 동독 사람들이 서방 상품으로 몰려갔어요. 서독 사람들은 어차피 그랬고요. 경쟁력이 없다고들 했지요. 예, 그때 우리는 비용과 가격의 관계에 대해 별로 주의를 기울이지 않았었습니다. 마케팅 노하우도 없었고요. 우리는 서독에서 전문가를 데려와야 했습니다. 지금 로트캐프헨은 독일 최대의 샴페인 생산자입니다. 연간 1억 천만 병이 프라이부르크 양조장에서 나갑니다."(Ulrich Ehmann, 2019년 7월 8일)

자기 회사를 무척 자랑스러워하는 대변인은 나에게 로트캐프헨 한 병을 선물로 주면서 이렇게 덧붙였다. "그때 이 회사를 아무에게나 팔았더라면……. 다른 사람들에게 팔리지 않았던 것이 얼마나 다행이었는지!"

무엇보다도 부실기업의 가차 없는 정리와 폐쇄는 동독지역에서 순식간에 3백만 명 이상의 실업자를 양산했다. 180만 명 이상의 동독인들이 일자리, 또는 더 나은 생존의 기회를 찾아 서독으로 이주하였다. 동독의 압출 요인(push factors)과 서독의 견인 요인(pull factors)이 함께 작용한 결과였다.

장벽 붕괴 30년 후 통계는 동서독 지역 간 인구이동의 결과가 균형을 이루면서 안정되었음을 보여준다. 부분적으로는 심지어 동독에 긍정적인 결과가 나오기도 한다. 이러한 성과를 '독일통일 현황에 대한 연방정부 연차 보고서 2019'는 다음과 같이 요약하여 설명한다:

'지금까지 동서독 간 경제능력과 생활수준의 평준화는 상당히 진전되었다. 교통, 통신 및 에너지 인프라는 대대적으로 현대화되고 확충되었다. 도시와 농촌의 건물들 상태도 확연히 개선되었으며, DDR 시기에 적체되었던 재개발 및 현대화 수요 또한 현저히 줄어들었다. 그리고 SED-정권이 통일독일에 남긴 생태적 폐해도 많이 치유되었고, 새로운 구조가 만들어졌다.' (Jahresbericht der Bundesregierung zum Stand der Deutschen Einheit 2019)

동독의 경제력은 1991년 서독 수준의 43%(일인당 국내총생산: 동독 9,701유로; 서독 22,687유로)였던 것이 2018년에 75%(일인당 국내총생산: 동독 32,108유로; 서독 42,971유로)로 올라갔는데, 이것은 유럽공동체의 평균에 근접하는 수치이다. 동독의 개별 가구 총소득과 임금 및 가처분 소득은 서독의 약 85% 수준에 이르렀다.

독일의 노동시장은 최근 수년 동안 점점 더 긍정적으로 발전해왔다. 최근 언론 보도에 의하면 2019년 독일의 실업자 수는 218만 명으로 줄어들었는데, 이는 통일 이후 최저 수치이다. 실업률은 4.8% 선을 유지하였다. 또 2019년 11월 동독의 실업률은 6%(51만 3천 명)로 2005년의 최고치 18.7%에서 12.7%포인트나 감소하였다. 실업률이 줄어들면서 동서독 간의 실업률 차이는 이제 1.5%포인트에 지나지 않게 되었다. (《Frankfurter Allgemeine》, 2019년 11월 29일)

독일연방공화국의 외교적 성과 역시 결코 과소평가될 수 없다.

"독일통일은 오늘날 전 세계에 받아들여졌습니다. 그에 따라 국제사회에서 독일의 위상은 현저히 높아졌습니다. 전반적으로 이 나라는 과거의 족쇄에서 풀려났습니다." (Florian Huber, 2019년 5월 22일)

나치의 반인륜적 범죄와 제2차 세계대전으로 망가졌던 과거 독일의 이미지가 개선되었다고 말한 것은 TV-다큐멘터리 감독만이 아니었다. 그동안 독일은 세계정치와 무역에서 대국의 지위를 확고히 굳혔다. 유럽 한복판에 위치한 경제대국으로서 독일은 EU의 심장으로 작동하고 있다. 대규모 난민을 앞장서서 수용한 것은 하나의 증거일 뿐이다. 끝으로 인구 및 발전에 대한 베를린 연구소 소장이 한 말을 인용한다.

"통일이 이루어진 것만으로도 역사상 유례가 없는 기적입니다. 그토록 서로 다른 정치체제를 가지고 분열되어 있던 두 나라의 통합이 그처럼 마찰 없이 이루어진 경우는 없었습니다." (Reiner Klingholz, 2019년 4월 15일)

여기 제시하는 몇 개의 도표와 그림들은 1989년 이후에 일어난 일과 그간 동서독 간 발전 격차의 추이를 나타낸 것들이다. 독일통일의 성과를 한눈에 보여주기도 하지만, 제2장에서 서술한 개인적 안위와 경력이 변해가게 된 배경을 보다 선명하게 드러내기도 할 것이다. 그래프들은 현상과 문제의 제한된 단면만을 무미건조하게 나타내지만, 앞 장에 서술한 인간적인 차원의 설명을 뒷받침해줄 것이다. 그리고 잘못과 부족함, 즉 '남은 과제'에 대한 다음 장의 논의를 이해하는 데에도 도움이 될 수 있을 것이다.

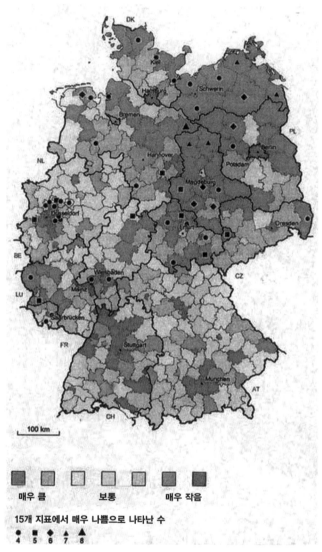

지역별 균등한 생활여건 요구
출처: Stefan Maretzke: Gleichwertige Lebensbedingungen in Ost und
West – Anspruch und Wirklichkeit. Geographische Rundschau Heft
9/2020, S. 4-9

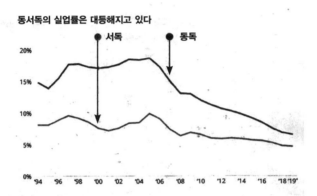

동서독의 실업률 추이(1994~2019), 점차 대등해지는 양상
출처: Politik und Unterricht- 30 Jahre Deutsche Einheit. Landeszentrale für
politische Bildung Baden-Württemberg, 4/2019, S. 4

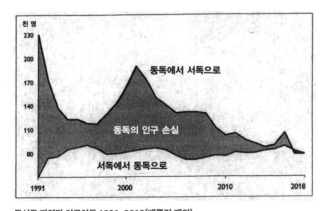

동서독 지역간 인구이동 1991~2018(베를린 제외)
출처: Thomas Großbölting Wiedervereinigungsgesellschaft, Bonn 2020, S. 165

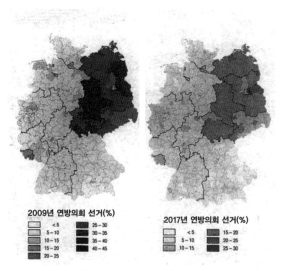

좌파 정당(Die Linke)의 제2득표율, 2009년과 2017년 연방의회 선거(%)
출처: Thomas Großbölting, Wiedervereinigungsgesellschaft,
Bonn 2020, S. 326

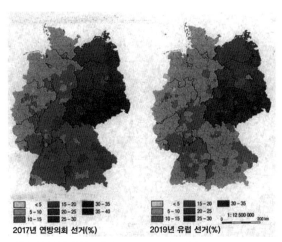

독일을 위한 대안 정당(AfD)의 득표율. 2017년 연방의회 선거와 2019년 유럽 선거(%)
출처: Thomas Großbölting Wiedervereinigungsgesellschaft, Bonn 2020,
S. 330

남은 과제

독일 인민들이 얼마나 빨리 그리고 효율적으로 통일을 향해 옳은 길을 갔었는가는 실로 놀랍다. 어떻게 그 모든 장애와 불확실성을 극복하였는지, 그것도 미리 준비된 계획도 없이. 그리고 그럼에도 불구하고 그것을 얼마나 성공적으로 이루어냈는지.

이렇게 큰 업적을 이루었지만, 물론 문제와 부족한 점들도 있다. 어쩌면 그것은 바로 그 큰 성공에 불가피하게 수반되었을 수도 있다.

통일 이후 독일은 격심한 인구변화를 겪었다. 2018년에 총인구는 8천 3백만으로 사상 최대에 이르렀다. 그러나 그사이에 인구의 노령화가 크게 진전되어 있다. 인구의 평균 연령은 45세로 통일 시점보다 5세나 높아졌다. 거기에다 평균 출산율은 전환기 직후 급격히 떨어졌다. 1994년에 출산율은 0.77로 측정 이후 최저치에 이르렀다.

앞에서 언급한 바와 같이 전환기와 그 이후에 동독에서 서독으로 대규모 인구이동이 일어났다. 대부분의 이주자는 젊고, 교육받고, 자격을 갖춘 사람들이었다. 흥미로운 것은 여성이 이주에 앞장섰고 수적으로도 남성보다 많았다는 사실이다. 이런 전형적인 선택적 인구이동은 동독의 인구구조에 심대한 손상을 남겼다. 출산율의 급속한 저하, 노령화와 총인구의 감소는 특히 농촌지역을 비활동적이고 지원에 의존해야 하는 수동적인 공간으로 만들고 말았다. 농촌지역은 미래 전망이 불확실해졌고, 지금도 여전히 그러하다. 이러한 현상은 현지 사람들의 생활여건에 계속해서 부정적 영향을 미치고 있다. 사회학자 빌리슈는 그의 책에서 이러한 쇠퇴현상을 다음과 같이 서술하고 있다:

'어린이가 없고 선택적 이출이 일어난다는 것은 좋은 교육을 받은 이들이 떠나가고 성공하지 못한 이들이 돌아온다는 것을 의미한다. 주택과 공장부지의 상시적인 공동화(空洞化)는 인구변화의 부수적 현상이다. 여전히 다수를 점하는 잔류자들에 대해서는 이 프로세스의 숨겨진 의미로서 '잠재적 부재'라는 모티프가 확대 적용된다.' (A. Willisch, 『Wittenberge ist überall: Überleben in schrumpfenden Regionen』, S. 34)

이들 쇠퇴하는 농촌지역을 재활시키기 위한 노력이 정부와 공공재단들에 의해 이루어지고 있다. '새지역운동, 현장에서 미래 찾기 (Neulandgewinner, Zukunft erfinden vor Ort)' 프로젝트의 책임자는 이 프로젝트의 목적을 이렇게 설명했다:

"우리는 생각과 행동으로 동독 농촌지역의 사회적 공존을 강화하고자 하는 활동가들을 지원합니다." (Sylvia Hirsch, 2019년 3월 5일)

이 문제는 나에게 어느 정도 익숙하기도 했다. 왜냐하면 나는 1990년대에 이미 한국의 주변 농촌지역에서 인구이출과 서비스 감소가 만들어내는 악순환에 대해 연구한 적이 있기 때문이다. 이 연구 결과를 토대로 당시 내가 했던 정책 제안은 핵심 취락을 육성하고 민간 서비스 활동에 공공서비스를 결합시켜 존속 가능하도록 지원하자는 것이었다. 이 정책 대안에 대해 정치권은 그리 달가워하지 않았다. 왜냐하면 해당지역에서 유권자 수가 줄어들고 있어서 정치인들이 중시할 필요가 없다고 여겼기 때문이다. 그것은 쇠퇴하는 지역이 겪는 또 하나의 악순환이다.

앞에서 언급한 바 있지만, 보슈 재단에서 조직하여 새지역운동가들과 함께 갔던 두 번의 수학여행은 나에게 이 사안—쇠퇴하는 농촌지역의 현황—에 대한 좋은 현지 체험의 기회가 되었다. 첫 번째 여행은 2019년 9월 25, 26일 이틀에 걸쳐 작센과 작센-안할트로 갔고, 두 번째 여행은 10월 28일에서 30일까지 2박 3일간 메클렌부르크-포어폼메른으로 갔다. 나에게는 이들 종속적인 지역들이 매우 심각한 상황에 빠져 있고, 가까운 장래에 그 위기에서 쉽사리 빠져나올 수 있을 것 같지도 않아 보였다.

그런데 통계로 포착되지 않고 눈에 보이지 않는 문제들도 있는 것 같다. '머릿속의 장벽(Mauer im Kopf)'을 둘러싼 갈등들은 눈에 보이는 것들보다 훨씬 엄중해 보인다. 2019년 작센, 브란덴부르크와 튀링겐 주의회 선거에서는 이러한 상황이 표출되었다. 선거 결과를 나타낸 지도에서는 과거 두 독일 간의 경계를 확연히 알아볼 수 있었다. 신연방주들의 색깔은 옛 주들과 뚜렷이 구별되었다. 언론은 예상하지 못한 결과를 상세하게 보도했다. 정당들은 놀랐고, 특히 기민당(CDU)과 사민당(SPD) 등 대연정 정당들은 큰 충격을 받은 것으로 보였다. 그들은 독일을 위한 대안당(AfD)과 좌파당(Die Linken), 즉 극우와 극좌 정당들의 놀라운 성장에 비상 경보를 받은 셈이었다.

이어서 드러난 문제들에 대한 처방이 뒤따랐다. 포퓰리즘과 양극화가 자주 지적되었다. 민주주의의 손상도 언급되었다. 이것이 세계적인 현상의 일부인지, 또는 단지 '독일의 공포'에 지나지 않는지에 대해서는 의견이 분분했다. 심지어 '사회의 새로운 분열'이라거나 아예 '1933년의 시기로 되돌아가는 것 아니냐'는 얘기까지 나왔다. 내 생각으로 이런 주장들은 부분적으로 과장된 것 같았다. 그럼에도 문제가 있다는 것은 의심의 여지가 없어 보였다.

공론은 이러한 상태를 '성공적이지만 불만족스러운(erfolgreich aber unzufrieden)'이라고 요약했다. 통계만 놓고 보면 만족해야만 했다. 객관적으로 불만족할 이유가 없어 보였다. 사람들이 실제로 불만족하는데 통계수치에서 그 근거를 찾을 수 없다면, 통계수치만으로 설명되지 않는 다른 이유가 있기 마련이다. 심적, 정신적 배경은 눈에 보이지 않고 따라서 세량적으로 측정할 수가 없다. '불만'은 일종의 감정상태로 이러한 범주에 속한다고 하겠다. 보도된 공론의 요약이 맞다면, 나는 그것이 마음의 문제라고 생각한다. 내가 대담한 사람들이 토로했던 마음의 상처들이 생각났다: 인간적인 패배감, 꺾여버린 경력과 미래 전망, 개인적인 상실감, 차별에서 오는 굴욕감, 또는 그런 것들이 복합된 감정 같은 것들이다. 더 깊이 들어갈 생각도 능력도 없지만, 나는 불만의 구체적 대상이 무엇인지에 대해서는 알고 싶었다. 나는 나의 입장에서, 다시 말하자면 내가 독일에서 보고, 듣고, 읽고, 경험한 바에 입각하여, 불만의 다양한 측면들을 살펴보고 해석해보았다. 그래야 그 해법의 실마리도 찾을 수 있을 것이기 때문이었다.

첫째, 동독 사람들의 기대가 너무 높고 비현실적이었다. 소비사회의 겉만 보았던 것이다. 동독 주민은 자유를 얻기는 했지만 일자리를 잃었다. 그래서 그들은 가족과 떨어져 고향을 등지고 서독으로 가야 했다. 거기에는 그들이 일찍이 경험하지 못한 치열한 경쟁이 기다리고 있었다. 그리고 '잘난 서독인(Besserwessis)'들로부터 '투덜대는 동독인들(Jammerossis)', '무능하다(leistungsunfähig)'라는 차가운 경멸이 돌아왔다. 실망과 좌절이 동독 사람들을 불만으로 이끈 것이다.

둘째, 동독의 가치규범체계가 서독의 그것에 비해 공정한 평가를 받지 못했다. 동독 사람들은 서독의 가치규범을 일방적으로 받아들여야 했고, 그에 입각하여 서독인들과 경쟁해야 했다. 그들은 경쟁의 규칙을 배운 적도 없었고, 심지어 비밀경찰과 연관되지 않았는지에 대한 조사까지 받아야 했다. 거기다 동독 사람들은 재산도 거의 없었고, 받는 임금과 연금도 더 낮았다. 그런 까닭으로 처음부터 운동장이 기울어져 있었다. 일방적 패배감이 지배했던 것이다.

셋째, 동독 사람들은 인정받지 못했다. 이제까지 그들이 받은 교육과 그들이 쌓은 경력은 하룻밤 사이에 무(無)가 되고 말았다. 그들이 중시했고, 만들었고, 소유했던 모든 것들이 일시에 쓸모없게 되어버린 것이었다. 그들은 말할 권리가 없었다. 누구도 귀담아 들어주지 않았다. 그들은 끊임없이 자문해야 했다. '왜?' '나는 누구인가?' 그들은 인간 존엄성에 상처받았고 자아의식을 잃어버렸던 것이다.

넷째, 동독 사람들에게는 미래도 암담해 보였다. 동독 사람들에게는 언젠가 스스로 조직의 장(長)이 될 기회가 없어 보였다. 30년 전의 지배층 교체는 그들에게 신분 상승의 기회를 주지 않았다. 그리고 상황은 지금까지도 별로 개선되지 않고 있다. 그들은 높은 자리에서 수적으로 열세이고, 중요한 의사결정에서 배제되어 있다고 느낀다. 이를테면 종속감이라고 할 수 있겠다. 거기에다 외국인 난민의 홍수, 기술 발전, 세계화 및 기후변화의 예측할 수 없는 결과 등 또 다른 변혁에 대한 공포가 몰려왔다.

다섯째, 동독 사람들은 세상으로부터 소외되었다고 느꼈다. 나는 이것을 일반화할 생각은 없다. 그럼에도 불구하고, 수적으로 얼마나 되는지 파악하기도 어렵지만, 예전 동독 주민들 중에는 새로운 환경에 잘 적응하지 못하고 동화되지 못한 채 살아가고 있는 이들이 적지 않다는 사실을 간과해서는 안 될 것이다. 그들은 자신들이 타인들과의 인간관계에서 차별받고 있고, 새로운 체제에 소속되지 못하고 있다고 느낀다. 그들은 사회 내에서, 나아가 국가나 세상으로부터도, 고립되는 경향을 보인다. 이런 사람들을 대표하는 집단으로 나는 동독의 쇠퇴하는 농촌지역에 남아 있는 노인들을 생각한다. 물론 도시 거주자 중에도 종속되거나 버려졌다고 느끼는 이들이 꽤 있을 것이다. 다른 사람들과 떨어져 홀로 남아 있다는 느낌, 즉 소외감이다.

이제까지의 논의로 미루어 보면 불만을 가진 이들이 급진적인 해결책이나 대안을 찾는 것으로 짐작할 수 있다. 그들은 좌든 우든 극단주의자들에게 투표한다. 이러한 엄중한 상황을 '사소한 기술적 실수'로 축소해서는 곤란할 것이다. 또 '과민성', '부정적 태도', 또는 유감스럽게도 어떤 오만한 독일 정치인이 말했듯이 '원망 장애'라고 비웃어서도 안 된다. 내가 말하고자 하는 것은 사람들이 그들의 말을 귀 기울여 듣고 그들의 입장이 되어보기만 했어도(感情移入), 많은 것이 더 낫지 않았을까 하는 아쉬움이다.

시간이 모든 것을 해결할까? 그렇다, 그런 측면이 있기는 하다. 인간은 시간이 지나면 잊어버린다. 특히 일상생활에서 아직 해내야 할 일이 많을 땐 더욱 그러하다. 더러는 '오스탈지(Ostalgie, Ost와 Nostalgie의 합성어로 동독 향수라는 뜻)'라고 하기도 한다.

또 다른 측면도 있다. 부모가 가진 것, 또는 갖지 못한 것을 아이들이 물려받는 것이다. 그런 연유로 '전환기 아이들(Wendekinder)' 또는 '전환지대 아이들(Zonenkinder)'은 '잃어버린 세대(die verlorende Generation)'로 불리기도 한다. 어린이들이 본받아 배워야 할 부모와 선생님들은 권위를 잃어버렸다. 그들은 일자리를 잃었고, 장차 무엇이 어떻게 될지를 알지 못했다. 나중에야 아이들은 왜 그들의 가족이 그렇게 힘들게 살아야 했는지 깨닫게 될 것이다. 그리고 그들은 앞 세대의 부정적 경험과 감정을 물려받게 될 것이다.

나는 두 개의 사례를 알고 있다. 동독 출신의 한 부인은 최근에 남편과 함께 해외로 이주할 결심을 했다고 했다. 부부가 독일에서 괜찮은 직장을 가지고 있음에도 말이다. 다른 사례의 한 남자는 장벽 붕괴 30년 후 나이 50이 되어서야 자신을 다시 동독인으로 의식하고 정체성을 재확인하게 되었다고 했다. 그는 나에게 구동독이 옛 독일연방에 의해 일종의 식민지로 접수되었다고 하면서 '식민주의 (Kolonialismus)'라는 단어를 썼다.

슈타인마이어 독일연방 대통령은 30년 전의 장벽 붕괴를 "독일과 유럽을 위한 행운"이라고 축하하면서도 동시에 독일 사회 내부의 새로운 경계선에 대해서 경고했다:

'우리는 새로운 장벽을 쌓았습니다. 그것을 뜯어냅시다!'

2019년 11월 9일 저녁에 나는 아내와 함께 브란덴부르크 문 앞에서 거리를 메운 수만 군중의 환호를 들었다. 사람들은 1987년 같은 장소에서 "이 장벽을 헐어버립시다!"라고 한 레이건 미국대통령의 연설을 회상했다. 동독 사람들의 실망과 좌절에 관하여 나의 대담자들 중 여럿이 예컨대 이렇게 말했다:

"이것이 엄중하게 받아들여지지 않으면, 통일에, 그리고 장기적으로는 민주주의에도 해로울 것입니다." (Jannik Rust, 2019년 10월 17일)

"그것을 위험하다고 보지 않으면 정말 위험합니다." (Daniel Steinitz, 2019년 10월 10일)

결론과 해결책에 이르기 전에 개념의 정의로 되돌아가보자. '자유'와 '통일'이란 본래 무엇을 의미하는가? 자유가 개념의 정의에 있어 '자결(自決)'의 의미를 내포한다면, 통일은 당연히 '공동 결정'의 뜻을 포함하는 것 아닌가? 어떤 사람이 자기가 의사결정에 참여하지 못하고 있다고 느끼고 남들이 자기 운명을 결정한다고 여길 때, 그런 사람에게서 통일에 만족하기를 기대할 수 있을까?

여기에 관점의 문제를 하나 덧붙이고자 한다. 통일 후 한 세대가 지난 후에 동독인들의 복지 수준을 여전히 옛날 분단시대에 같은 공산국가였던 이웃 나라, 즉 폴란드, 헝가리, 체코 사람들의 그것과 비교하여 '그래도 잘 지내는 편'이라고 말하는 것이 정치적으로 과연 온당한 것인가? 그보다는 동독인들의 생활수준을 통일된 나라의 같은 시민들인 서독인들의 그것과 비교하는 편이 더 자연스럽고 타당한 것 아닌가? 나는 이 질문을 대담자들에게 던져보았다. 그런데 예상 밖으로 대답은 직설적이었다.

"동독 사람들은 '만약'이나 '그러나'를 빼고, 깨끗이 잘못을 시인하기를 기다리고 있습니다." (Aurel Waldenfels, 2019년 9월 18일)

나에게 이렇게 명쾌한 답을 준 이는 바이에른주의 현직 판사이다.

나에게는 또 하나의 질문이 남는다.

'국가들 간의 통일에서 개인은 어디에 있는가?'

오랫동안 나를 흔들었던 물음이다. 여기서 나는 에르푸르트에서 한 지식인 부부와 나누었던 대담을 회상하게 된다. 그들이 들려준 이야기는 내게 큰 감동을 주었고, 아마도 오랫동안 잊을 수 없을 것이다.

"우리는 통일을 대단히 기뻐했습니다. 그러나 그것은 통일이 아니라 DDR의 BRD 가입이었기 때문에 동독인들의 경력과 자격은 많은 분야에서 상응하게 인정되지도 사용되지도 못했습니다. 우리가 우리의 지위를 유지하기 위해서는 그들보다 더 우수하지 않으면 안 되었지요." (Sylvia und Hartmut Bräsel, 2019년 4월 11일)

브래젤 씨가 웃으면서 말했다. 당시 38세였던 브래젤 여사는 통일을 기회로 삼았고, 지금은 그래도 성공적이었던 직업생활을 뒤돌아볼 수 있게 되었다고 했다. 그러나 많은 동독인들은 기업과 기관들의 폐쇄로 하룻밤 사이에 직장을 잃고 빈손으로 '무(無)' 앞에 섰다고 했다.

브래젤 씨는 나에게 '사람은 절대로 포기하면 안 된다'고 말했다. 그리고 그는 정말로 생존이 걸렸던 상황을 설명하였다. 1945년 살을 에는 혹한(酷寒) 속에서 다섯 살 난 아이는 조부모와 함께 웨스트프로이센(Westpreußen)의 브롬베르크(Bromberg)에서 부모가 살고 있었던 발트해의 그라이프스발트(Greifswald an der Ostsee) 근교로 피난길에 올랐다. 그의 아버지는 전쟁 초기 파시스트 군대에 징집되어 갈 때까지 그곳 학교 교장이었다. 추위와 배고픔, 그리고 과로로 고통스러웠던 당시를 설명하면서, 그는 되살아난 추억에 휩싸여 눈물을 흘렸다.

전쟁 속의 아이는 영양실조에 걸렸고 오랫동안 병고에 시달리면서도 열심히 공부했다. 대학을 졸업한 후 잠시 해양항해 관련 교육시설에서 가르치다가 동독 외교부에 지원하여 채용되었다. 그는 인도 인디라 간디(Indira Gandhi) 수상의 국내정치에 관한 연구로 박사학위를 취득하였고, 너 높은 지위의 외교관으로 승진하였다. 어린 시절 러디어드 키플링(Rudyard Kipling)을 읽은 이후로 그는 줄곧 인도를 꿈꾸어왔었다. 그는 세계로 나가고 싶었고, 끊임없는 노력과 성취를 통해 이 일생의 꿈을 이루었다.

브래젤 씨는 젊은 외교관으로 인도와 파키스탄에서 근무한 후에 유엔 안보리의 '인도양 평화지대' 위원회(UNO-Komitee 'Friedenszone Indischer Ozean')에서 동독의 전문가로 일하였다. 1989~90년의 마지막 임기를 그는 아프가니스탄 카불에서 대리 대사로 보냈다. 그때 서방국가의 외교관들은 이미 이 불안한 나라를 거의 떠나고 없었다. 그는 그의 임무를 신중함과 용기라는 두 가지 특장(特長)을 최대한 발휘하여 수행했고, 그것이 1990년 후에도 가족의 새 출발을 가능하게 하였다. 변화를 향한 용기, 미지의 세계에 대한 선입견 배제와 준비된 태도가 이 동독 가족의 자산이었다.

그리하여 브래젤 여사는 1990년에 DAAD의 지원을 받아 북경으로 갈 수 있었고, 이어서 1992년에는 연세대에서 교환교수로 가르치게 되었다. 남편도 같이 중국과 한국에서 한 독일 정치재단의 전문가로 일했다. 독일로 귀국한 후 브래젤 여사는 에르푸르트대학에서 20년 동안(1999~2018년) 국제 문화관계에 관하여 가르쳤다. 딸 파멜라는 동아시아에서 성장하고 독일, 영국, 중국, 스리랑카에서 공부하고 연수를 받았다. 그녀는 독일과 영국의 시민권을 보유하고 있으며, 매주 프랑크푸르트와 런던을 오가면서 국제적 기업에서 경력을 쌓고 있다. 부모는 딸을 세계시민으로 키워낸 것을 자랑스럽게 여긴다. 브래젤 씨가 말했다.

"우리 부부는 지금도 독일과 한국 간에 문화관계를 확대하는 일들을 계속하고 있습니다."

쉬는 시간도 없이 세 시간이 지났지만, 대담은 계속되었다.

"큰 사회변화는 개인들의 삶을 일일이 돌보지 않습니다. 각자 변화의 긍정적인 부분을 기회로 삼아야 하는 것이지요. 사람은 누구나 살아가면서 변화에 대비해야 합니다. 우리는 스스로를 패자에 속한다고 생각하지 않습니다. 지금에 와서 우리는 두 개의 정치체제에서 살아본 장점을 가진 충만한 인생을 돌아보게 됩니다. 거기에는 많은 생각할 거리가 있어요. 더구나 뮌헨 출신의 사위로 해서 우리 가족은 사적으로도 동서를 연결하고 있거든요."

팔순 노인은 이제 웃으면서 얘기한다. 부인은 연신 고개를 끄덕여 동의를 표한다. 그 속에서 나는 절제된 자세로 자신의 삶을 돌아보는 원숙한 지성인의 모습을 보았다.

나는 가급적 질문을 삼가고 대담자들로 하여금 스스로 이야기를 풀어나가게 두었다. 물론 물어보고 싶은 것이 많았지만, 나로서는 대담자를 의도적으로 조종하거나 이끌어가기보다는 편안한 분위기 속에서 자신이 생각하고 느낀 대로 얘기하게 두는 편이 낫다고 판단했다. 오히려 나는 그들의 감동적인 이야기에 더 많이 공감하고 호응할 수 있으면 좋겠다는 생각을 했었다. 왜냐하면 이런 경우 결국 중요한 것은 나의 감정이 아니라 그들의 속마음과 진정한 감정이기 때문이었다.

마지막으로 나는 이 장의 소결을 대신하여 내 생각의 일단을 털어놓으려 한다.

'하드웨어의 건설에는 성공하였으나 소프트웨어의 작동에 부족한 점들이 있었다.'

이렇게 말하면 아마도 독일통일 과정의 실상에 대한 평가에 근접하지 않을까 싶다. 다행히 소프트웨어는 바꾸고 고치거나 더 발전시킬 수 있다. 부족한 점들이 나타나는 때와 장소에서는 흔히 '물질'보다는 '마음'이 문제되는 경우가 많다. 나는 '마음(心, the mind)'이라는 말에 해당하는 독일어 단어를 알지 못한다. 'der Geist(정신)'나 'die Seele(영혼)'일까? 혹시 'der Verstand(이성)'이거나 'das Gefühl(감정)'일까? 그도 아니면 'das Herz(가슴)' 또는 'der Kopf(머리)'일까? 또는 그것들을 전부 합한 것의 일부이거나, 그도 아니면 그것들의 작동을 지배하는 메커니즘일 수도 있겠다.

하여튼 '문제는 마음이라니까(It's the mind, stupid)!'

유럽 속의 독일

1990년 초 두 달 동안(1월 10일~2월 21일) 나는 베를린 장벽이 무너진 이후의 유럽의 변화를 연구하기 위해 독일로 연구 여행을 갔었다. 돌아와서 대통령자문 21세기위원회에 낸 유럽의 구조변화에 관한 보고서에서 나는 이렇게 썼다:

'1989년 11월 9일, 그때까지 안정되어 있거나 심지어 정체하고 있는 것으로 여겨졌던 유럽은 한 시대에 중요한 획을 긋는 움직임을 시작하였고, 그 역사는 그 전에 아무도 예측하지 못했던 것처럼 지금도 대부분의 유럽인들의 생각을 앞질러 가고 있다. 그럼에도 불구하고, 아니 바로 그러하기 때문에, 현 시점에서 유럽과 유럽인들이 내다보는 미래를 살피는 것은 각별한 의미를 갖는다고 하겠다.'

나는 또 당시에 만난 전문가들이 '미래 예측이나 정책방향에 대해 논의하기에는 우리의 만남이 너무 늦었거나 너무 이르다'고 하면서 당혹해했다고 전했다. 아직 구조적 변화가 전면적으로 진행되고 있기 때문에, 그 시점에서는 구질서든 신질서든 그 형태와 기제를 정확히 분석해내기가 어렵다는 것이었다. 이어서 나는 '동서독이 통일을 향하여 급속한 접근을 하고 있다는 사실만으로도 유럽 전체의 정치지리적 질서 개편을 예상하기에는 충분할 것이다. 더구나 동구 전체가 '생각해낸 질서'의 틀을 깨고 나서는 데에야!'라고 써서, 독일통일 이후 동구 공산권이 붕괴하고 유럽이 통합될 것임을 예견했었다. (21세기위원회, 『21世紀 韓國: 삶의 질』, 1990년 5월)

"나는 독일인, 북독인이지만, 또 기꺼이 유럽인이기도 하다."

그로부터 30년 후 킬 유학시절 이래의 절친한 친구 악셀 프립스는 나에게 이렇게 말했다. 그는 그동안 한국인 동창생에게 실제 그대로의 독일상을 알려주기 위해 애써왔다는 점에서 나의 충직한 대담자이기도 했다. 이 말도 그의 신분이나 나와의 관계로 보아 그냥 한 말이 아니라 나름 의미를 실어서 한 것으로 이해된다. 그의 아버지는 연방군대(Bundeswehr)의 신념이 강한 장교였고, 부인은 아이슬란드인이다. 그 자신은 앞에서 말했듯이 킬대에서 지리학을 전공했고, 지금은 오스트리아 빈대학에서 지역정책을 가르치는 교수인 동시에 독일 연방지역정책위원회의 부의장이기도 하다. 여느 독일인들처럼 커피와 케이크를 무척 좋아하고 지중해와 스칸디나비아로 휴가를 가지만, 그렇다고 그가 평균적인 독일인이라고 할 수는 없을 것 같다. 그를 어떻게 규정하든, 나는 그의 인식이 전형적인 독일인의 그것에서 크게 벗어나지 않을 것이라고 확신한다. 그래서 나는 '오늘날 독일인들이 일반적으로 자신들의 정체성을 독일인인 동시에 유럽인으로 인식하고 있다'는 그의 말을 사실로 받아들인다.

독일인들의 유럽 지향적 성향은 다음 세 가지 점에서 설명된다:

- 유럽의 중앙적 위치라는 독일의 주어진 정치지리적 여건 및 마땅히 해결해야 할 과거사와의 화해;

- 난민수용 문제, 민주주의 갈등, 기후변화 등 여러 가지 현실적 도전들 앞에서 불가피한 미래지향적 지역 연대;

- 그리고 무엇보다도 노동, 서비스 수급, 교통, 여가활동 및 일기예보에서 금융, 선거에 이르기까지 이웃 나라와 밀접히 연결되어 있는 생활권.

내가 관찰하기로 그러한 인식은 유럽 국가들 간의 국경에서부터 반복적으로 확인되고 강화되는 것으로 보인다. 즉 이민국 여권 검사 창구 앞에서 긴 줄을 서서 기다리는 비유럽인들에 비해, 독일 시민들은 다른 EU-시민들과 섞여 눈에 띄게 우선적으로 대접받는 것이다.

독일은 로베르 쉬망(Robert Schuman)이 발족시킨 유럽석탄철강경제공동체(Europäische Wirtschaftsgemeinschaft für Kohle und Stahl, EWG)의 창립 회원이 된 이래로 유럽공동체로부터 계속해서, 그리고 아마도 가장 많은 이득을 보아왔다. 평화, 자유와 민주주의를 위한 프로젝트로서 EWG와 EU는 경제 건설에서 통일에 이르기까지 독일연방공화국에게 유리하게 작용한 요인이었다. 과장이지만 '독일은 EU 뒤에 숨었다'는 말까지 나올 정도였다. 독일은 1998년 유럽

화폐통합(EWU, Europäische Währungsunion)의 승자였다. 유로가 유로존(Eurozone) 단일화폐로 도입되고 EU 회원국이 동유럽으로 확대됨에 따라, 독일은 시장을 확대하고 성장에 필요한 노동력을 보충할 수 있었다.

독일인들은 그들의 정체성에 대해서도 통일에 대한 인식에서와 비슷하게 연령에 따라 상이하게 인식하는 것으로 나타났다. 다음은 빈 대학 동아시아연구소의 뤼디거 프랑크 교수의 말이다:

"몇 살만 차이가 나도 결과는 상당히 다르게 나타납니다. 당시 아직 학교에 들어가지 않았던 젊은이들은 급격한 변화의 영향을 적게 받았고, 별문제 없이 앞을 내다볼 수 있었지요. 그에 비해 당시 10대들은 새롭게 주어진 기회들에도 불구하고 매우 힘들어했어요. 갑자기 본보기가 사라져버렸거든요. 내 경우처럼 당시 아비투어(Abitur, 대입자격시험)를 마치거나 대학에 다녔던 20대 이상의 연령층은 이미 기존체제에서 경험을 가지고 있어서, 어중간하기는 했지만, 새로운 현실에 적응할 수 있었습니다. 그런대로 변화하는 상황에 대응하면서 함께 성장해갈 수 있었던 것이지요. 그런데 그것이 당시 30대에게는 달랐습니다. 전환기 무렵에 그들은 이미 확실한 자신의 일자리, 자기 가족과 함께 사회에서도 분명한 위상을 가지고 있었던 것입니다. 나이가 많을수록 새롭게 바뀌기는 점점 더 어려웠습니다. 은퇴할 나이에 가까운 사람들은 어차피 편하게 받아들였고요." (2019년 9월 23일)

이렇게 오스트리아에서 일하는 두 사람의 독일 학자들은 '유럽 속의 독일'에 대한 독일인들의 인식도 연령대 별로 차이가 난다고 했다. 내 판단으로는 이들의 관점이 객관적이고 타당한 것 같았다. 그들은 입을 모아 말했다.

'젊은 세대는 독일을 정상 국가로 생각한다. 그들은 더 국제적이고 더 자연스럽다.'

동독 출신의 페트라 슈필러(Petra Spieler) 여사는 하노버 지역 수의소(獸醫所, Veterinärwesen in der Region Hannover)의 소장이다. 그녀는 나에게 수의사로서 4년간 독일 연방군대에서 장교로 복무한 이력을 포함하여 오직 뛰어난 업무 성과로 이루어낸 그녀의 경력을 이렇게 설명했다:

"나는 때를 잘 타고 태어난 혜택을 받았습니다. 나는 동독에서 아비투어를 하고 대학을 졸업해서 나의 학업을 온전히 마칠 수 있었습니다. 동독의 교육체계가 나의 사회적 성취에 도움이 된 것이지요. 우리 집은 부유하지 않았고, 부모님은 내 교육을 뒷받침할 형편이 안 되었어요. 전환기에 나는 구동독 독재에 묶이지 않고 수의사가 될 수 있었고, 통일독일에서 자유롭게 피어날 수 있었으니까요." (2019년 7월 2일)

이 당당한 동독 여인은 조금의 망설임도 없이 그의 아들을 "유럽인(europäisch)"이라고 말했다.

라이프치의 두 여대생 율리아 바그너(Julia Wagner)와 프란치스카 포이크트(Franziska Voigt)는 제2차 세계대전 당시 독일의 범죄에 대한 집단기억을 정당하고 필요하다고 여긴다. 그러나 그들은 거기서 한걸음 더 나아가 '같은 일이 다시 반복되지 않도록 조치하는' 책임을 지는 데에 대화의 중점을 두었다. 교육학을 전공하는 이 두 여학생은 EU의 대학생 장학사업인 '에라스무스 프로그램(ERASMUS, European Community Action Scheme for the Mobility of University Students의 약어)'에 참여하여 외국에서 공부를 계속하려고 한다고 했다.

"우리는 시공간적으로 개방적으로 살고 싶습니다. 기꺼이 국제사회 지향적이고요." (2019년 9월 12일)

'젊은이들이 방향성을 잃어버렸다'는 일부 기성 세대의 비난은 적어도 이들에게는 전혀 맞지 않는 것 같았다.

마르부르크대학 재학생들에게 나는 "독일이 장차 세계정치에서 경제력에 상응하는 영향력을 행사하고 책임도 져야 한다고 생각합니까?"라는 질문을 던졌다. 이에 대한 4개의 대답 중 2개를 아래에 인용한다(2019년 11월 25일):

"예, 지금보다는 더 많이요. 다만 EU 차원에서, 공동정책의 틀 안에서 하면 좋겠습니다. 경험적 관점에서 지금은 유럽의 지정학적 독립성이 다른 어느 때보다 긴요합니다." (Julian Schwabe);

"나는 독일이 단독으로 세계 경찰의 역할을 떠맡아야 한다고는 생각하지 않습니다. 그러나 독일이 EU나 NATO의 일부로서 다른 동맹국들에게 떠넘길 것이 아니라, 스스로 좀 더 감당해야 한다고 생각합니다." (익명의 24세 남자)

나 자신 1980년부터 대학교수였지만, 그때 아직 태어나지도 않았던 대학생들이 이렇게 균형 잡힌 사고와 특히 건강한 인식을 가졌다는 사실에 큰 감명을 받았다. 대학생이든 노동자든 젊은이들과의 대화에서 나는 독일의 긍정적인 얼굴을 보았다. 그것은 과거의 짐으로부터 벗어나고, 현실을 비판적-실질적으로 바라보며, 미래에 함께 살아갈 사람들에 대해 책임감 있게 생각하는 모습이었다.

'우리 독일인들은 대부분의 우리 이웃 나라들을 침략하는 전쟁을 일으켰습니다. 그리고 우리나라는 분할되었습니다.'

리하르트 폰 바이츠제커 독일통일 대통령이 그의 책 『통일로 가는 길(Der Weg zur Einheit)』에서 천명한 반성적 회고는 나에게 '유럽통합'이라는 생각의 배경을 분명히 보여주었다:

'함께 적대감을 극복하고 미래의 도전에 대응한다.'

같은 논리로, 국제사회가 왜 통일독일이 EU에 소속할 것을 조건으로 독일통일에 동의하였는지도 이해할 수 있었다. 분단에서와 마찬가지로 통일에 있어서도 독일문제는 유럽 정치질서의 맥락 속에서 다루어졌던 것이다. 독일에서 통일의 결과가 외부와의 관계보다는 주로 경제의 동반성장 내지 내부 통합의 관점에서 논의되고 다루어지기는 했지만, 독일인들은 유럽 안에서 독일의 위치와 유럽인으로서 그들의 정체성에 대하여 매우 민감하게 의식하고 있었다.

특히 독일은 EU 회원의 지위를 가짐으로써 많은 이득을 보았다. 독일은 유럽 대륙의 한복판에 있으면서 아홉 개의 나라와 국경을 나누고 있다. 영토를 접하는 이웃 나라의 숫자로 치면 중국, 러시아, 브라질 같은 대국들 다음으로 많다. 그래서 한때 지정학적으로 중요한 개념이었던 'Lebensraum(생활공간)'이 나왔을 터이다. 생활공간은 학술적으로 중립적이고 유용한 용어인데, 주지하다시피 정치적으로 오용된 탓에 널리 쓰이지 않고 있다. 나는 지정학자로서 독일통일로 독일문제와 함께 그동안 이 용어에 채워졌던 족쇄도 풀렸기를 기대한다. (생활공간: 국가와 민족의 생활/생존에 필요한 공간적 영역을 뜻하는 지정학의 용어로, 제2차 세계대전 당시 나치독일의 영토확장을 뒷받침하는 개념으로 사용되었다.)

독일은 지난 세기에 국경선을 따라 많은 갈등을 일으켰다. 패전으로 무너진 나라를 평화롭게 재건하기 위해 독일은 그 모든 이웃 나라들과 화해하지 않으면 안 되었다. 거꾸로, 그래서 독일은 특히 지금과 같은 세계화 시대에 이웃 나라들과 더 긴밀히 협력해야 할 명분을 갖는다고도 할 수 있다. 경제 및 노동의 공동시장, 안보 및 환경보호 관련 주제들, 또는 국제적인 난민 및 인구이동 정책 등을 예로 들 수 있다. 이런 과제들은 개별 국가 차원이 아니라 지역적인 협력을 통해서만 해결될 수 있는 것들이다. EU는 독일이 과거와 현재, 특히 전후와 통일 후에 이 모든 도전들에 대응하는 과정에서 많은 도움을 주었다.

'그래서 오늘날 어떤 이웃 나라도 우리를 두려워하지 않고, 우리도 어떤 이웃 나라로부터도 위협을 느끼지 않습니다. 우리가 유럽 한복판에서 평화로운 자리를 되찾은 것으로, 그토록 오래된 독일문제는 마침내 해법을 찾았습니다.'

지금은 고인이 된 독일통일 대통령은 EU 속에서 이루어진 독일의 모든 발전을 성공적이었다고 평가하였다.

내가 보기에 독일통일 이후의 변화는 하나로 합쳐져 커진 영토와 인구의 규모에서뿐만 아니라 국제무대에서 더 커진 정치적 비중에서도 여실히 드러나고 있다. 통일독일은 영토의 면적으로 볼 때 EU에서 프랑스, 스페인, 스웨덴 다음으로 네 번째 큰 나라가 되었고, 인구는 8천 3백만으로 늘어나 EU 최대의 국가가 되었다.

독일은 국내 총생산량 3조 3,440억 유로로 국민경제의 규모가 유럽에서 가장 크다. 거기에다 독일은 EU 분담금을 가장 많이 내는 국가다. 사정이 이러하니 국제정치에서 독일의 역할이 점점 커지는 것은 당연하다고 하겠다. 여기에 대해 내 친구 악셀 프립스는 이렇게 말한다.

"미국은 강대국으로서의 역할을 줄이고 있다. EU는 자력을 강화해서 그 역할을 넘겨받아야 한다. 전적인 책임까지는 아니라고 하더라도. 그런데 독일에서는 그런 실상을 직시하는 이들이 별로 없다."

어떤 사람들을 두고 말하는 거냐고 굳이 묻지는 않았지만, 나는 대체로 정치적 여론 주도층을 지칭하는 것으로 미루어 짐작했다. 다른 한편으로는 제2차 세계대전을 겪은 독일 국민들 중 상당수가 독일이 정치석으로 격상되고 국제적인 맥락에서 책임을 넘겨받는 것에 대해 회의적인 태도를 갖고 있다는 사실 또한 명백하다.

EU에서 독일의 역할에 대하여 《쥐트도이체 차이퉁》의 데틀레프 에슬링거 국내정치부 부장은 다음과 같이 비판적으로 요약했다:

"브렉시트 논쟁에서 보듯이, 확대된 EU를 (어떻게) 가치공동체로 강화할 수 있을 것인지에 대해서는 의견이 분분합니다. 지금은 회원국이 된 동유럽 국가들은 30년 전에는 민주주의 경험이 전혀 없었지요. 독일은 비록 경제적으로는 거인이지만 정치적으로 국제무대에서는 여전히 난쟁이로 머물러 있거든요."(2019년 9월 19일)

어쨌든 나는 이 문제와 관련하여 여러 대담자들로부터 조심스럽지만 낙관적인 견해를 들었다. 예컨대 다큐멘터리 필름 〈장벽 붕괴 30년―요아힘 가우크의 통일 찾기(30 Jahre Mauerfall―Joachim Gaucks Suche nach der Einheit)〉의 감독 플로리안 후버 씨는 "시간이 가면서 자연히 해결될 것입니다"라고 말했다(2019년 5월 22일). 그는 영국인들과 프랑스인들이 '큰 독일'을 원치 않았고, 그래서 처음에는 독일통일에 제동을 걸었지만 결국 동의했다고 덧붙였다. 그는 이어서 전 유럽에 많든 적든 독일통일에 대한 두려움 내지 유보적 태도가 널리 퍼져 있었던 것도 사실이었다고 했다. 그러나 오늘날에는 누구도 그런 의문을 제기하지 않을 뿐만 아니라, 오히려 많은 사람들이 독일이 더 강력한 지도적 역할을 수행하는 것을 바람직하게 여긴다는 것이었다.

프랑크 발터 슈타인마이어 현 독일연방 대통령은 최근에 열린 뮌헨 안보회의에서 한 걸음 더 나아갔다:

'안보정책적으로 나는 우리나라가 이중의 책임을 진다고 봅니다. 방어정책적으로 행위 능력이 있는 EU로 발전하는 일과 NATO의 유럽 지주(支柱)들을 확충하는 일은 독일에게 똑같이 필요 불가결합니다. 독일이 장차 그중 어느 하나를 선택해야 한다고들 하지만, 나는 그것을 전략적 단견이라고 봅니다. 간단히 말하자면, 우리가 안보 문제에 있어서도 유럽을 단합시키려면, EU를 안보 정책적, 군사적으로 강화하는 것만으로는 충분하지 않습니다. 그에 더하여 대서양 양쪽의 결합(transatlantische Bindung, NATO)에 더 투자해야 합니다.' (2020년 2월 18일)

그리고 이어서 그는 프랑스 대통령의 발언을 직접 인용하면서 지지했다.

'우리가 워싱턴(Washington D.C., 미국의 수도)과 함께하려고 하느냐 또는 워싱턴을 빼고 하려고 하느냐는 논의의 대상이 아닙니다. 유럽의 안보는 미국과의 강력한 동맹에 기초해 있습니다.'

나는 위 인용문을 한미동맹을 경시하는 발언으로 자주 비판받고 있는 현 한국 정부에도 전달해주고 싶다는 생각을 했다.

"유럽이 하나의 강대한 세력이 되어야 한다는 견해에 대해 어떻게 생각하십니까?"

나의 다소 도발적인 질문에 대해 프랑스 저널리스트 나탈리 누가헤드 여사는 직설적으로 대답했다.

"독일과 프랑스는 유럽의 진정한 엔진이 되어야 합니다. 그래요, 프랑스인들은 그렇게 생각해요. 그런데 독일인들이 망설이고 있답니다." (2020년 1월 9일)

하이케 카테리나 메르텐스(Heike Catherina Mertens) 여사도 빌라 아우로라 앤드 토마스 만 하우스(Villa Aurora & Thomas Mann House)의 자기 사무실에서 나와 대담할 때 같은 의견을 피력했다:

"메르켈 총리는 '유럽을 행위능력 있게 만들자'는 마크롱(Macron)

대통령의 제안에 도대체 호응하지 않았습니다. 그리하여 유럽이 감당해야 할 지도자 역할의 과제를 떠맡지 않은 것이고요. 유럽에 민족주의적 움직임이 늘어나는데도 불구하고, 2019년 초 몇 달 동안 그녀는 비전을 가지고 이끌어가기는커녕 아무런 행동도 취하지 않았어요. 독일은 바로 그 민족주의에 대해서만은 자신의 역사적 경험에 비추어 과감히 맞서야 했는데 말입니다." (2019년 12월 19일)

그리고 나서 메르텐스 여사는 토마스 만이 헤르만 헤세에게 보낸 1945년 4월 8일 자 편지에서 몇 줄을 인용했다.

'나는 오늘날 어떤 것도 정치를 벗어나지 못한다고 믿습니다. 행동하기를 거부하는 것도 정치입니다: 그로써 사람들은 악(惡)의 정치를 하게 됩니다.'

이런 관점에서 내 대담자들 중 다수는 미국대통령 트럼프를 진지하게 받아들이지 않는 것으로 보였다. '미국 제일(America First)'이라는 슬로건을 내걸고 그는 유럽을 하나의 문제로 간주했다. '트럼프 현상'이 유럽에게는 하나의 위협이라고 했다. 북한에 대한 그의 어이없는 발언을 접하면서 나도 비슷한 생각을 했다: '김정은과 사랑에 빠졌다'고 하니, 미국의 기본 가치는 도대체 어디로 가버렸나?

나는 동아시아인의 한 사람으로서, 동아시아인들이, 중국인이든, 일본인이든, 또는 한국인이든, 자신들의 국적에 대해서는 매우 강하게 집착하면서 상위 개념인 동아시아인으로는 자신을 거의 인식하지 않는다는 것을 예전부터 이상하게 생각했다. 그에 비해서 EU를 유럽인들이 만들어낸 최고의 발명품 중의 하나로 여겼다. 그리고 이 개념을 동아시아로 옮겨 적용시킬 수 있을지를 자문하곤 했다. 내가 독일통일 직후에 중국 장춘(長春)에서 열린 국제학술회의에서 발표한 논문 「동북아시아 경제지역: 지정학적 잠재력과 문제(The Northeast Asia Economic Area: Geopolitical Potentials and Problems, 1993)」는 바로 이러한 발상을 반영한 것이다. 이 논문은 반향이 상당히 커서 서울대 한국정치연구소의 저널에 실렸고, 미국 포모나대학(Pomona College)의 정치학 강의에 교재로 채택되기도 하였다.

'냉전이 종식되면서 세계는 근본적인 구조변화를 겪고 있다. 그 프로세스는 일반적으로 지역화(regionalization)와 세계화(globalization)로 일컬어진다. 이런 맥락에서 이 논문은 동북아시아의 미래에 대한 하나의 지정학적 관점을 제시한다. 전지구적인 경향에 부응하여 역내 국가들은 하나의 경제협력체를 구성할 수 있을 것으로 기대된다. 필자는 그것을 '환동북아연합(the Northeast Asian Rim, NEAR)'이라고 명명한다. 이 지역은 경제적 발전 잠재력이 매우 커서 장차 세계 최대의 경제지역이 될 수 있을 것이다. 다만 역사적, 사회적으로 복잡한 배경을 가지고 있어 지역내 및 지역간 관계를 융통성 있게 다루기 위해서 초기에는 비교적 유연한 조직을 가져야 할 것으로 보인다. 이러한 구상의 바탕에는 예전에 대륙세력과 해양세력이 서로 대항하면서 갈등했던 이 지역이 이제 새로운 국제환경 하에서 본래의 지리적 속성을 회복하여 새로운 융합지역, 나아가 핵심지역으로 발전할 수 있을 것이라는 기대가 깔려 있다. 지역의 공간구조적 틀로는 두 개의 하위지역(subrims)으로 구성되어 두 개의 발전축과 네 개의 성장거점을 가질 것으로 상정되었다.'(《Journal of Korean Politics》, IV, 1994, p. 63)

이 논문에서 나는 동북아시아가 유럽에 비해 정치, 경제 및 문화적으로 훨씬 더 분화되어 있다는 사실에 유의하면서, 역내 국가들 간의 기능적 상호보완을 통해 전체 지역의 통합에 접근할 수 있을 것이라고 썼다. 그리고 극복되어야 할 장애요인으로 군사적 헤게모니 쟁탈을 위한 대국들 간의 첨예한 경쟁과 긴장을 지적하기도 했다. 끝으로 나는 21세기 초쯤에는 느슨한 결합을 시도할 수 있을 것이라는 희망적 사고를 제시하였다.

돌이켜보면 당시 나는 중국 공산당 독재의 존속 능력을 과소평가하고 일본의 과거사 사과 용의를 과대평가했던 것 같다. 그리고 무엇보다도 외부세계로부터 고립된 북한의 독재체제가 그대로 생존할 수 있는 기회는 크지 않다고 보았고, 따라서 개혁과 개방이 불가피할 것으로 판단했었다. 우리 아시아인들은 우리들 자신의 과거 잘못으로부터나 유럽인들의 성공으로부터 도무지 배울 수 없는 것일까? 아니, 그럴 리가 있겠는가! 나는 이것을 아직 여건이 성숙되지 않아 멈칫거리고 있는 것으로 해석하고자 한다. 머지않아 그럴 때가 꼭 올 것이다.

근년에는 중국 지도자들이 '우리 아시아인들은 외부세력(미국)에 대항하여 단결하고 서로 도와야 한다'고 말하는 것을 자주 듣는다. 이 말은 다른 아시아인들에게 호의적으로 들릴지는 모르겠지만, 실은, 중국(中國)이라는 국호가 지시하는 바와 같이, 외교적으로 포장된 '중국 중심적' 관점에서 나온 주장일 뿐이다. 중국은 자신이 동아시아에서 지배세력으로 군림하기 위해 미국을 아시아 대륙으로부터 가급적 멀리 떼어놓고 싶어 한다. 그것은 바로 한반도 분단에 악용되었던 전형적인 지정학적 전략이다. 중국이 추진하고 있는 '일대일로(一帶一路)' 사업 역시, 지난 세기에 일제가 전쟁의 명분으로 내세웠던 '대동아공영권(大東亞共榮圈)'과 마찬가지로, 지구적 차원에서 고안된 중국 중심적 지전략(geostrategy)이라고 하겠다.

한반도 통일은 긍정적 의미에서 동아시아에 정체성을 부여하는 지역화를 가속화시킬 것이다. 그리고 바라건대 그 역도 가능할 것이다. 어떤 경우든, 동아시아가 새로운 지역질서와 지속가능한 평화체제를 향해 다음 단계로 넘어가기 위해서, 중국과 북한의 변화가 하나의 중요한 관건이 되어 있는 것은 분명하다. 그때까지는, 또는 그 전에라도 'EU 속의 독일'은 '국제사회의 독일'로 발전해 있을 것이고, EU 또한 조화로운 공동체를 향한 길에서 전진을 계속할 것이다. 그 신호는 아마도 통일독일이 유엔안보리의 상임이사국이 되는 것일 것이다.

언론에 비친 통일독일 30년

앞에서 기술한 독일인들의 인식은 주로 대담자들의 진술을 통해 취득한 나의 간접 경험에 입각한 것이었다. 그것은 이 경험적 조사의 결과가 통계적으로 입증된 것은 아니라는 뜻이다. 나는 이 경우 주관성(Subjektivität)이 상황을 깊이 있게 파악하는 데 유리하다고 판단하여 의도적으로 정성적 방법(qualitative method)을 택했다. 그럼에도 결과가 실상을 얼마나 정확히 반영하는지에 대한 의문은 여전히 남는다. 거듭 강조하지만, 앞에서 서술한 당사자들의 개인적인 진술이 일반적으로 유효한 대표성을 갖는다고 보는 것은 아니다. 이는 앞에 도표로 제시한 동서독 간 사회경제적 격차와 통일 30년 후 독일인들의 투표 행태에 관한 사안들의 기술에 있어서도 마찬가지다. 이런 일반화는 구동독 주민들 개개인의 다양한 생활양식과 그와 연관된 감정과 경험의 차이를 가리게 된다.

더구나 연구자인 나 역시 주제와 연관된 정책연구와 실무를 통해 나름의 결론을 도출해본 적이 있었던 사람으로서, 어쩌면 해석과 판단에 있어 지나치게 주관적일 수 있을 것이다. 무엇보다도 2019년과 2020년의 장벽 붕괴 및 독일통일 30주년 기념행사들은 나에게 깊은 인상을 남겼고, 나는 독일과 독일 사람들을 무척 부러워했다.

다시 말하면, 주관적인 연관성과 객관적인 평균치를 결합하면 실상에 조금이라도 더 근접할 수 있을 것이다. 그래서 나는 언론에 보도된 공론을 모아 분석하여 따로 한 장을 구성함으로써 내 현지조사의 결과와 그에 대한 내 해석의 주관성을 보완하고자 했다. 물론 내가 선택한 기사와 논설들도 마찬가지 이유로 이 사안에 대한 평가의 전반을 반영한다고 생각하지는 않는다. 그럼에도 내 연구의 미진한 부분을 채우고, 나아가 종합적으로 판단을 내리는 데 상당한 도움을 줄 것으로 기대한다.

메르켈 총리는 2020년 10월 3일 포츠담에서 열린 기념사에서 이렇게 말했다:

'나는 우리가 오늘 독일통일 30주년 기념일을 평화와 자유 속에서 맞이한 것을, 그리고 독일통일이 전체적으로 성공한 것을, 기쁘게 생각합니다. […] 우리 뒤에 오는 젊은이들이 새로운 시대에 잘 살아갈 수 있도록 용감하게 새로운 길을 걸어갑시다.'

총리가 통일과 관련하여 '용기'를 강조한 것은 나에게 의미심장하게 들렸다. 그녀는 거기까지 오기 위해 많은 용기가 필요했다고 회고하고, 앞으로도 '동과 서, 남과 북에서 함께 좋은, 평화로운 길을 걸어가기 위해서는 계속해서 용기가 필요할 것'이라고 했다.

슈타인마이어 연방대통령도 독일통일에 대해 긍정적으로 평가하고, 이후의 통합과정에 대해서도 후한 점수를 매겼다:

'우리는 오늘날 지금까지 있었던 독일 중에서 최고의 독일에서 살고 있습니다. […] 독일은 왔어야 할 만큼 멀리 오지는 못했지만, 우리가 생각한 것보다는 훨씬 멀리 왔습니다.'

물론 공식적인 연설에서 한 정치적 발언임을 감안해야 할 것이다. 그리고 독일통일 30주년 기념행사는 코로나 팬데믹 상황 속에서 개최되었다. 본래 흥겨운 축제 분위기여야 했지만 엄격한 통제 하에서 형식적인 것이 되고 말았다. 그럼에도 연설에는 미래의 도전과 과제를 대하는 독일인들의 확고한 의지가 드러나 있었다.

라인하르트 뮐러(Reinhard Müller)는 요아힘 가우크(Joachim Gauck) 전 연방대통령(2012~2017년)과 독일통일 30년에 대한 대담을 나눴다(《Frankfurter Allgemeine Zeitung》, 2020년 10월 2일): 민권운동가 가우크에게조차 DDR의 종말은 손실이었다고 했다. 그는 망한 국가를 슬퍼하는 것이 아니라, 그 국가에 대항하여 동독 시민 다수가 만들었던 비상대책기구를 아쉬워한다고 했다. 전임 대통령의 자문자답이다:

'우리는 무엇을 배웠는가?'

'40여 년 세월은 깊은 흔적을 남겼다. 그러나 그로 인한 차이가 공통적인 것들로 아주 덮지 못할 정도는 아니었다. 오늘날 우리 사정이 바로 그렇다. 파인 데는 메꿔서 평평하게 만들어야 한다. 물론 획일

적으로 똑같이 만드는 것이 아니라, 오래된 특성들은 오히려 강화해야 한다.'

여기에서 나는 음악가 볼프 비어만(Wolf Biermann)의 회고를 인용하고자 한다.

'두 독일 사이의 철조망은 언제나 내 가슴 한가운데를 관통했다. 우리 조국의 분단은 나를 아프게 했다. 그리고 나는 내 노래와 시에서 그 아픔을 얘기했다. 동에서도 서에서도 아직 통일을 내놓고 얘기하지 않았을 때.

"나의 조국, 나의 조국.

한 손은 불(火)이고,

한 손은 눈(雪)이네.

그리고 둘이 서로 껴안으면,

그러면 내 가슴 아파 와.

둘이서 서 있는 걸 보았네,

부둥켜안고 있었네.

브란덴부르크 문 앞에,

임금님의 두 아이들.

노래가 내 귀를 스치네."

(〈Mein Vaterland, mein Vaterland〉, Album 'VEB Biermann', 1988)

이 작은 노래는 장벽이 세워진 직후에 내가 젊은이로서 느끼고 생각한 것을 보여준다. 나치시대에 유태인 공산주의자 어린이로 성장한 나는 1953년 16살 나이에 홀로 수백만 피난민들의 흐름을 거꾸로 거슬러 DDR로 넘어갔다. […] 이러저러한 동반성장의 장애물들과 국수주의적 행태들에도 불구하고 독일은 마침내 세계에 "친근한 이성의 얼굴"을 보여준다. 그리고 그것은 우리 역사의 인문적인 전통에 합당한 것이다. 우리는 지금 지킬 가치가 있는 강력한 민주주의를 향유하고 있다.' (「30 Jahre Deutsche Einheit—So gut ging es den Deutschen noch nie」, in: 《Deutschlandfunk Kultur》, 2020년 10월 11일)

예상한 대로 비판적인 논평들도 있었다. 예를 들면 수잔네 가슈케(Susanne Gaschke)는 이렇게 썼다:

'정치권 인사들은 연방대통령의 인사말을 아무런 열정도 없이 듣고 나서 교회에서 박수치듯이 그렇게 박수를 쳤다. 저축은행에서 행사를 해도 그보다는 나을 것이었다. 이런 마당에 이 놀라운 나라에서 커가는 불신과 부서지는 단결이 과연 누구를 놀라게 할 수 있을 것인가?' (《Die Welt》, 2020년 10월 4일)

발레리 쇠니안(Valerie Schönian)은 이렇게 묻는다:

'지방에 충성하기 위하여 빨간 모자 샴페인을 고집하면 오케이인가? 그리고 극우 포퓰리스트들이 세력을 키워가는 이 지역과 연대의식을 느끼면?' (《Zeit Campus》, 2020년 3월 21일)

그리고 그녀는 몇 개의 비판적인 숫자를 적시한다(「"동독—그래, 나는 동독을 의식한다"」):

- 동독의 노동자는 서독의 노동자에 비해 연평균 거의 5,000유로

가 적은 임금을 받고, 56시간 더 많이 일한다. (2018년)

　- 여섯 자리 숫자의 유산을 받는 경우가 서독에서는 동독보다 3배 더 많다. (2017년)

　- 함부르크와 바이에른에서는 최소한 4명 중 1명은 25만 유로의 유산을 받는 데 비해, 작센-안할트에서는 17명 중 1명에 지나지 않는다. (2017년)

　- 동독 기업 중에는 단 하나도 독일주가지수(Dax)에 등록되어 있지 않다. (2019년)

　- 독일연방공화국의 100대 기업 안에 드는 동독 기업은 2개뿐이다. (2016년)

　- 세금을 가장 많이 내는 40개 자치단체(Kommune) 가운데 39개가 서독에 있다. (2019년)

　- 연방 차원에서 최고위직에서 동독인이 차지하는 비율은 1.7%에 불과하다. (2016년)

　- 190명의 상장기업 대표, 336명의 연방판사, 60명의 연방정부 정무직(Staatssekretäre) 중에 동독 출신은 각 분야에 3명씩이다. (2015년)

　국영 라디오방송사인 도이칠란트푼크(Deutschlandfunk)가 독일통일 30년을 기하여 어느 요리사와 한 대담(「Wie schmeckte die DDR?」, 2020년 10월 3일)이 매우 흥미롭고 시사하는 바가 많기에 좀 길지만 여기에 인용한다.

　"'동독인'은 거기서 아직도 몹시 꺼리는 주제인가?"라는 마리에

타 슈바르츠(Marietta Schwarz, Deutschlandfunk)의 질문에 에르푸르트에 있는 바흐스텔체(Bachstelze) 식당의 주방장 마리아 그로스(Maria Groß)는 단호히 "실제로 그렇습니다"라고 대답한다. 그러고 나서 그녀는 당시 내가 여행자로서 미처 알지 못했던 것을 털어놓았다.

'우리 도시들은 말끔히 재개발되었어요. 정말 아름다워 보이지요. 그것은 마치 황금 새장 같아요. 거기에서 오시(Ossi, 동독인의 별칭)들이 살아요. 건물들이 늘어선 거리가 자기 것은 아니지만 제 나라니까 참는 동안에는 낄 수 있는 거지요. 물론 밖에서 들어갈 수도 있어요. 다른 도시들도 비슷하잖아요. 중국인들이 캐나다 밴쿠버(Vancouver)에서 멋부리면서 쇼핑하듯이. 그러라고 해요. 그런데 우리 경우에는 대단히 곤란해요. 이 건물들이 늘어선 거리가 중국인들 것도 아니고, 전환기 후에 서독을 배경으로 DDR로 온 사람들의 소유거든요. 달리 말하면 튀링겐 사람들은 에르푸르트 도심 크래머브뤼케 부근의 집세를 감당할 수가 없다고요. 그것은 나는 어쨌든 그렇게 믿어요, 떠들어서는 안 되는 것이에요. 그런데 그게 사실이고, 사람들에게는 당연히 문제가 되거든요.'

'그리고 또 한 가지: 도처에서 물건에 집착하는 사람들을 만났을 때, 그것은 하나의 혼란이었어요. 처음에는 전혀 이해하지 못했어요. 정체성 한 토막을 빼앗겼거든요. 바깥에서 갑자기 덮쳐 그렇게 된 거지요. 여기서는 그렇게 돌아간다고요. 그리고 사람들은 DDR-역사를 늘 독재자의 관점에서만 논했어요. 자신들의 공포, 자기들의 상실 공포에 대하여, 또는 정체성에 대하여 얘기하는 것은 허락되지 않았

어요. 늘 감사해야 했으니까요.'

그리고 "동-서독 주제를 요리법과 관련해서 논하는 것도 의미가 있느냐"는 질문에 대해 그녀는 왜곡된 상황이었다고 답했다.

'티롤(Tirol)에서는 생산자들로부터 직접 구매하는 것이 당연하지요. 그런데 DDR에서는 그것이 국유화로, 말하자면 위에서 아래로 강제하는 통일죽(Einheitsbrei, 획일화)으로, 개별적인 생산과정이 대부분 망가졌습니다. 많은 기업들이 소유권자가 당에 가입하지 않는다는 등의 이유로 강제로 소유권을 빼앗겼어요. 뭐라고 할까요? 호니(Honni, 호네커의 약칭)가, 자기는 한 번도 하지 않으면서, 아래에 시켜서 만든 이 교화된 통일죽은 당연히 고약한 것이지요. 생각해보세요. 동독에서도 개인적인 살림살이에서는 고급 의식이 있었다니까요. 그렇다고 돈 가지고 요릿집으로 달려가는 것은 임두도 낼 수 없었고요. 내가 거기서 지각(知覺)하는 것은 하나의 거대한 불량 가위입니다. 그들은 거대한 가위를 가지고 매사를 자기들 마음대로 재단했다고요.'

MDR이 다니엘라 단(Daniela Dahn)에게 물었다(「서투른 통일에 대안이 있었다면」, 2020년 10월 4일):

'그런데 통일 30년 후에 가진 자 쪽에서도 얻은 것이 있습니까?'

독일통일에 대해 매우 비판적인 논객에 속하는 그녀의 대답이다:

'물론입니다. 많은 사람들에게 개인적인 자유공간이 확대되었습니다. 거기에는 의문의 여지가 없어요. 우리도 뭔가 변화하기를 바랐습니다.'

독일연방공화국의 국영 공공방송 제1TV ARD는 2020년 10

월 3일 저녁 〈두 개의 독일에서 하나가 되었을 때(Als aus zwei Deutschlands eins wurde)〉를 내보내면서 이웃 나라들의 시각을 요약했다.

'30년 전에 유럽에서 모두가 통일을 반긴 것은 아니었습니다. 오늘날엔 많은 나라들이 독일을 인정하면서 바라보고 있습니다. 그러나 과거는 지속되고 있습니다.'

그리고 몇 나라 수도 스튜디오에서 특파원들의 논평이 보도되었다.

프랑스: 예전에는 경쟁, 지금은 인정. '프랑스인들은 장벽 붕괴와 독일통일을 환호와 우려가 섞인 상태에서 겪었습니다. 의심의 여지없이 기쁨이 컸지만, 바로 ―특히 미디어에서― 인구 1천7백만 명이 늘어난 통일독일이 경제적으로 더 강대해질 것이고 나아가 또다시 정치적 헤게모니를 장악하려고 나설 수 있다는 우려가 많이 나왔습니다.' '그사이 30년이 지나갔고 당시의 걱정은 대체로 해소되었습니다. 독일은, 정도의 차이는 있지만, 친밀하고 신뢰할 수 있는 유럽의 동반자로 받아들여지고 있습니다. 그리고 코로나 위기 때부터는 동쪽 이웃에 대한 감탄을 멈추지 못하고 있습니다. 편집인들이 방역과 그것이 경제에 미치는 결과에서 왜 늘 독일이 이기느냐고 묻는 질문 속에는 미움도 불안도 담겨 있지 않습니다. 심지어 오랫동안 비웃었던 연방제 하의 소도시 체계마저 이제는 비장의 카드로 칭송하고 있습니다.' (Martin Bohne, ARD Paris)

영국: 한때는 불신, 지금은 감탄. '30년 전에 영국에서는 의심이 많았습니다. 많은 영국인들이 그랬고, 특히 다우닝가에서는 확정적이었습니다. 마가레트 대처 당시 총리에게 독일통일은 너무 빨리 나갔습니다. 그녀의 독일에 대한 불신은 어린 시절 제2차 세계대전을 겪으면서 각인되었다고 합니다. 그 후 사회경제적으로 새로워지고 커진 독일통일의 성과 앞에서 의심은 점차 존경으로 바뀌었습니다. 영국의 정계, 학계와 의료계는 놀라서 두 눈을 비빕니다. 독일은 바이러스를 어떻게 그렇게 잘 막아낼까? 독일은 어떻게 과격한 봉쇄 없이 견디고, 지금까지 큰 경기후퇴를 피할 수 있었을까? 여기서 극우 테러리즘과 코로나-데모 그리고 인종주의는 빠집니다. 혹 염려를 하더라도 예전처럼 바로 나치시대와 비교하는 일은 없습니다.'
(Christoph Heinzle, ARD London)

폴란드: 이상향은 아니지만 소중한 파트너. '폴란드인들은 독일을 유심히 바라봅니다. 왜냐하면 많은 폴란드인들이 독일에서 이주해 왔기 때문입니다. 폴란드인들에게 독일이 결코 이상향일 수는 없습니다. 독일은 복지와 경제력에서 매력적이지만, 아직도 조금은 위협적으로 보입니다. […] 설문조사에서 독일에 대한 호감도가 높게 나오는 것만 보게 되면, 경솔한 판단에 빠집니다. 그것은 놀라운 일입니다. 전쟁과 나치 치하 6년간의 무자비한 점령통치가 나라를 파괴하고 수백만 폴란드인의 목숨을 앗아갔기 때문입니다. 현존하는 주제로, 누가 폴란드인에게 독일의 즉흥적 연상(聯想)을 묻는다면, 아직도 '히틀러', '전쟁', '점령'이라는 답을 듣게 될 것입니다. 다른 한

편 오늘날의 독일은 폴란드에게 소중한 경제 파트너이고, 많은 이들이 EU와 NATO의 파트너로도 존중하고 있습니다.' (Jan Pallokat, ARD Warszawa)

외국 언론들도 반응하였는데, 다양한 내용을 대체로 긍정적인 논조로 종종 보도해온 BBC의 특집 〈독일통일: 뿌리를 찾는 동독 젊은 이들〉을 소개하겠다. 특파원은 독일통일 직후에 태어난 몇 명의 통일 베이비 세대와 인터뷰를 하고 나서 이렇게 보도했다:

'그들은 공산동독국가 GDR에 대해 기억하지 못하면서도 자신들을 아직 동독인으로 봅니다. 그러나 공산주의로 돌아가기를 원하지는 않습니다.' (BBC, 2020년 10월 2일)

BBC 뉴스는 발레리 쇠니안의 말을 인용했다.

'서독에 대해서 얘기할 때는 언제나 그냥 '독일'인 데 비해, 동독에 대하여 말할 때는 꼭 '동독'이라고 합니다. 전 서독 총리 헬무트 슈미트는 '독일 역사'의 일부인 데 비해, 동독 공산당의 마지막 서기장 에곤 크렌츠(Egon Krenz)는 '동독의 역사'입니다. 그녀는 자신의 책 『동독의식(Ostbewusstsein)』에서 이렇게 쓰고 있습니다:

"장벽 붕괴 후 시간이 가면 갈수록 나는 나 자신을 점점 더 동독인으로 느낀다. 동시에 나는 유럽인으로 느끼고 세계시민이고 싶다. 그러나 첫째로 그리고 가장 먼저, 나는 동독인으로 느낀다."

다른 한 대담자, 국회의원 필립 암토어(Philip Amthor) 씨의 말입니다:

"예, 나는 나 자신을 '동독인'으로 규정합니다. '동부 독일'의 한 지방 출신입니다."

메르켈 총리의 보수당에 소속된 27세의 스타 의원은 그가 '북독인'
이기도 하다고 말합니다. 그래서 함부르크(북독의 항구도시) 사람하
고 공통점이 많다고 합니다.'

"인구의 대부분이 회복되지 않았습니다."

BBC는 콘라드 에르벤(Konrad Erben)의 어머니 경우도 인용했다.
'그녀는 편모(偏母)였습니다. 동독에서는 국가가 지원했기 때문에
그것이 문제가 되지 않았습니다. 그러나 통일 후 그녀는 직업이나 직
업훈련에 접근할 수가 없었고, 실제로 다시는 자립할 수 없었습니다.
"아들은 1989년 예나(Jena)에서 태어났습니다. 그의 아버지는 세네
갈(Senegal) 출신이었고, 오늘날 그는 유색 독일인들(German People
of Color)을 위한 운동가입니다. 그는 자신을 동독인으로 봅니다. 그
는 슈니첼(Schnitzel, 돼지고기구이)에 서독에서 보편적인 버섯소스보
다는 토마토 소스를 곁들여 먹기를 좋아합니다. 그는 어린 시절에 살
았던 조립식 건물의 외관을 좋아합니다. 그러나 유색인으로서 그의
경험은 여느 동독인들의 그것과 또 다릅니다.'"

'독일봉일에 대한 사진과 이야기들은 주로 백인 독일인들의 경험
을 비춰줍니다. 그러나 독일은 여러 세대에 걸쳐 다문화 사회였습니
다. 30년 전에 독일통일은 '동독과 서독이 같아진다'는 것을 의미했
습니다. 그러나 현대의 독일 사회는 다양하고, 예전에 동독(GDR)이
었던 지역에 사는 독일인들의 경험은 믿을 수 없을 정도로 다릅니다.
아마도 진정한 통일은 독일인들이 그들의 차이를 받아들일 때에 비
로소 완성될 것입니다.' (Damien McGuinness, BBC News Berlin)

'서독 사람들이 지배하는 국영 미디어에서 '동독 문제'에 대한 논쟁은 보통 극우파의 증가, 또는 인구 감소, 또는 실업 같은 문제들에 초점을 맞춥니다.' (BBC London)

《프랑크푸르트 알게마이네 차이퉁(Frankfurter Allgemeine Zeitung)》은 지난 30년간 동독과 서독에서 소득과 실업자 수의 변화를 비교하였다(2020년 10월 2일). 나에게는 통일 후 한 세대 동안에 일어난 양독 지역 간 복지수준의 격차와 그 변화의 추이를 여러 측면에서 수치로 비교해볼 수 있어 그야말로 안성맞춤으로 유용했다.

- 국민 1인당 총생산은 꾸준히 평행 상승함.
동: 1991년 7,345유로 - 2005년 18,834유로 - 2019년 29,739유로;
서: 1991년 23,480유로 - 2005년 31,325유로 - 2019년 44,050유로.
- 실업자 수는 2005년까지 상승하다가 점차 안정됨.
동: 1991년 100만 명 - 2005년 160만 명 - 2019년 50만 명;
서: 1991년 160만 명 - 2005년 330만 명 - 2019년 170만 명.

그리고 몇 가지 중요한 통계수치가 추가되었다. (기준연도: 2019년)

- 서독지역의 임금수준이 높음.
경영인: 동: 87,819유로 / 서: 108,035유로;
엔지니어: 동: 45,545유로 / 서: 58, 655유로;
비서: 동: 27,421유로 / 서: 33,889유로;

사무직: 동: 26,688유로 / 서: 31,027유로;

판매원: 동: 25,957유로 / 서: 28,081유로.

- 생활비

월 가계 순소득: 동: 2,808유로 / 서: 3,554유로;

집세, 식사, 교통 및 휴가비: 동: 2,124유로 / 서: 2,620유로;

남는 금액: 동: 684유로 / 서: 934유로.

- 노령 소득은 서독지역에서 조금 높음.

2019년 평균 연금소득: 동: 1,118유로 / 서: 1,153유로.

- 동독지역에서는 저임금 부문에서 더 많이 일함.

저임금: 동: 35% / 서: 20%;

협정 임금: 동: 44% / 서: 57%.

- 1인당 총자산은 서독에서 훨씬 높음.

동: 111,100유로 / 서: 303,700유로.

- 소득 분포는 불균등함. (2019년 월 총소득)

999유로까지: 동: 9% / 서: 10%;

1,000~2,999유로: 동: 57% / 서: 43%;

3,000~4,999유로: 동: 25% / 서: 31%;

5,000유로 이상: 동: 9% / 서: 16%.

이들 수치가 평균치이기는 하지만, 상존하는 동서독 간 임금, 연금, 및 소득 격차의 사회적 측면을 분명히 드러내고 있다고 하겠다.

같은 신문에서 하이케 괴벨(Heike Göbel)은 이를 요약하면서 주의를 환기시키고 있다(「Neuer Flirt mit Staatswirtschaft」):

'통일은 경제적 자유를 향한 하나의 분명한 신앙 고백이었다. 기념식은 이 자유를 더 강력히 지켜야 할 동기를 부여한다.'

코로나 팬데믹은 모든 지역에 이득을 가져다주었던 오랜 호황을 갑작스럽게 종식시켰다. 동서독을 불문하고, 많든 적든, 방역을 위한 여러 정치적 조치들에 관련되지 않은 기업은 거의 없다.

'많은 기업들이 국가의 구제금융에 매달리고 있다. 일자리, 기후변화 및 정부가 주도하는 기업의 입지 결정에 대한 정치적 영향 행사와는 역방향으로 정부는 규제완화와 금융지원을 통해 이들에게 경쟁 우위를 제공한다. 그것은 사기업의 경쟁에 제동을 걸고 경쟁력을 약화시킨다. 그리고 결국 고객에게 손해를 입히고 경제의 효율성을 저하시킨다.'

그는 독일이 아직은 국가경제(Staatswirtschaft)로 되돌아가는 길에 들어서지는 않았다고 말한다. 그러나 적지 않은 이들이 벌써부터 '약간의 사회주의가 기후변화 문제, 집세 걱정, 또는 구조조정을 쉽게 만들 것'이라는 아이디어를 놓고 수군거리고 있다는 것이다. 그러므로 코로나 팬데믹 시대에 통일 기념일을 계기로 주의를 환기시키는 뜻은 명백하다:

'또다시 이 오류에 말려 들어가서는 안 된다.'

《타게스슈피겔(Der Tagesspiegel)》은 특집 「독일통일 30년」에서 재미있는 표현을 썼다. 표제 논설에서 로베르트 이데(Robert Ide)는 스스로 질문을 제기하고 답한다. (2020년 10월 2일)

'30년 우리는 통합되었나?'

'독일통일은 세계정치에서 여전히 하나의 기적(Wunder)이고 멋진 (wunderbares) 선물이다.'

그리고 나서는 비판적 논평이 이어진다.

'그런데 너무 빨랐다. [⋯] 분단과 조급한 통일의 흔적은 도시와 마을의 재개발 현장보다 역사에서 간단히 벗어날 수 없는 사람들의 머리와 가슴속에 더 많이 남아 있다.'

그와 관련하여 실업, 경력과 기억의 단절, 정체성 문제와 함께 신탁청을 통한 사유화와 엘리트 교체도 언급되었다. 자문자답은 계속된다:

'통일이 좀 더 천천히 진행되었더라면……'

'인간적으로는 신중한 통일이 필요했을 수도 있다. 그러나 적어도 시간적으로 거의 불가능했다.'

요컨대, 급속한 통일이 성공을 거둔 것으로 간주되었다. 역사의 패러독스랄까?

신문은 10면 전면을 할애하여 새 옷을 입은 옛 삶의 흔적을 설명하였다: 인터플루크(Interflug, 동독의 항공사)의 흥망; 동독과 서독에서의 사랑과 성(性); 베를린에서 변치 않은 곳; 동독의 여교사와 서독의 남교사가 설명한다; 동유럽인들은 통일을 어떻게 보나; 슈테펜 마우(Steffen Mau)가 고향에 대하여; 슈테판 슈타인라인(Stephan Steinlein)이 외교에 대하여; 장벽 따라 자전거길을 달리다; 동독의 망각된 책들; 통일에 대한 아름다운 필름들. 솔직히 말하자면, 나는 과거의 성취를 자랑스럽게 회고하고 변화에 동반된 현상들에 대해 차분히 얘기할 수 있다는 것이 무척 감격스럽고 또 부러웠다.

이 신문은 또 동유럽에서 변혁의 경험에 대한 다른 보고들을 실었다(Rebecca Barth, 「Fremd in der Heimat」). 전 러시아 군인과 러시아 여성 민권운동가가 동유럽의 전환기와 오늘날의 상황에 대하여 그들의 견해를 밝힌다. 알렉산더 블리노프(Alexander Blinov)는 1988년에 독일로 왔다가 1993년에 모스크바로 돌아갔다고 한다. 그는 당시 페레스트로이카의 지지자로서 소비에트 체제가 개혁 가능하다고 믿었는데, 지금은 더 이상 그것을 믿지 않는다고 했다. 신문은 그가 마지막에 한 말을 이렇게 전했다

'독일 사람들은 합쳐졌지만, 우리는 분열되었습니다.'

다음은 모스크바에 사는 이리나 셰르바코바(Irina Scherbakowa)의 증언이다.

'우리 체제는 많은 인민들이 강제로 소련에 묶였기 때문에 무너졌습니다. 그러나 구소련에 대한 향수 속에서 사람들은 그것을 보지 못합니다.'

많은 러시아인들은 1990년대 초의 변혁을 쓰라린 기억으로 되돌아본다. 장벽 붕괴만이 예외다. 독일통일에 대한 기쁨에 있어 병사와 민권운동가는 공감한다고 했다. 그러나 그 뒤에 온 것들에 대해서는 서로 의견이 다르다고 했다. 블리노프는, 소련에 대해 묻자 그리워하는 것들을 열거하였다: 연대의식, 공동체 정신, 소속감. 그러나 셰르바코바는 그때 것들은 아무것도 아쉽지 않다고 했다.

'동유럽의 변혁은 우리 스스로도 믿지 않았던 희망들을 충족시켰습니다.'

그녀는 러시아가 블라디미르 푸틴(Vladimir Putin) 대통령 치하에

서 더 많은 것을 잃게 될 것이라고 했다.

'우리는 눈을 크게 뜨고 실상을 직시해야 합니다. 우리나라는 법치 국가가 되지 않았습니다. 자유 선거도 없고 제대로 작동하는 의회도 없이 체제는 점점 더 권위적으로 변해가고 있어요.'

셰르바코바와 같은 생각을 갖고 있는 사람들은 소수이고, 다수는 블리노프처럼 생각한다고 한다. 신문은 그것을 뒷받침한다: 러시아에서 75%의 사람들은 소비에트 시대를 지금까지 경험한 가장 좋은 시기였다고 생각한다는 것이다.

《베를리너 차이퉁(Berliner Zeitung)》은 DDR의 마지막 내무장관으로 1990년에 슈타지(SSD)를 해체한 페터-미하엘 디스텔(Peter-Michael Diestel)과의 대담을 실었다. 그는 국민을 사회에서 제외시키는 것을 '위헌적'이라고 규정했다.

'우리 동독인들은 1990년까지 공산주의 체제에서 살았습니다, 그런데 인민이 봉기하여 장벽을 부수었지요. 이 아름다운, 평화로운 사건이 바보들을 밀어냈고, 그리하여 동독인들은 자의식을 되찾았습니다. 이때부터 우리는 한 대규모 인구집단을 사회에서 제외시키는 것을 경험해오고 있습니다. 그것은 절대적으로 위헌입니다. 내가 여러분에게 왜 그런지를 설명하겠습니다. 내 접근방법은 이렇습니다: 200명의 독일대사와 500명의 장군들 가운데 동독인은 단 한 명도 없습니다. 84개 독일 대학 중에 동독인이 이끌어가는 것은 하나도 없습니다. 동독의 주도(州都)들에서 국무위원, 실국장들의 90퍼센트는 서독 출신이고, 브란덴부르크주에서는 거의 100퍼센트입니다. 서독의 주들에는 동독인 장차관, 실국장이 한 명도 없습니다. 우리는 구 연방 독일인들에게 점령된 다섯 개의 고등법원을 가지고 있습니다. 그것은 위헌입니다.' (「통일 30년: "슈타지는 이 시점에서 막강한 비밀경찰이었다"」, 2020년 10월 4일)

한때 베를린에서 나와 독일통일에 대하여 대담하기도 했던 토마스 오버랜더(Thomas Oberender, 2019년 12월 9일)는 기억과 망각에 대한 한 대담에서 이렇게 말했다:

'처음에는 잊어버리는 것이 좋았습니다. 그러나 30년이 지난 지금은 그것을, 선동할 것이 아니라, 멈추어야 할 것 같습니다. 왜냐하면 지금 주로 얘기되는 것들이 갑자기 당황스럽고, 불편하고, 논쟁의 여지가 있어 보이기 때문입니다. 열린 논쟁은 우리를 분열시키기보다는 오히려 단합시킵니다. 그러나 "조용히 해, 너희들 끝없이 투덜대는, 불평하는 동독인들아!"는 우리를 치유하지 못할 것입니다.' (《Die Zeit》, 2020년 10월 1일)

《데어 슈피겔(Der Spiegel)》은 좌파당(die Linke)의 국회의원 페트라 파우(Petra Pau)를 인용했다:

'나는 이를테면 30년 전부터 민주공화국의 시민이었습니다. 개인적으로 내가 통일로 대단히 이득을 보았다는 것과는 별개로. […] 그러나, 그동안 독일연방공화국에 사회정의를 정착시키지 못했다는 데에 화가 납니다.' (「독일통일 30년: 이제는 자문해야 한다: "부당한 일을 하였는가?"」, 2020년 10월 4일)

독일의 대표적 지리 학술지《게오그라피셰 룬트샤우(Geographische Rundschau)》는 2020년 9월 9일 자 책자를 '독일통일 30년' 특집호로 발간했다. 발행인 서문에서 디터 팔크(Dieter Falk)는 독자들을 30년 전으로 데려가 오늘을 더 생생하게 만들었다:

'나이 든 사람들에게는 1990년에 밝힌 총리의 비전 "꽃피는 경관(Die blühende Landschaft)"이 지금도 마치 어제였던 것처럼 귀에 쟁쟁합니다. 젊은이들에게는 독일통일이 벌써 역사책의 한 장이 되었습니다. [···] 30년 후에도 도시와 농촌에서 '서'와 '동'에 대한 기억을 생생하게 일깨우는 역동적 모습들을 관찰할 수 있습니다.'

논문들은 지도, 도표와 그래프로 통일의 진행과 결과, 특히 지역구조, 인구이동, 노동시장 등 지리학자인 나에게 친숙하게 다가오는 주제들에 대하여 지리학적 관점에서 논의를 펼친다. 여기에 그중에서 사안을 개관하는 데 도움이 될 몇 줄을 인용해둔다.

'콜 총리가 공약한 꽃피는 경관은 구동독에서 부분적으로 실현되기는 했다. 그러나 모든 지역이 균등하게 혜택을 받은 것은 아니었다. 그래서 구동독의 연방주들에는 독일 지역정책의 주요 목표인 '균등한 생활여건'을 확보하는 것이 큰 과제인 지역들이 아직도 많다. 무엇보다도 주변부에 위치한 농촌지역은 이런 맥락에서 매우 열악한 경제, 공동체, 취락 및 인프라 여건을 드러내고 있다.' (Stefan Maretzke: 「Gleichwertige Lebensverhältnisse in Ost und West— Anspruch und Wirklichkeit」);

'동독과 서독의 경제력과 노동시장 조건은 여전히 뚜렷한 차이를 보인다. 지역간 격차는 몇 년 전까지 동독지역으로부터 현저한 순

인구유출을 동반했다. 경험적 분석에 의하면 노동력의 유동성은 지역 격차를 줄이는 데 기여하였다. 그러나 젊고 유능한 노동력의 선택적 인구유출로 인해 지역격차 축소는 매우 더디게 진행되고 있고 발전전망도 계속 악화되고 있다. 따라서 동독의 서독 따라잡기 프로세스에는 지속적인 지역정책적 지원이 필요한 것으로 보인다.' (Annekatrin Niebuhr: 「Effekte der Binnenwanderung auf die Disparitäten zwischen Ost- und Westdeutschland」);

'동독과 서독 간 인구이동이 오랫동안 서독에 유리하게 이루어진 데 반해, 2017년과 2018년에는 서독에서 동독으로 이주한 인구가 더 많았다. 2002년부터는 동독으로 되돌아가는 인구가 서독으로 되돌아가는 인구 수보다 계속 더 많았다. 이는 동서독 간 인구이동의 절대수가 감소하는 추세와 맞물려 역인구이동의 비율을 높이는 결과를 가져왔다. 지역적으로 보면 특히 튀링겐, 작센, 작센-안할트 주로의 역인구이동 비율이 높게 나타난다.' (Michaela Fuchs, u. a.: 「Rückwanderung von Beschäftigten im Ost-West-Kontext—eine Regionale Perspektive」);

'베를린은 40여 년 동안 분할되어 있었다. 1990년 통일과 때를 같이하여 의회와 연방정부를 슈프레(Spree) 강안(江岸)으로 이전하기로 결정함에 따라 오늘날 인구 377만의 독일 최대 도시로 성장한 베를린은 대대적인 도시 변용 과정을 거치고 있다. 그리고 그 과정은 장벽이 무너진 후 30년이 지나도 아직 종결되지 않았다. 이러한 변화는 베를린을 유럽에서 가장 힙한(hip, 새롭고 개성있는) 도시 중 하나로 만들어 주민과 관광객을 동시에 끌어들이고 있다.' (Christian

Krajewski: 「Hauptstadt zwischen Kiez und Metropole」);

　'본시와 그 주변지역에게 통렬한 사건은 1989년 11월 9일의 장벽 붕괴와 1990년 10월 3일의 동서독 통일만이 아니었다. 이 두 사건과 마찬가지로 의미 있는 날은 1991년 6월 20일로, 이날 연방의회에서는 338명 중 320명의 찬성으로 국회와 대부분의 정부부처를 본에서 베를린으로 이전하기로 의결하였다. 그리하여 본에게는 근본적인 구조조정이 가해졌다. 30년 후 이 연방도시는 이 구조변화를, 아직 완결되지는 않았지만 성공적으로 이루어내고 있다.' (Claus-C. Wiegand: 「Bundesstadt Bonn im Strukturwandel」)

　'철의 장막은 12,500킬로미터의 경계선을 따라 40여 년 동안 유럽을 갈라놓았다. 독일에서는 트라베뮌데(Travemünde)에서 호프 초이네(Hof Zäune)까지, '차단구역(Sperrgebiete)'과 소위 '숙음의 띠(Todesstreifen)'가 국토를 두 나라로 분리시키면서 예전에 하나였던 게마인데(Gemeinde, 우리나라 읍면에 해당하는 최하위 행정구역 단위)와 가족들을 서로 떼어놓았다. 냉전시대 동안 그 핵심지구에는 멸종 위기에 처한 동식물에게 생존공간을 제공하는 희귀한 생태계가 형성되었다. 그것은 하나의 큰 기회가 될 것이었다: 1989년 동독과 서독의 자연보호 운동가들은 '녹색지대(綠色地帶, Grünes Band)'의 개념을 만들었다. 그리하여 통일의 살아 있는 기념물로서 전체 독일 최초의 환경보호사업을 위한 초석이 놓였다.' (Michael Unger: 「Das Grüne Band」)

　40년 간의 분단과 그 상처를 치유하는 데에는, 그것이 가능하다고 해도, 적어도 40년 이상의 시간이 필요하다. 알려진 바대로 통일의 과정은 오래고 힘들었으며 그사이에 모든 문제가 다 해결된 것은 아니다. 그래도 고통스러운 분단이 영원히 가는 것보다는 분명히 낫다. 시간이 가면서 부족한 것은 메워지고 남은 상처는 치유될 것이다. 다만 그 전제는 비판이 계속되고, 그리하여 정치가 합리적으로 유지되어야 한다는 것이다. 왜냐하면 비판은 사회 개선과 건강한 민주주의의 본질적 요소인 표현의 자유가 있다는 증거이기 때문이다.

요컨대 내가 조사를 통해 얻은 결론과 미디어에 나타난 공론은 대체로 같은 선상에 있는 것으로 보인다. 즉, 독일통일은 전체적으로 성공하였다는 것이다. 통일독일에서 자유의 공간은 넓어졌고, 개인의 성과는 인정되었으며, 국제관계는 개선되었다. 다시 말하면 민주주의의 본질적인 것들이 만족할 만한 수준으로 실현되었다는 것이다. 그리고 거기서 잊지 말아야 할 것은 많은 것이 이루어졌음에도 불구하고 30년이 지난 지금에도 미래의 도전으로 남은 문제들이 있다는 사실이다.

여기서 나에게 특별히 인상 깊었던 것은 많은 이들이 '단합과 다양성(Zusammenhalt und Vielfalt)'을 미래의 비전으로 보고 있다는 사실이었다. 나는 그것을, 사람들이 통일 30년 후에도 생각의 통합과 실질적 통합의 실현에 특별히 무게를 두고 있다는 증거라고 본다. 그것은 비단 독일만이 아니라 세계가 함께 염려해야 할 일인 것 같다.

메르켈 총리도 한 언론 대담(《Hannoversche Allgemeine》, 2020년 10월 2일)에서 같은 문제를 제기하였다. 질문은 이랬다:

'우리는 지금 통일 30년을 기념하고 있습니다. 당신은 이 나라 사

람들에게 다음 30년 동안 무엇을 기원하겠습니까?'

그에 대한 총리의 답이다:

'내가 원하는 것은 우리나라가 계속 평화와 자유 속에서 살아가는 것입니다. 세상을 둘러보면, 그것이 반드시 당연한 것만은 아닙니다. 내가 바라는 것은 우리나라가 중요한 문제들에 대해서 강력한 단합을 보여주는 것입니다.'

주의를 끄는 것은 동독 출신의 여총리가 잊지 않고 여기에 덧붙이는 말이다:

'우리를 강하게 만들고 계속 살아갈 수 있게 만드는 것은 다양성입니다. 메클렌부르크가 반드시 바이에른이나 작센과 같아져야 하는 것은 아닙니다. 그 역도 마찬가지입니다. 그리고 동과 서, 도시와 농촌에서 다양성이 줄어들어서도 안 됩니다. 사람들이 살아가고 우리 문화와 역사, 그리고 우리들 각 개인에서 나오는 것이 모두 다양해야 합니다.'

실제로 현대사회는 사회적 단합을 위협하는 것으로 보이는 일련의 도전에 직면해 있다: 세계화, 양극화, 인종갈등, 그리고 포퓰리스트들의 발호와 무엇보다도 당장 전 세계를 덮친 코로나19를 들 수 있겠다. 그 모든 것들은 긍정적이거나 부정적인 양면의 전망을 가지고 있다. 그것은 완전한 통합으로 가는 길이다. 오직 내가 바라는 바는 그 길이 자유의 토대 위에서 활짝 열리고 다양성을 통해 넓게 확장되는 것이다. 그렇다. 차이는 불평등이 아니라 긍정적인 다양성의 기회로 이해되어야 한다. 다양성은 연방주의의 장점임이 틀림없다. 바라건대 독일인들은 동서독의 차이를 자기들의 나라를 풍요롭게 하는 쪽으로 활용해야 할 것이다.

이와 관련하여 나는 내가 조직위원회 사무총장으로서 조직과 진행을 맡았던 2000년 서울 제29차 국제지리학연합의 국제지리학대회를 기억한다. 이 대회의 모토가 바로 '다양한 삶(Living with Diversity)'이었던 것이다.

끝으로 당시 연방총리실 실장이었던 루돌프 자이터스(Rudolf Seiters)가 기본계획 없이 이루어진 독일통일 과정에서 도출한 세 가지 중요한 교훈을 유념하고자 한다(「Wir hatten keinen Masterplan」, in:『30 Jahre Deutsche Einheit』):

- '옳은 것을 판별하고, 저항에 맞서서 지속할 수 있게 관철함.'
- '관련 사안을 다루는 정치인들 간에 신뢰관계를 형성함.'
- '독일통일이 평화와 자유 속에서 이루어지게 하고, 미래를 향한 열쇠가 된 유럽의 합의를 이끌어냄.'

그리고, "지금까지 베를린에 헬무트 콜의 이름을 따라 명명된 광장이나 거리가 없다"는 것은 유감이다. 이 자리를 빌려 나는 감히 하나의 제안을 내놓으려 한다. '베를리너 슈트라세(Berliner Straße)'를 '헬무트 콜 슈트라세(Helmut Kohl Straße)'로 바꾸면 어떻겠는가? 그것은 통일총리의 업적을 인정하고 기리는 좋은 기념물이 될 것이다. 더구나 베를린에 굳이 베를리너 슈트라세가 또 필요할까?

소결: 독일통일의 교훈

"그것은 내가 알기로는 […] 즉시입니다. 지체 없이."

SED의 공보담당 정치국원 귄터 샤보브스키가 1989년 11월 9일 19시 기자회견에서 한 대답이다. 사람들은 그것을 독일의 역사를 바꾸어놓았을지도 모르는 역사적인 실수라고 말한다. 그러나 내 생각은 다르다. 그것은 역사 발전의 필연적 결과이다. 샤보브스키의 이 말이 아니었어도 역사는 결국 같거나 비슷한 결과에 도달했을 것이다. 다만 기회의 창이 조금 뒤로 연기되었을 수는 있다. 그러나 그리 긴 시간은 아니었을 것이다.

"그것은 자기기만(自己欺瞞)입니다.""나는 잘못한 것이 없습니다." "내 삶이 모두 망가졌습니다." 같은 날 중앙위원회 10차 회의 회의록의 발언은 SED-지도부가 DDR의 정세를 가망이 없다고 보고 있었다는 것을 입증한다. 1980년대에 동서를 막론하고 전지구적으로 도

도히 흘렀던 자유화 운동의 시대조류를 생각해보자. 동구권 국가들이 서방을 향해 문을 열기 시작한 이상, 양독 간 경계를 걸어 잠근다고 무슨 소용이 있었겠는가!

같은 시기(1989년 6월 1일)에 천안문 광장에서 일어난 대학살, 소위 '중국식 해법'은 지금까지 많은 이들이 잊지 않고 한탄하는 사건이다. 공산당 지도부는 학생들의 항쟁을 탱크와 기관총으로 진압했다. 수천 명 또는 그 이상의 인명이 희생되었는데 그 정확한 숫자는 알려지지 않았다. 중국 당국은 그에 대해서 입을 다물었고, 세계는 중국의 눈치를 보면서 같이 침묵해왔다. 내가 말하고자 하는 것은 이 무자비한 군사적 진압이 시대조류에 반하여 진행되었고, 그리하여 동아시아에서 역사의 향방을 부정적인 쪽으로 비틀었다는 점이다.

30년이 지난 지금 홍콩에서는 젊은이들이 다시 억압에 맞서 자유를 위한 투쟁을 전개하고 있다. 신문사들은 언론의 자유를 위하여 싸우다가 연이어 폐간되고 있다. 그러나 아무리 억눌러도 이런 자유운동은 계속해서 일어날 것이다. 강물이 산을 돌아 흘러서 마침내 바다에 이르듯이, 역사는 장애물을 넘고 돌아 결국 제 갈 길을 간다. 그것은 변하지 않는 이치이다. 바라건대 중국인들은, 그리고 특히 한국인들은 이 피할 수 없는 시대조류를 또다시 외면하지는 말아야 할 것이다.

앞에서 나는 독일통일의 성과와 남은 과제들에 대하여 이야기했다. 그 과제들이 남은 것은 당시로서는 불가피했고, 지금도 여전히 남아 있다고 할 수 있다. 안팎으로부터의 정치적인 압박은 매우 컸고, 의사결정자들은 엄청난 시간의 압박을 받았다.

'돈(독일 마르크)이 오면 우리는 여기 있겠지만, 오지 않으면 우리가 돈 있는 곳으로 간다.'

데모대의 이 슬로건이 당시의 상황을 단적으로 설명해준다. 'DDR을 개혁하자'고 하거나 '제3의 길'을 모색함으로써 즉각적인 통일을 저지하려는 시도들도 있었다. 거기에는 오스카 라폰테인(Oskar Lafontaine) 같은 SPD-정치인들을 비롯하여 《디 차이트(Die Zeit)》의 편집인 테오 좀머(Theo Sommer), 노벨 문학상 수상자 귄터 그라스, 사회학자 위르겐 하버마스 등의 지식인들이 앞장섰다. 좌파당의 원내 최연소 외교 대변인은 나에게 당시의 입장을 이렇게 밝혔다.

"우리의 견해는 통일이 먼 길이라는 것이었습니다."(Stephan Liebig, 2019년 5월 28일)

독일통일의 제2주연배우로 불렸던 로타어 데메지에르 동독 과도 정부의 총리(1990년 4월 12일~1990년 10월 2일 재임)는 나와 만난 자리에서 '헬무트 콜이 외교에서 모든 것을 제대로 해냈다'고 하면서 이렇게 단언했다:

"다른 대안은 없었습니다. 만약 시간을 끌거나 다른 길을 갔다면, 통일 가능성은 사라졌을 것입니다."(Lothar De Maiziere, 2019년 5월 7일)

여기서 나는 보슈 재단의 한 직원이 나에게 해준 말을 덧붙이고자 한다.

"독일인들이 일반적으로 통일을 기뻐했지만 그다음에 무엇이 올 것인지는 구체적으로 상상하지 않았던 것 같아요. 아니면 그냥 서독처럼 될 것이라고 생각했거나요. 그러나 현실에서는 좌절이 왔지요. 근본적으로 자기와는 무관한 사안으로 바라보는 사람들도 꽤 많았어요. 긍정적으로도 부정적으로도 보지 않았다는 말이지요." (Laura Stroempel, 2019년 12월 4일)

그들은 시공간적으로나 사회적으로나, 사건 발생의 현장과 떨어져 있었다. 그들은 사안에 직접 관여하지 않은 채 멀리서 바라보았을 뿐이었다. 그들에게는 통일이, 적어도 동-서 문제에 관련해서는, 논쟁은 뜨거웠지만 몸에 와 닿는 현실의 문제는 아니었다.

여하튼 나는 내 나라를 위해 가능한 교훈들을 도출하기 위해 독일의 통합정책에 있어 어쩌면 단점이라고 할 수 있는 몇 가지를 생각해보고자 한다. 세 가지 명제를 제시한다.

첫째, 통일의 형태: 한 체제가 다른 한 체제로 가입하는 방식으로 서로 전혀 다른 두 체제가 하나로 합쳐졌다. 이 원리와 그로부터 나오는 통일의 형태는 이전의 DDR과 그 사람들로 하여금 서독의 실무와 사고방식을 일방적으로 받아들이게 하였다. '불평등', '내부 식민지', 또는 '이등 시민'은 그런 의미에서 독일통일에 처음부터 내재했던 구성요소였다.

둘째, 시간 요인의 과소평가: 처음에는 완전한 통합까지 10년이면 충분할 것이라고 가정되었다. 시간의 무게가 과소평가되었던 것이다. 30년이 지난 지금에 와서는 최소한 분단되어 있던 기간과 같은 시간 또는 그 두 배의 시간이 걸릴 것이라는 평가가 나오고 있다.

셋째, 모든 문제를 경제로 환원: 체제 통일 후에 통합정책은 주로 가시적, 물질적 가치에 치중되었다. '꽃피는 경관'이라는 공약이 정책의 방향을 지시했다. 개인의 감정, 사회의 자존심과 눈에 보이지 않는 정신적 노력을 통해 이룬 성과, 문화적 업적, 독자적인 가치와 규범의 존중 등은 별로 고려되지 않았다.

다행히 이러한 문제들은 해결 가능한 것들이다. 독일은 장차 국민과 정부가 이러한 부분들을 더 진지하게 고려함으로써, 부족한 부분을 채우고 통합하여 온 나라가 하나 되어 성장하게 할 수 있을 것이다. 그런 의미에서 연방대통령과 총리가 장벽 붕괴 30년 기념식에서 다 같이 '통일은 아직 진행 중'이라고 밝힌 것은 다행이라고 하겠다.

나는 연방정부가 연대부가세(Solidaritätszuschlag)를 상당 부분 폐지하려고 하는 것을 긍정적으로 본다. 한편으로 격차는 동서 간에만 있는 것이 아니라 남북 간이나 도농(都農) 간에도 존재한다. 헌법에 명시된 대로 균등한 생활여건을 조성하기 위해서는 정부가 예고한 대로 구조적으로 취약한 지역을 지원하는 것이 바람직하다. 다른 한편으로 내 생각에는 동독만을 위한 특별 프로그램으로보다는 보편적인 규정에 따라 지원하는 것이 동독을 위해서도 나을 것 같다. 그편이 동독 사람들의 자존심을 다치지 않을 것이고, 결과에 대한 전망에 있어서도 마찬가지일 것이라고 본다.

그렇다. 희망은 있다. 나는 현지 조사과정에서 동독 주민들, 특히 젊은 세대의 건전한 통찰력을 확인하였다. 그들은 현 상태를 긍정적이고 적극적으로, 또한 건설적으로 바라보고 있다. 그들은 개방적이고, 민주적이며, 유럽 지향적이고, 미래 지향적이다. 그런 의미에서 라이프치히에서 만난 한 여대생의 말은 인상적이었다.

"아버지가 어렸을 적 이야기를 해준 적이 있어요. 점심을 서독에서 가져온 비닐봉투에 넣어 학교에 갔는데, 그 때문에, 글쎄, 집으로 돌려보내졌대요." (Julia Wagner, 2019년 9월 12일)

또 다른 여대생은 단호한 어조로 말했다.

"지역적 편견이요? 그런 것은 없어요. 우리는 대인관계에서 어떤 어려움도 느끼지 않아요." (Franziska Voigt, 2019년 9월 12일)

마르부르크대학 학생들도 일부 이상주의적이긴 했지만 긍정적인 세계관을 보여주었다:

"기본적으로 나는 지나친 배타적 애국심을 우려합니다. 독일은 EU의 심장입니다. 독일이 빠진 EU 또는 그 역(逆)은 상상할 수가 없습니다." (Julian Schwabe, 2019년 11월 25일)

"우리는 유럽의 외곽에 있는 나라들을 강력히 지원해야 합니다. 우리는 가장 부유한 나라로서 난민을 더 적극적으로 수용할 용의가 있다고 선언해야 해요. 이웃 나라들이 어떻게 하는지에 상관하지 말고 말이에요." (Julia Beck, 2019년 11월 25일)

그것이 독일과 독일인들에게 하나의 어려운 과제였고 또 그것을 대체로 잘해냈다는 데 대해 대부분의 대담자들이 원론적으로 동의했다고 생각된다. 전에 연방노동법원의 판사였던 바이마르의 한 문인은 에르푸르트에서 나와 대담하고 이틀 후에 이메일을 보내왔다.

'나는 당신과 대담을 가진 후에 당신의 질문과 그에 대한 나의 대답에 관해서 다시 많은 생각을 했습니다. 요컨대, 나는 '독일에서의 삶이 이전에 비해 훨씬 풍요로워졌고, 아름다워졌으며, 정의로워졌'고 말하겠습니다. 문제가 있고 잘못도 있습니다. 그러나 그보다 훨씬 더 많은 좋은 것들이 있습니다.' (Christoph Schmitz-

Scholemann, 2019년 5월 26일)

요약하면 나는 지금까지 서술한 나의 학습과 관찰, 그리고 여러 가지 미디어 보도와 내 대담자들의 솔직한 대답에 입각하여 결론에 도달하였다:

'아무튼 잘되었다(Doch gelungen)!'

참고로 나에게 'doch'라는 말은 내가 아는 독일어에서 가장 효율적인 단어이다. 독일통일은 한국인의 관점에서 전체적으로 정말로 (doch) 잘되었다. 동독과 서독, 점령강국과 이웃 나라들이 다 함께 뜻을 합쳐 이루어냈다.

'모든 것이 합력하여 선을 이루느니라!' (로마서 8:28)

끝으로, 나는 독일통일에서, 그 성공과 결함으로부터, 무엇을 배웠는가? 이 물음에 답하기 위해 나는 독일로 왔고, 온 나라를 돌아다니면서 당사자들을 만났다. 그렇게 하기까지 30년이 걸렸다. 그동안 내 머릿속에는 항상 '독일통일의 교훈'이 연구주제로 떠나지 않고 있었다. 그리고 고백하건대, 독일통일은 알아갈수록 점점 더 깊이 빠져들고 감탄하게 되었다. 여기에 내가 얻은 12가지의 교훈을 소결로 내어놓는다.

(1) 독일통일은 인민에 의해 시작되었고 인민에 의해 완성되었다. 자유를 향한 인민의 열망이 1989년 11월 평화혁명의 주된 동기였다. 그리하여 장벽이 붕괴되고 마침내 통일이 이루어진 것이다. 평화혁명의 슬로건 '우리는 인민이다'는 얼마 후 '우리는 하나의 인민이다'

로 대체되었다. 바로 '자유와 통일'이었다. 그러므로 통일은 독일 인민과 자유민주주의 체제의 승리였다. 이와 관련하여 명기할 것은 특히 교회가 구심적 역할을 하였다는 사실이다. 그리고 정부와 시민운동 대표자들이 마주 앉은 동독의 '원탁회의'도 독재에서 민주주의로의 평화로운 이행(移行)을 담보하였다.

(2) 나아가 독일통일은 유럽 및 세계정치의 담판(談判)으로 성립되었다. 국가의 지정학적 위치는 바꿀 수 없다. 그러나 정치적인 국면은 외교적 전략을 통해 부분적, 잠정적으로 조정할 수 있다. 서독(BRD)의 서방 연대, 특히 미국과의 동맹은 거기에서 결정적 역할을 했다. 소련의 개혁정책 및 이웃 나라들과의 관계도 적절한 시기에 신중하게 활용되었다. 민족감정은 활동공간이 거의 없었거나 최소한으로 감축되었다. 독일통일은 철의 장막을 걷어내고 유럽의 평화로운 단합에 기여하였다. 통일독일이 EU와 NATO에 계속해서 중요한 회원국으로 남아 있다는 것은 유럽에게 크고 많은 의미가 있다.

(3) 서독의 안정된 민주주의와 튼튼한 경제가 통일의 기반을 제공하였다. 서독은 '힘의 우위 정책(die Politik der Stärke)'을 일관되게 유지하였다. '자유민주적 기본질서에 입각한 통일'이라는 기본원칙에는, 실제로는 실용적으로 적용되기는 했지만, 변함이 없었다. 공산독재적 동독 정권이 권력을 유지하기 위해 진실을 호도하고 세계와 자국민을 기망한 데 비해, 서독의 복지는 동독 주민들에게 전반적인 감탄과 때로는 부러움의 대상이었다. 동독체제는 실패했고 결국 파탄 지경에 이르렀다. 그러나 최종적으로 무너지려면 안팎에서 한 방의 마무리 펀치가 필요했다. 독일통일과 그에 뒤따른 동구권의 와해

는 20세기 말 자유운동의 세계적인 확산으로 이어졌다.

(4) 1989년 11월 9일 갑작스러운 장벽 붕괴 후에 독일 정치인들, 그중에서도 특히 헬무트 콜 총리는 용감하고 능란하게 통일의 기회를 포착하고 이를 성공으로 이끌었다. 통일에는 정치 지도자의 지혜와 판단력, 그리고 결단력이 필수적이었다. 그리고 그것은 독일 인민의 성숙한 정치의식이 없었다면 불가능했을 것이다. 11월 28일에 벌써 연방 총리는 '10개항 계획'을 공표했는데, 거기에서 그는 독일 통일의 이정표로 인정되는 독일과 유럽의 통일에 관한 단계적 계획안을 제시하여 모두를 놀라게 하였다. 이어서 '2+4 조약'은 양독과 4대 점령국들의 상이한 입장들을 정리하고 통일로 가는 길을 열었다.

(5) 동방정책(Ostpolitik)은 동서독 관계의 평화적 관리에 기여한 것은 사실이나, 한국에서 일부 잘못 알려져 주장되는 것처럼, 그 자체로 독일통일의 주된 공로자라고 할 수는 없다. 인도적 견지에서 접근정책(Annährungspolitik)은 필요하지만, 유화정책(Appeasement Politik)과 혼동해서 독재자의 인권 침해, 나아가 군비확장과 무력도발을 정당화시켜서는 안 된다. 그리하면 그것은 사실상 현상유지를 두둔함으로써 결과적으로 통일을 지연시키거나 아예 저해하게 된다. 통일이 늦어지면 늦어질수록 그만큼 더 많은 희생을 감수해야 한다는 것을 잊지 말아야 한다.

(6) 동독(DDR)은 체제 실패로 인해 멸망했다. 대외관계, 경제가 악화되면서 생활여건도 점점 악화되었다. 독일사회주의통일당(SED)은 권력 유지에만 급급해서 진실을 숨기고 인민을 억압했다. 심지어 통계를 위조하고 선거결과까지도 변조했다. 일상생활은 슈타지에 의해

감시당하고 통제되었다. 점점 더 많은 사람들이 서방으로 탈출했고 체제에 맞서 데모에 나섰다. 공산주의 소련과 이웃 동유럽 국가들은 자신들도 비슷한 형편에 직면해 있었기에 도울 수 없었다. 그것은 동유럽 공산주의 독재의 종말의 시작으로, 후에 하나의 광범위한 시대 조류로 발전했다. 그것은 역사의 필연적이고도 당연한 귀결이었다. 왜냐하면 공산주의 체제에는 '체제를 위해 인간의 자유를 억압하는 모순'이 내재하기 때문이다.

(7) DDR의 정치체제 변화는 1990년 3월의 인민의회선거(Volkskammerwahl)를 통해 결정되었다. 이 선거에서 CDU는 '독일연맹(Allianz für Deutschland)'이라는 선거연합으로 승리하였다. 이 선거 결과로 동독 시민들은 스스로 연방공화국체제와 그 헌법 및 법률의 신속한 수용을 결정했다. 새로 구성된 인민의회에서 독일연방 가입과 헌법에 관한 가장 중요한 의결이 이루어졌다: 화폐통합의 도입, 독일통일 실현에 관한 조약(Vertrag über die Herstellung der Einheit Deutschlands), 그리고 이러한 통일조약의 토대 위에서 DDR의 BRD 가입. 이러한 인민의 자결과정을 고려하면 소위 '흡수통일(Wiedervereinigung durch Absorption)'이라고 하는 비난은 그 근거가 약하다고 하겠다.

(8) 전혀 다른 두 체제가 합쳐지는 과정에서는 불가피하게 급진적인 구조변화가 일어난다. 체제 통합 이후 사회적, 경제적, 문화적 및 심리적 차이는 오랫동안 위험하게 남아 있었다. 그래서 전환정책이나 통합정책은 가능성 및 시간과의 싸움이 되었다. 양쪽 사람들은 모두 변화할 용의를 가지고 있어야 한다. 즉 새로운 환경에 적응하고

상대방을 받아들일 준비가 되어 있어야 하는 것이다. 첫 단계(전환기)에는 사회와 개인 생활의 안정을 보장하는 것이 절대적으로 필요했다. 그 일차적 관건은 공간적으로 균등한 생활여건, 특히 일자리를 확보하여 대규모 인구이동을 막는 데에 있었다.

(9) 통일에는 많은 비용이 들어가지만, 그것은 일정한 기간에 국한되는 일회성(一回性) 비용이다. 분단 비용을 차치하더라도, 장기적으로는 당연히 통일 비용보다 통일 이익이 크다. 그것은 통일독일의 건전한 경제발전으로 충분히 입증되었다. 그럼에도 시민들에게는 처음부터 그것이 힘든 길이라는 것이 충분히 공지되어야 한다. 그리고 그들은 그 비용을 나누어 부담할 용의가 있어야 한다. 독일의 연대부가세는 2020년까지 30년 동안 독일통일 재정의 중요한 기반을 제공하였다.

(10) 독일통일은 전체적으로 큰 성공이지만 결함도 있었다. 가장 많은 불만은 동서 간 생활 및 노동조건의 격차에서 나온다. 특히 재산, 소득과 직업적 기회 및 그와 연관된 사회적 인정에 있어 동독인들은 차별받는다고 느끼고 있다. 그것은 오늘날 새로운 정치적 갈등의 원인이 되고 있다. 제2의 국가 분열이 운위되고 있고, 불만은 우파극단주의자들의 인기영합적 선동으로 표출되고 있다. 이들은 일부 유권자들의 표를 얻고 있다. 통일정책의 문제들에 대한 찬반 논란이 구구하지만, 동독과 서독에서 헌법에 명시된 균등한 생활여건이 조성되려면 훨씬 더 많은 시간이 필요하리라는 것만은 틀림없는 사실로 보인다.

(11) 독일통일은 예상치 못한 상태에서 갑자기 왔다. 그리고 독일

은 정치적으로나 형식적, 또는 병참적으로 미리 준비할 수 있는 형편이 아니었다. 다른 면에서 1989년 11월 9일 이후 정치 상황 역시 독일인들에게 통일과정을 위해 많은 시간을 허락하지 않았다. 그래서 기본계획도 없이 신속한 통일에 나서야 했다. 동독과 서독의 주민들도 아무런 준비가 되어 있지 않았다. 독일이 만약 준비를 할 수 있었다면, 통일 과정과 그 후에도 많은 시간과 비용을 절약할 수 있었을 것이다. 한국은 이러한 독일의 상황에서도 배울 것이 있을 것이다. 부문별 단계별로 체계적인 준비를 하면 통일이 더 쉽고 더 원만해질 것이다. 기업의 잠재력을 활용하는 것도 큰 보탬이 될 것이다. 통일 준비 정책은 직접적인 목표만이 아니라 국내외와 북한을 향한 신호효과를 포함하여 간접적인 목표의 달성도 촉진시킬 것이다.

(12) 통일은 분단된 국가 양쪽이 함께해내야 하는 과제이다. 어느 한쪽이 다른 쪽에게 주는 선물이 아니며, 분단 이전의 과거로 회귀하는 것도 아니다. 그보다는 오히려 공동의 미래를 향한 새로운 국가 재건사업이다. 그러므로 통일정책의 중점은 민족의 역사적, 문화적 뿌리를 강조하고 과거를 청산하는 것을 넘어, 함께 새로운 미래를 창조하는 데에 두어야 한다. 거기에는 상호 인정과 관용을 내포하는 단합이 필수적이다. 이것이 한국인들에게는 특히 쉽지 않을 수 있다. 한국인들은 특히 한국전쟁으로 해서, 서로 매우 쓰라린 적대적 경험을 가지고 있기 때문이다. 그래서 성공적인 한반도 통일을 위한 기반으로서 공동체적 결속은 더욱더 공동의 역사와 공동의 문화유산에 근거하게 된다.

'12'라는 숫자는 동양철학에서 모든 생명의 요소들을 포함한다는 특별한 의미를 갖는다. 거기에서 중요한 것은 각각의 요소들이 서로 연결되어 있고 합쳐서 하나가 된다는 점을 이해하는 것이다. 위에 서술한 독일통일의 12가지 교훈들은 뒤에 한국통일을 위한 기본원칙들을 이끌어내고 논리적으로 설명하는 작업에 적용될 것이다.

삼성전자 공장 전경. 2020년, 평택 (사진: 삼성전자)

북한의 핵과 미사일 시위. 2020년 10월 10일, 평양 (사진: 연합통신)

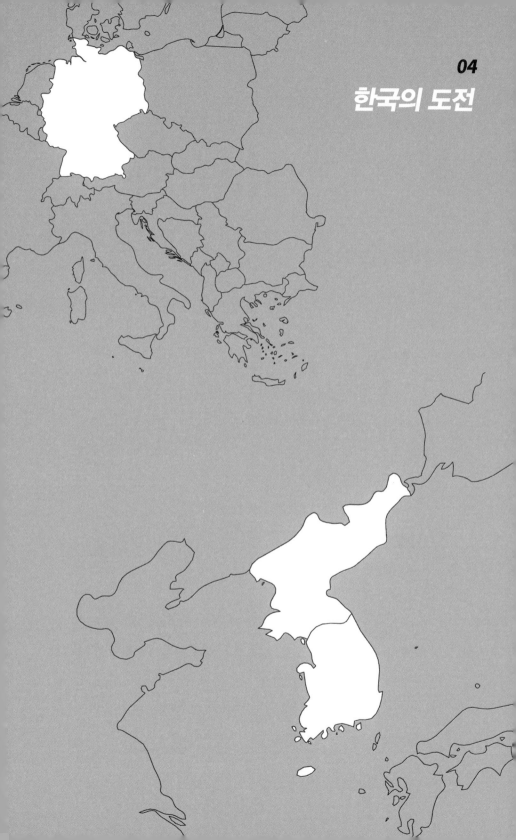

공통점과 차이점

한국은 분단국이 갖는 여러 제약과 어려움에노 불구하고 단기간에 민주화와 산업화를 동시에 이루어내면서 정치와 경제가 상승(相乘) 발전하고 있다. 세계화와 디지털화에도 한국은 국제사회에서 선두 그룹에 속해 있다. 세상이 기적이라고 부르는 이러한 성공적 발전은 정부의 시의적절한 발전전략과 국민의 끈기 있는 노력의 결과이다. 그리고 그 과정에서 함께 작용한 중요한 요인의 하나는 미국과 일본, 그리고 서유럽 국가들 등 한국이 정치·경제적으로 본받아 따라갈 발전 모델이 있었다는 점이다.

한국은 이제 남은 최대의 과제인 통일을 이루기 위해, 성공을 입증한 독일을 다시 모범으로 삼을 수 있게 되었다. 어떻게 하면 후발 주자의 이익(second mover advantage)을 얻을 수 있을까? 단순히 모방하기는 쉬울 것이다. 그러나 그렇게 해서는 성공을 기약하기 어려울 수도 있다. 한국은 독일과 같거나 비슷한 점도 많지만, 다른 점도 적지 않기 때문이다.

지리학은 지표상의 장소와 지역들이 한편으로는 몇 가지 기본원리에서 공통적이지만, 다른 한편으로는 서로 다른 특성들을 가지며, 그래서 공간적으로 다양한 삶의 양식이 나타나게 된다는 전제 위에서 출발한다. 독일통일의 교훈을 한국에 적용하기 위해서는 우선 두 나라 사이에 공통점과 차이점들이 있다는 것을 분명하게 이해하여야 한다. 지리와 역사에 있어 총체적으로, 그리고 정치·경제·사회·문화·군사 등 각 분야에 대하여 부문별로, 서로 무엇이 같고 무엇이 다른지를 알아야 하는 것이다. 그리고 이론을 그대로 쉽사리 실제에 적용할 수 없다는 데에도 유의해야 한다.

지리적으로 독일은 중부유럽의 한가운데에서 중소 규모의 여러 나라들에 둘러싸여 있다. 그에 비해 한국은 세계의 열강들이 패권을 다투는 동아시아에서 태평양과 아시아 대륙에 연해 있는 반도이다. 이렇게 지정학적으로 중요한 위치 때문에 한반도는 흔히 해양 세력과 대륙 세력 사이의 '교량', '관문', '요충', 또는 '완충지대'로 불리었다. 조금 더 구체적인 예를 들어 말하자면, 북한에게는 동독과 달리 자유운동에서 연대하고 긴급 시에 국경을 열어줄 수 있는 폴란드, 헝가리, 오스트리아, 체코 같은 이웃 나라들이 없다.

역사적으로 한국은 삼국통일 후 통일신라 때부터 제2차 세계대전 후 남북으로 분단될 때까지 1,269년 동안(676~1945년) 한반도에서 통일된 민족국가로 존재하였다. 다시 말해 한국은, 1871년에야 통일국가의 모습을 갖추었던 '지각한 민족국가' 독일에 비해 단일국가로서 훨씬 오랜 역사를 가지고 있다. 독일은 중세 이래의 소국들의 다양성을 이어받은 연방국가인 데 비해, 한국은 늘 왕국으로 이어진 전통적 중앙집권적 국가이다.

독일과 한국, 두 나라 모두 제2차 세계대전 종전 후에 승전국들에 의해 타율적으로 분단되어 자유민주주의 체제와 공산주의 독재체제로 서로 대립하게 되었다. 그 전에 한국은 일본에게 주권을 빼앗긴 식민지였던 데 비해, 같은 시기에 독일은 이미 하나의 강대국이 되어 있었다. 독일의 분단이 제2차 세계대전을 일으킨 나치정권의 죄과에 대한 처벌로 부과된 데 비해, 한국의 분단은 전쟁에 참여한 강대국들의 이해관계에 따라 강제된 무고한 제물이었다. 그리하여 독일이 이웃 나라들에게 갚아야 할 과거의 빚이 있다면, 한국의 경우에는 거꾸로 이웃 나라들이 한국에 역사적 빚을 지고 있다. 그리고 남북한은 분단 후에 3년에 걸쳐 치열한 전쟁을 치렀는데, 동서독 간에는 그런 무력 충돌이 없었다. 두 나라의 통일에 장애가 되는 구원(舊怨)이 생겨난 경위와 강도가 다르고, 따라서 그것을 풀기 위한 해법도 다를 수밖에 없는 것이다.

민족학적으로 한국과 독일은 단일민족 국가이고 독자적이고 오래된 문화적 전통을 가지고 있다. 그러나 사회적으로는 두 나라가 서로 다르다. 북한 주민들은 민주주의와 자유를 경험한 적이 없다. 조선의 왕정은 일제로 넘어갔고, 일제가 물러간 뒤를 이어 북한에는 바로 공산독재체제가 들어섰기 때문이다. 따라서 그들은 역사상 한 번도 정치적 자유를 누려본 적이 없고, 시민사회를 가져보지도 못했다. 어쩌면 그들 대부분은 자유를 빼앗겼다는 사실조차 아직 의식하지 못할

지도 모른다. 북한에는 하나의 정당(조선로동당)과 그 하위의 국가 및 정부조직이 권력을 장악하고 있을 뿐, 다른 어떤 조직도 사실상 허용되지 않는다. 그리하여 북한에는 종교의 자유가 없고 따라서 교회가 없다. 남북한 사이에는, 당국간 직통전화와 판문점 공동경비구역을 제외하면, 어떤 교통과 통신도 없다. 북한은 전 세계로부터 완전히 고립되어 있고, 외부를 향해 철저히 봉쇄되어 있다. 이 글을 쓰고 있는 지금 이 순간에도 나는 남한에서 만든 드라마 〈오징어 게임〉을 몰래 본 북한 주민들 여럿이 처형되고, 한 고등학생은 무기정학을 당했다는 남한 공영방송의 뉴스를 듣고 있다.

그에 비해 동독 주민들은 나치 독재 이전에 이미 바이마르 공화국의 민주정치를 경험했다. 분단시대 동독에서는, 공산당(SED)에 의한 일당 독재라는 점에서는 북한과 다르지 않았지만, 개인 숭배가 지배하거나 권력이 세습되지는 않았다. 그리고 앞에서 말한 교회를 비롯한 시민사회의 조직과 활동이 미약하나마 실재했었다. 동독 교회는 자유운동과 평화혁명에 큰 역할을 했다. 동독 사람들은 제한적이기는 했지만 우편물을 서방 외국과 서독으로 보낼 수 있었고, 서방의 TV를 시청할 수 있었으며, 서독에 있는 친척을 방문할 수도 있었다.

이들 두 공산독재체제 간의 결정적 차이는, 북한은 동독과 달리 통치 형태가 일종의 가족 독점일 뿐만 아니라, 변함없이 한반도의 무력에 의한 공산주의 통일을 추구한다는 데 있다. 북한은 UN 안보리와 국제사회의 금지와 제재에도 불구하고 어떤 대가를 치르더라도 굴하지 않겠다면서 핵무장의 길을 가고 있다. 따라서 DDR을 '온건한 북한'이라고 표현하는 것은 옳지 않다. 북한 사람들의 눈에는 구동독의 상태가 오히려 '호화롭게' 비칠 것이다.

적지 않은 독일인들이 나에게 한국의 통일정책과 관련하여 독일의 '접근정책'을 언급하였다. 물론 선의를 지닌 제언이었고, 또 원론적으로 맞는 말이기도 하다. 그러나 남북한의 분단 대치상황은 당시 동서독의 그것과 구조적으로 비슷하면서도, 그 관계의 내용 그리고 특히 북한의 여건은 유감스럽게도 근본적으로 다르다. 따라서 동서독 간의 관계를 그대로 남북한 관계에 대입하여 정책을 판단하는 것은 위험하며, 매우 조심스러울 수밖에 없는 것이다.

왜 통일해야 하나?

2012년 어느 날 나에게 이런 질문이 제기되었다:

"한국인들은 정말 통일하려고 합니까?"

그것은 주한 미군 사령관이자 유엔군 사령관이 이임 인사차 현직 통일부 장관을 방문하여 환담하는 자리에서 한 질문이었다. 그는 오래전부터 이것이 궁금했는데, 나를 만나 비로소 물어보게 된 것이라고 했다. 나는 깜짝 놀라서 한국인들이 통일을 얼마나 열망하고 있는지, 그리고 왜 한반도가 통일되어야 하는지에 대해 오랫동안 설명했다. 그리고 바로 그것을 위해서 내가 불철주야 일하고 있다고 말했다.

사실 나에게 그런 질문을 한 사람은 그가 처음이 아니었다. 전에 중국의 장관급 연구소장과 일본의 유력 신문사 편집인도 같은 질문을 한 적이 있었다. 그때마다 얼마나 실망스럽고 화가 났던지! 그러나 그 문제에 대해 한국인들 중에도 분명히 알지도 못하고 애매한 태도를 취하는 이들이 적지 않으니, 단순하게 그 외국인들을 탓할 수만도 없는 노릇이다. 실제로 한국인들의 3분의 2만이 바로 통일에 동의한다고 알려져 있다. 그리고 젊은이들에게서는 그 비율이 더 낮다고 한다.

당시 나의 대답은 대략 이랬다:

'한반도에서 같이 어울려 자유롭게 사는 것이 한국인들의 삶의 원형입니다.'

한국인들은 거의 1,300년 동안이나 하나의 통일된 민족국가를 이루고 살았으며, 갈라져 산 것은 아직 100년도 되지 않는다고 말했다. 그래서 우리 한국인들은 오늘날까지 같은 고유문화를 가지고, 같은 말, 같은 글자를 쓰고 있다고 했다. 그러므로 이러한 생활양식의 원형을 회복하고, 지키고, 더 개발해나가는 것이 오늘날의 한국인들의 매우 중요한 과제라고 나는 답했다.

'원래 하나인 것이 합친다(Es wächst zusammen, was zusammengehört).' (W. Brandt, 1989년 11월 9일의 장벽 붕괴에 대하여)

내가 이 표현을 일찍 알았더라면, 좀 더 간명히 설명할 수 있었을 것이다. 분단으로 북한은 태평양 너머 다른 세계로 나가는 길을 잃고 일종의 '두 개의 바다를 가진 내륙국'이 되었고, 남한은 유라시아 대륙으로 가는 직접적 접근로가 막혀 '섬 아닌 섬'이 되었다. 그렇게 한반도는 냉전체제 하에서 국토의 분단으로 고유의 반도성(半島性, Halbinseligkeit)을 대부분 상실하였다. 이 '반도성'이라는 용어는 내가 '반도가 가지는 지리적 특성'을 줄여서 만든 용어로, 대륙과 해양으로 오가기에 좋은 반도의 접근성, 그리고 그와 연관된 주민의 개방성, 유연성, 다양성을 지칭한다.

생활공간으로서 국토가 역사상 처음으로 외세에 의해 침탈당하고 분단되었다는 것은 20세기 한국인들의 고통이고 수치이다. 21세기에 와서도 그것을 깨닫지 못하거나 모르는 체하면 그것은 더 큰 수치이다. 한반도가 일제의 식민통치에서 벗어나자마자 분단되었다는 것은 불완전한 해방, 불완전한 독립을 의미한다. 나라에는 족쇄가 채워졌고, 국민들의 활동은 물리적으로나 문화적으로나 제한되었다. 그것은 부당하고 부자연스러운 상태로 가능한 한 빨리 정상화되어야 한다.

통일이 되면 한국인들은 자신들의 땅에서 자유롭게 움직일 수 있을 뿐만 아니라 통일된 나라의 어디에서나 마음껏 열린 세계로 드나들 수 있게 될 것이다. 북한 사람들은 태평양 너머로 세계를 알게 될 것이고, 남한 사람들은 중국과 러시아로, 대륙을 관통하여 유럽까지 갈 수 있게 될 것이다. 공간 속에서나 머릿속에서나 철조망을 걷어내고 자유롭게 생각하고 거침없이 행동할 수 있게 될 것이다. 그들은 비로소 진정한 의미에서 자유를 누리고 살게 되는 것이다. 그리하여 통일은 한국인들에게 그들의 기본생활양식(Grundlebensform)을 회복하는 일이며, 동시에 현대적 국민국가로서의 일체성(Einheit)을 다시 확보하는 일이 되는 것이다.

한국이 민주화되고 산업화된 국가임을 주장한다면, 자유롭고 풍요롭게 살게 된 시민들은 더 이상 자유민주적 통일이라는 역사적 과제를 외면할 명분이 없다. 이제 와서 통일유보론을 내세워 회피하려는 이들이 있는데, 안이하다 못해 비겁하다고 할 수밖에 없다. 지금은 한국인들이 그들의 역사적 위치를 인식하고 미래를 향해 책임 있게 행동할 때이다. 다시 말하면 통일은 한국인들이 가장 바라는 소원이고, 따라서 한국 정치가 당면한 가장 크고 무거운 과제다.

위에 서술한 주된 이유 외에 통일은 다음의 다섯 가지 이득을 가져올 것으로 기대된다:

첫째, 통일한국은 인구 8천만의 중규모 국가가 될 것이다. 경제는 북한 경제의 현대화 및 관련 문제들을 해결하기 위하여 일단 급격한 구조조정과정을 거칠 것이다. 그러나 오래지 않아 비교우위에 있는 남북한 생산요소들의 상호보완적 결합으로 새로운 활력을 얻게 될 것이다. 이를테면 남한의 첨단 기술과 경영기법과 북한의 풍부한 천연자원과 노동력이 결합하면 기업의 생산성이 크게 진작될 것이다. 북한 인프라의 재건과 현대화에 따른 막대한 수요는 국제자본의 투자를 견인할 것이고, 그에 따라 많은 새로운 일자리가 생겨날 것이며, 경기가 크게 진작될 수 있을 것이다.

국민 경제는 그 배후지(Hinterland) 내지 판매시장(Absatzmarkt)을 중국 북동지역과 러시아의 극동지구까지 확대하여 발전 잠재력을 배가하게 될 것이며 고도의 성장을 이룰 수 있을 것이다. 다음 세대 한국인들을 위한 블루 오션이 활짝 열리는 것이다.

통일한국에서는 '규모의 경제(economy of scale)'와 함께 '규모의 정치(politics of scale)'도 작동하게 될 것으로 기대된다. 지정학적으로 민감한 위치에도 불구하고 통일한국은 국제정치에서 발언권을 강화하게 될 것이다. 글자 그대로 자주성을 확립하고 지역내 힘의 균형 상태를 이루어낼 수 있을 것이다. 여기에 생각이 미치면 나는 지정학에서 흔히 인용되는 구절을 기억하게 된다:

'독일은 러시아로부터 위협을 받지 않을 만큼, 그러나 룩셈부르크가 겁내지 않을 만큼만 강해야 한다.'

같은 논리로 통일한국은 스스로를 지켜낼 만큼 강해질 수 있을 것이다. 반대로 이웃 나라들은 한국이 통일되더라도 자국의 안보를 염려할 필요가 없을 것이다. 수천 년의 동아시아 역사에서 보듯이, 한국은 이웃 나라를 침략한 일이 없었다. 그리고 그것은 앞으로도 그러할 것이다.

둘째, 한반도 통일은 북한 주민들을 억압과 궁핍, 그리고 폐쇄에서 해방시키게 될 것이다. 2천5백만 북한 주민들은 세계로부터 고립된 채 최악의 정치적 억압에 시달리면서 극심한 가난과 기아로 고통스러운 삶을 이어가고 있다. 그리고 수많은 수용소에서는 수십만의 정치범들이 비인간적 고문과 강제노동으로 죽어가고 있다. 유엔 총회와 유엔인권이사회(UNHRC)에서는 매년 북한의 인권침해를 우려하고 개선 노력을 촉구하는 '북한인권결의'를 채택하고 있다. 김일성-김정일-김정은으로 이어지는 김씨 일가는 오직 독재권력을 유지하고 세습하기 위하여 핵무기를 개발하고 국제적 고립과 제재를 감수해왔다. 이 전체주의 정권은 수십 년 전부터 점점 더 깊은 정치적, 경제적 및 문화적 고립으로 빠져들어갔다. 지금은 나라 전체가 외부세계로부터 완전히 차단되었다: 중국과 최소한의 원조 및 교역 관계를 유지하고 있는 것을 제외하면, 외부세계와의 교통과 통신이 없는 것이나 마찬가지다. 계획경제의 생산 및 분배체계는 무너졌고, 좌초한 체제의 후과는 인민의 궁핍으로 이어졌다. 1990년대 소위 '고난의 행군' 때에는 전국적 기근으로 수백만 명이 아사하였다. 이때부터 많은 주민들이 북한을 탈출하여 중국과 러시아로 도망쳤고, 그중 일부는 인도차이나 반도를 거쳐 남한으로 왔다. 그리하여 2020년 말 현재 남한에 살고 있는 탈북민의 수는 3만 5천에 이른다.

'먼저 사람들을 먹여 살려라!'

이것은 내가 2012년 3월 서울에서 개최된 핵안보정상회의(Nuklearen Sicherheitsgipfelkonferenz) 외신 브리핑에서 대한민국 통일부 장관 자격으로 북한 권력자들을 향해 했던 말이다. 이 자리에서 나는 북한 당국자에게 '핵개발을 포기하고 민생을 챙기면 경제발전을 지원하겠다'고 제안하고, '기회의 창은 열려 있다. 좋은 선택을 하기 바란다'고 말했다. 그 후에도 나는 여러 공개석상에서 같은 취지의 메시지를 반복해서 내보냈다.

나는 북한 사람들이 영양실조로 남한 사람들에 비해 키가 10센티미터 이상 작아졌다는 보고를 받았다. 심지어 신생아의 뇌가 작아져서 정상적인 정신 발달에 지장이 있을 수 있다고 했다. 나는 몇 차례 북한 어린이들을 위한 영양제와 요오드액을 보내도록 지시했다. 그러나 이 긴급 구호품이 실제로 필요한 이들에게로 갔는지, 그리고 얼마나 도움이 되었는지를 바로 확인할 수는 없었다.

북한은 독재권력을 유지하기 위한 마지막 수단으로 핵무기 개발과 실험을 계속하고 있고, 그로 인해 지금 UN의 엄중한 경제제재를 받고 있다. 스스로 자초한 고립으로 북한 경제는 점점 더 심각한 위기로 빠져들고 있다. 이제 외부의 도움 없이 스스로 일어서기는 불가능할 것으로 보인다. 나는 이 자리를 빌려 다시 한번 강조하고자 한다. '통일이 늦어지면 늦어질수록 그만큼 희생자는 많아진다.'

셋째, 통일은 분단이 직간접적으로 야기하는 많은 사회적 갈등들을 원천적으로 해결하게 될 것이다. 무엇보다도 남북 이산가족과 친척들이 다시 만나서 같이 살아갈 수 있게 될 것이다. 남북 이산가족 상봉은 1985년부터 대략 한두 해 간격을 두고 부정기적으로 이루어진다. 70년 이상 헤어졌던 1~2백 쌍의 가족들이 단 이틀 동안 만난다! 이것이 과연 인도적인가? 수도 너무 적고 시간도 너무 짧다. 거기에다 분단 후 1세대 사람들은 이미 고령이라 만날 날을 기약할 수도 없으니, 또 다른 고통스러운 비극이 아닌가! 남한은 이산가족상봉을 상시화, 제도화할 것을 반복해서 제안하였으나, 북한은 지금까지 이를 받아들이지 않고 있다.

통일이 되면 이념적, 정치적 분열과 그로 인한 갈등은 대부분 사라질 것이다. 그와 함께 사회심리적으로 부정적인 현상과 사고방식, 예컨대 불신이 팽배한 인간관계, 외부에 대한 폐쇄성과 제로섬 게임, '빨리빨리'와 같은 조급증, 근시안적인 정치적 의사결정, 흑백 논리와 편가르기 같은 것들이 상당 부분 긍정적으로 개선될 수 있을 것이다. 끝으로 남북한 간의 비생산적이고 소모적인 정치적 경쟁이 사라지면서, 그 때문에 외세에 이용당하는 일도 없어질 것이다.

넷째, 한반도 통일은 동아시아에 지속적 평화구조로 가는 길을 열게 될 것이다. 우리는 두 개의 독일이 곧 두 개의 유럽을 의미했었다는 것을 기억한다. 독일통일로 유럽의 분단도 종결되었다. 동아시아의 상황도 비슷하다. 한반도 통일은 하나의 지리적 실체로서 동아시아의 속성을 다시 회복시키게 될 것이다. 1910년 안중근 의사가 '동양평화론(東洋平和論)'에서 밝혔듯이, 통일한국은 이웃 나라들을 해(害)하지 않을 것이다. 참고로 이 논의의 골자는 한중일(韓中日) 동아시아 3국이 서로를 인정하는 위에 공존공영을 위해 평화회를 조직하고, 평화유지군을 창설하며, 공동화폐를 발행하여 서로 협력하자는 것이었다. 이 제안은 로베르 쉬망의 유럽석탄철강경제공동체 구상보다 40년을 앞선 것으로, 그 내용과 논리 구성은 현대 정치의 관점에서도 여전히 유효한 것으로 보인다.

중국과 일본은 통일한국을 두려워할 이유가 없다. 두 나라는 한국보다 크고 강할 뿐만 아니라, 한국은 역사적으로 독일과 달리 이웃나라를 무력으로 침략한 적이 없었다. 발상을 바꾸어서 보면, 미국과 중국은 한반도가 통일되어 있는 것이 오히려 분단되어 있는 현재의 상황에서보다 군사적 대치를 완화하거나 회피하는 데에 더 효과적이라는 것을 알게 될 것이다. 즉 한반도 통일로 지역의 평화구조가 정착할 가능성과 EU 같은 지역 경제공동체가 실현될 가능성은 더 높아진다는 것이다.

중국 정치인들은 '중국은 기본적으로 한반도 통일을 지지한다'고 말한다. 그러나 그들은 이 한마디를 덧붙이기를 잊지 않는다.

'우리는 압록강에서 미국 군인들을 보고 싶지 않습니다.'

'남한에 유엔군이 주둔하게 된 역사적 배경은 중국이 잘 알지 않습니까? 한국이 통일되고 나면, 미군이 한반도에 꼭 주둔해야 할 이유가 없을 것입니다.'

중국에서 대사 시절, 나는 이렇게 대꾸하면서 북한을 완충지대로 보고 싶어 하는 그들의 입장이 옳지 못하다고 비판했다:

'한반도가 적대적으로 분단되어 있는 동안에는 중국도 진정한 평화를 누리기 어려울 것입니다.'

그 후 중국 인민대학(人民大學)의 한 강연에서 나는 학생들에게 한중관계의 중요성을 '입술이 다치면 이가 시리다(脣亡齒寒)'라는 뜻의 중국 고사성어에 빗대어 상기시켰다. 그리고 현장에서 한 장의 종이에 두 나라 문장을 붓으로 쓴 작품을 대학에 기증하였다:

'相生共榮 서로돕자'

요즈음 날로 첨예해지는 미중 간 정치경제적 대립을 두고, 한편으로 '한반도의 미래에 대한 불확실성이 높아지고 있다'는 우려를 이해하면서도, 다른 한편으로는 양국 지도자들이 '한반도 통일이 정당하고도 불가피하며, 그들의 국익에도 도움이 된다'는 것을 깨닫게 될 날이 다가온다는 생각을 하고 있다.

다섯째, 통일한국은 새로운 문명의 창조에 이바지하게 될 것이다. 통일한국의 한국인들은 국제사회의 도움에 감사하면서, 그 은혜를 갚고 싶어 할 것이다. 그리고 그들에게는 그렇게 할 능력이 있다. 한국은 제2차 세계대전 이후 식민통치에서 벗어나 정치적, 경제적 선진국으로 발전한 세계에서 유일한 나라이다. 국제적인 원조의 수혜국에서 제공국으로 발돋움했다. 국제지리학연합의 2000년 서울 국제지리학대회에서 동료 지리학자들은 이구동성으로 교과서를 고쳐 써야 하겠다고 말했다: 아시아·아프리카 지역의 개발도상국들도 선진국으로 발전할 수 있으며, 한국은 그것을 실증한 모범국가라고. 그들은 한국이 다른 나라의 식민통치를 받은 분단국으로서, 자력으로 경제를 발전시키고 민주화에 성공한 경험을 바탕으로, 다른 나라 사람들도 그렇게 하도록 도울 수 있을 것이라고 칭찬했다. 한국이 가까운 장래에 평화적인 통일을 이루어낸다면, 그들의 칭찬과 기대는 더더욱 옳은 것으로 입증될 것이다.

통일한국이 새로운 문명의 발전에 적극적으로 이바지하게 되리라는 예상의 근거는 무엇인가? 나는 무엇보다도 한국의 지리가 그것에 아주 적합하다고 본다. 가장 큰 바다와 가장 큰 대륙을 잇는 탁월한 접근성 덕분에 —나는 이것을 반도성(半島性)이라고 부른다— 한반도는 문화의 용광로가 될 수 있다: 동양과 서양, 해양과 대륙, 선진국과 후진국의 다양한 문화가 반도로 와서 함께 만나 서로 영향을 주고받으면서 더러는 변하고 또 가끔은 새로운 문화로 거듭난 후 다시 세계 도처로 나갈 수가 있는 것이다.

다른 하나의 장점을 나는 한국인들의 문화적 개방성에서 본다. 이 또한 반도성과 관련되어 있다. 이 말은 이상하게 들릴 수 있을 것이다. 왜냐하면 과거에 외국인들이 한국과 한국인들의 특성을 주로 폐쇄성에서 찾으려 했기 때문이다. 대표적인 예로『한국: 은둔의 나라(Corea: The Hermit Nation)』(William Griffith, 1882), 그리고 『조선: 조용한 아침의 나라(Chosun: The Land of the Morning Calm)』(Percival Lowell, 1886)를 들 수 있을 것이다. 그러나 이러한 특징지우기는 피상적인 관찰에 기초했거나, 19세기 말 외세에 강제되고 있는 나라의 형편을 얕보는 서양인의 관점을 드러낸 것에 지나지 않는다.

나는 이 자리에서 그 반대를 가리키는 몇 가지 증거를 제시하고자 한다. 남한은 현재 지구상에서 가장 세계화된 나라의 하나이다. 한국은 세계에서 가장 넓은 자유교역지역을 가지고 있고, 한국에는 세계의 모든 종교가 다 아무런 갈등 없이 공존하고 있다. 한국인은 아마도 중국인과 함께 세계에서 가장 널리 퍼져 사는 사람들일 것이다. 또한 한국인들은 외국인과 손님에게 친절한 것으로 정평이 나 있다. 그리고 근자에는 한국의 드라마와 영화(예: 〈대장금〉, 〈기생충〉, 〈미나리〉, 〈오징어 게임〉 등)와 BTS를 비롯한 K-팝스타들도 전 세계의 사랑을 받고 있다. 대중예술뿐만이 아니다. 고전적 장르에 있어서도 가수든, 연주자나 지휘자든, 오페라와 콘서트의 오케스트라 멤버든, 많은 뛰어난 한국인 예술가들이 세계 도처의 큰 무대에서 독창성을 발휘하면서 명성을 떨치고 있다.

나는 이렇게 바깥을 향해 열린 한국인들의 특성이 그들의 지리와 역사에서 비롯된 것이라고 생각한다. 왜냐하면 그들은 끊임없이 몰려오는 외부의 힘과 영향력에 대응하여 자기 것을 지키고 발전시키면서 살아남아야 했기 때문이다. 나는 한국인들이 자신들을 가두고 있는 빗장을 풀고 열린 공간과 자유를 확보하게 되면, 잠재된 역량을 맘껏 발휘하면서 활짝 피어날 수 있을 것이라고 믿는다.

끝으로 나는 한국산업의 고도로 발달된 IT 기술을 손꼽고 싶다. 이것은 4차 산업혁명에서, 특히 코로나 이후에 올 디지털 사회에서, 중요성을 더하고 있는 첨단기술이다. 다음에 올 새로운 문명에서 핵심적 요소가 될 기술의 혁신과 그것을 앞장서서 받아들이려는 태도를 갖춘 한국인들이 다시 통일된 나라를 가질 수 있다면, 그들은 틀림없이 다시 한번 도약할 수 있을 것이다. 이웃들과 함께 더 평화롭고 더 살기 좋은 세상을 위하여!

한반도와 주변 정세

'우리 한국인들은 4대 강국에 둘러싸여 분단된 반도에서 살고 있습니다. 중요한 정치적 결정에서 이 사실을 고려하지 않는다면 그는 아마 한국인이 아닐 것입니다.'

이렇게 나는 한국의 민감한 지정학적 위치와 정치적 국면을 강조해왔다. 36년간의 식민지 통치에 이어 한반도는 75년째 분단되어 있다. 세계는 냉전을 끝냈다고 하지만, 한반도를 가로지르는 경계는 여전히 완강히 남아 있다. 그리고 지금은 새로운 냉전의 기운이 다시 반도로 몰려오고 있다.

한국은 자신을 방어할 수 있을 만큼 강하지 못해서 식민지로 떨어지고 분단되었다. 그리고 중요한 것은 지금도 같은 지정학적 리스크로부터 자유롭지 못하다는 것이다. 지정학적 결정론을 이론적으로 부인하고자 하나, 이러한 부정을 현실에서 구현하는 것은 쉽지 않다.

즉 이 지역에서 평화구조를 지속적으로 담보할 안정적인 힘의 균형을 만들어내는 것은 그리 간단치 않다. 그러므로 한국인들에게 안보는 생존의 절대적 전제이고, 따라서 정치의 가장 중요한 과제이다. 거기에 더하여 국가 안보가 안팎으로부터 끊임없이 영향을 받으면서 상황이 수시로 변할 수 있는 통일에 있어 지정학적 리스크를 정확히 평가하고 대처하는 것은 매우 어려운 일이다.

2012년 1월 이명박 대통령과 중국 원자바오(溫家寶) 총리가 북경 다오위타이(釣魚臺) 국빈관에서 회담했을 때의 일이다. '북한이 과격한 말을 해도 접촉과 대화를 유지해달라'는 원자바오 총리의 당부에 이명박 대통령은 '김정은도 김정일처럼 죽을 때까지 집권할 텐데 인내할 시간이 있겠느냐'고 반문했다.
'그렇지만 역사의 이치가 그렇게 되겠습니까?'
침착하기로 소문난 원자바오 총리의 이러한 대응은 극히 이례적이었다. 이 대통령은 이 말을 '그리 오래 참지 않아도 될 것'이라는 뜻으로 이해했다고 했다. (이명박: 『대통령의 시간』)
또, 2014년 10월 내가 민간인이 되어 중국을 방문했을 때, 대사 재임시부터 친분이 있던 중국의 한 고위 외교관에게 '김정은이 통치하는 북한의 정치상황을 어떻게 평가하느냐'고 물은 적이 있다. 그는 즉답을 피한 채 "그 젊은이는 너무 뚱뚱합니다"라고 딴전을 피웠다. 나는 더 이상 캐묻지 않았지만, 노련한 외교관의 어조에서 그가 우려하는 것이 단순히 김정은의 과체중만은 아니라는 것을 짐작할 수 있었다. 다른 한 중국 외교관은 나에게 일부러 영어로 이렇게 말했다.

"당신네 형제들 때문에 정말 골치가 아픕니다."

사실 북한이 국제규범과 유엔 결의를 무시하고 수시로 핵실험과 미사일 발사를 감행하면서 도발을 일삼는 것은 국제사회의 제재 외에 달리 막을 방도가 없는 것처럼 보인다. 그러나 선을 넘는 행위가 계속되면 언젠가는 특단의 조치가 강구될 수밖에 없을 것이다. 그리고 중국도 달라질 수밖에 없을 것이다. 나는 어느 날 갑자기 북중 관계가 단절된다고 하더라도, 그리고 그것이 북한 독재체제의 붕괴로 이어진다고 하더라도 별로 놀랄 일은 아니라고 생각한다. 이런 경우를 두고 중국말로는 太剛則折(태강즉절, 너무 강하면 부러진다)이라고 한다.

중국의 정치적 민주화는 대외관계를 합리화하는 데에 도움을 줄 것이다. 그것은 자국은 물론 국제사회와 한반도에게도 이로운 변화가 될 것이다. 미중 갈등 역시 단기적으로 해소되지 않을 공산이 크지만 결국은 '역사의 이치'대로 풀려갈 것이다. 그것을 위해서, 그리고 그때까지 한국은 주변국들과의 관계에 세심한 주의를 기울여야 한다. 특히 강대국 행세를 하려는 중국과 미국을 주권국가로서 당당히 대하면서 통일에 우호적인 환경을 조성해나가야 한다. 그 모든 것이 오로지 국익을 우선하는 자결(自決)의 원칙 위에서 이루어져야 한다는 것은 두말할 필요가 없다.

한반도와 주변지역의 국제정치적 기상 상태는 격렬하고 변덕스럽다. 지금은 무엇보다도 미국과 중국의 전략적 경쟁이 첨예해지면서 동아시아 정치질서에 불확실성을 높이고 있다. 미국은 새로운 '인도-태평양 전략(Indo-Pacific Strategy)'을 앞세워, 소위 일대일로 전략을 통해 자신의 행동반경을 세계로 넓히려고 하는 중국의 도전을 좌시하지 않을 것임을 분명히 하고 있다. 두 초강대국 라이벌 간의 주도권 다툼에서 불가피하게 일어날 결과로서 잠재적이거나 실재적이거나 충돌은 불가피한 것으로 보인다: 미중 간 무역전쟁, 타이완 문제와 홍콩의 안보법, 남중국해의 영토분쟁, 화웨이 G5-망 건설 등은 이 상황의 겉으로 드러난 몇 가지 사례에 지나지 않는다. 이 갈등들이 얽히고설킨 상황의 한복판에서 한국은 확고한 원칙을 가지고 유연하게 대응하지 않으면 안 된다. 그러지 못하면 자칫 두 의자 사이에서 이러지도 저러지도 못하는 불편한 처지에 놓일 수 있다.

중일(中日) 간 라이벌 관계도 동아시아 안보를 위협하는 요소이다. 센카쿠 열도(尖閣列島)/다오위다오(釣漁島)를 둘러싼 영토 분쟁은 두 강대국 간의 관계를 나타내는 대표적인 예로, 서로 충돌하는 현재의 이해관계가 양국의 역사적 배경을 드러내고 있다. 과거사를 제쳐놓는다고 하더라도, 한국과 양국 간의 현실적 이해관계 역시 매우 복잡하다.

중국은 수천 년 동안 한국에 정치적 영향력을 행사해왔고, 한국전쟁 때에는 적으로 맞서 싸웠다. 그런데 지금은 서로 매우 중요한 교역 및 투자 상대국이 되어 있다. 중국은 한편으로 북한의 핵실험에 대한 국제사회의 제재에 참여하고 있지만, 다른 한편으로는 북한과 '혈맹(血盟)'이라는 구호 아래 호혜적 외교 관계를 유지하면서 경제적으로 지원하고 있다. 고립상태에 빠진 북한은 중국의 지원을 필요로 하고, 중국은 북한을 미국에 대항하는 완충지대로 이용하면서, 양국의 이해관계가 맞아떨어지고 있는 것이다. 중국은 여기서 한 걸음 더 나아가 한반도 전체에 영향을 미칠 의도로 남한에 대해서도 강온을 오가는 양면전략을 구사하고 있다.

한때 한국을 식민지로 지배했던 일본은 한국에게는 '가깝고도 먼' 이웃이다. 한국과 일본은 1965년 한일관계 정상화 이후 정치·경제·사회·문화·과학기술 등 모든 분야에 걸쳐 매우 긴밀하게 협력하면서 우호관계를 발전시켜왔다. 다만 과거사 해결에 있어서는 한일 양국이 아직도 상당한 입장 차이를 보이고 있는 것이 사실이다. 많은 한국인들은 일본이 과거의 잘못에 대하여 솔직히 사과하기를 꺼리고 부당하게 동해 지명과 독도 영유권을 주장하는 것은 아직도 일제 군국주의의 잔재를 버리지 못한 것으로 여기고 있다. 최근 양국관계는 일제강점기에 있었던 소위 일본군 '위안부 문제'와 '민간인 강제 징용 배상 문제'를 둘러싼 갈등으로 매우 악화되어 있다. 과거사에 대한 화해 외에도 양국 간에는 미래를 위해 상호 협력해야 할 현안들이 여전히 많다. 양국은 2002년 한일월드컵대회를 공동 개최한 경험이 있고, 한국은 코로나-팬데믹에도 불구하고 2021년 동경올림픽에 참여하였다. 남한과 일본은 지소미아(GSOMIA, General Security of Military Information Agreement) 파트너이고, 특히 한미일(韓美日) 삼각동맹은 대륙의 공산주의 블록에 대항하기 위한 인도-태평양 전선에서 매우 긴요한 상황에 있다.

소련은 제2차 세계대전 후 북위 38도선 이북 지역을 점령함으로써 한반도 분단의 결정적 원인을 제공했다. 북한의 남한 침공을 고무하고 중공군의 참전을 설득한 것은 스탈린이었다. 러시아는 지금도 여전히 극동지역에 큰 관심을 가지고 있다. 그것은 알려진 바대로 태평양으로 진출하고 그것을 위해 필요한 부동항(不凍港)을 갖고자 하는 지전략적(地戰略的) 욕망 때문이다. 전통적으로 러시아 지도자들은 결국은 해양세력의 포위망을 뚫고 태평양으로 나아가야 미국에 대항할 수 있다고 믿어왔다. 그래서 푸틴은 시진핑과 연대하여 유엔 안보리 상임이사국으로서 거부권을 가지고 예컨대 북한의 핵실험에 대한 유엔의 대북제재를 무산시키거나 완화하는 것을 포함하여 북한 김정은의 국제적 이해관계를 대변하거나 지원하고 있다.

미국은 1945년 한국을 일제의 지배로부터 해방시켰고, 1948년 대한민국의 건국을 도왔다. 또, 유엔의 깃발 아래 자유진영의 15개 국가들과 함께 한국전쟁에 참전하여 공산주의 침략으로부터 한국을 구했다. 전쟁 직후 미국과 한국은 '한미동맹(The Mutual Defense Treaty between the Republic of Korea and the United States of America, 1953년 8월 8일)'을 체결했다. 그때부터 이 군사동맹은 한국의 안보와 경제발전의 초석이 되었고, 한국과 미국은 가장 믿을 수 있는 동맹국으로서 모든 분야에서 서로 긴밀히 협력하게 되었다. 한미연합사와 양국을 대표하는 인사들 사이에 즐겨 사용되는 "같이 갑시다(Kachi Kapsida)!"라는 인사말은 이 공고한 동맹관계를 잘 나타낸다.

유럽에는 북대서양 동맹, 즉 NATO가 있는데, 독일은 그 기반 위에서 안보에 대한 걱정 없이 경제성장을 이룩하고 통일정책을 추진할 수 있었다. 유럽 안보에서 NATO가 하는 역할의 중요성은 아무리 강조하여도 지나치지 않다. 그것은 통일독일이 계속해서 NATO에 남아 있다는 사실에서도 확인할 수 있다. 처음에는 그것이 불가능해 보였다. 물론 소련이 그것에 반대했기 때문이다. 그러나 통일독일은 미국의 강력한 지지를 업고 NATO에 남아 있을 수 있었고, 그것은 오늘날 우리가 보는 바와 같이 통합된 유럽에도 좋은 것이었다.

이와 마찬가지로 한국에게 미국과의 동맹은 국가의 군사적인 안보뿐만 아니라 경제적인 안정을 위해서도 아주 중요하다. 한미동맹은 주식시장에서 코리아 디스카운트 또는 지정학적 리스크를 막아주는 역할을 해왔다. 그런 의미에서 한국의 '자주국방론'도 어떤 경우에든 결코 한미동맹을 배제하는 것을 의미해서는 안 된다. 이와 반대로 한국은 평화를 지키기 위해서, 그리고 자주성을 담보하기 위해서, 미국과의 동맹을 필요로 한다.

나는 이명박 정부의 초대 대통령실장으로서 2008년에 대통령께, 취임 후 먼저 미국과의 관계를 회복하고 강화한 후에 그것을 기반으로 해서 한중 및 한일 관계를 다룰 것을 건의하였다.

대통령과 정부는 이전의 노무현 정부가 미국 정부와 체결해놓은 자유무역협정(FTA, Free Trade Agreement)의 국회 비준을 추진하였다. 미국 역시 자국 의회에서 비준을 받기 위해 2003년 노무현 정부가 전면 중단해놓은 미국산 소고기에 대한 수입제한을 풀어줄 것을 요구하였다. 정부는 이 요구를 국제수역사무국(OIE, Office

International des Epizooties)의 '강화된 사료조치'와 한미 양국의 이익에 합당한 몇 가지 조건을 붙여 받아들이기로 했다. 그러나 야당과 일부 정부에 비판적인 매체, 그리고 노조를 비롯한 시민단체들이 국민건강과 검역주권을 내세워 극렬히 반대하고 나섰다. 그들은 미국 소는 광우병에 감염되어 있고, 광우병은 사람에게도 감염될 뿐만 아니라 극히 치명적이라고 주장하였다. 그들은 '미국산 소고기를 먹으면 뇌에 구멍이 숭숭 뚫린다', '공기로도 전염된다'는 등의 괴담을 퍼뜨리면서 공포를 확산시켰다. 연일 대규모 군중 데모가 이어지고, 정국은 극심한 혼란에 빠져들어갔다. 정부의 사실 해명에는 정치권과 언론사를 비롯하여 누구도 귀를 기울이려 하지 않았다. 정부는 결국 미국과 수입대상을 '생후 30개월 이전에 도축된 어린 소'로 한정하는 등 더 까다로운 조건을 부가하는 추가협상을 해야 했다. 안팎으로 엄청난 국력의 손실이었다. 나는 이에 대한 정치적 책임을 떠안고 몇 명의 수석 비서관들과 함께 대통령실장의 직에서 물러났다(2008년 6월). 여야 정권교체 후 불과 4개월 만이었다.

광우병 사태로 불린 이 소동은 훗날 사실 무근으로 왜곡, 조작된 정치적 선동이었다는 것이 밝혀졌다. 지금 한국에서 미국산 소고기를 꺼리는 사람은 아무도 없다. 물론 광우병이라는 말을 기억하는 사람도 많지 않을 것이다. 2021년에 한국은 미국산 소고기의 최대 수입국이었다.

이 사건을 통해 나는 한국 정치와 언론, 그리고 시민의식의 실상을 아프게 체험했고, 개인적으로는 거짓 선동에 밀려난 것이 분하기도 했다. 그러나 지금은 그 모든 것을 떠나, 당시에 내가 제안했던 정책이 결국 옳았던 것을 다행으로 여기고 있다: 이명박 정부 때 한국의 외교는 미국과 중국을 비롯한 세계 여러 나라와의 양자적 및 다자적 관계에서 확연히 개선, 강화되었고, 국제사회에서 한국의 지위는 역사상 어느 때보다 높아졌다.

2010년 중국 길림대학(吉林大學)의 한 강연에서 나는 한중관계의 중요성을 강조한 적이 있다. 강연이 끝나자 한 학생이 도발적인 질문을 던졌다.

"대사님, 어떻게 중국이 미국의 군사동맹국인 한국과 교역을 증진시켜나가야 한다고 말씀하실 수가 있습니까?"

나는 대충 넘어갈 사안이 아니라고 판단하고 단호한 어조로 대답하였다.

"한미동맹에 역사적 배경이 있다는 것을 알고 있습니까? 뿐만 아니라 현대의 국제관계는 예전에 비해 훨씬 복합 중층적입니다. 따라서 양국관계를 단순히 내 편이 아니면 적(敵)이라는 식의 이분법으로 이해해서는 안 됩니다. 그래서 미국이 중국 상품의 최대 판매시장이 되어 있는 것이 현실이고요."

이어서 나는 미군을 포함한 유엔군이 한국전쟁 이후 60년 동안 이 지역에서 전쟁억지 기능을 수행하면서 평화유지에 이바지하였다고 설명하였다.

미국과 중국의 지전략적 경쟁이 날로 심화되면서 동아시아의 정치적 안정은 크게 흔들리고 있다. 그에 따라 특히 한반도의 지정학적 위험도 높아지고 있다. 한국이 평화를 담보하는 길은, 내 생각으로는, 기본적으로 자유와 인권이라는 보편적 가치를 중시하고 민주주의를 지킨다는 원칙에 충실해야 하며, 실용적으로 국익(주권과 통일)을 따르는 데에 있다. 구체적으로, 한미동맹이 한국 안보정책의 근간이고 대외관계의 주축이라는 점을 다시 한번 강조해두고자 한다.

서울대학교 통일평화연구원의 통일의식조사 보고서(「단절의 시대, 통일의식변화: 2020 한국인의 통일의식」, 2020년 10월 13일)는 조사 대상자들의 67.8%가 '주변국들 중에서 가장 친밀감을 느끼는 나라'로 미국을 꼽았다는 결과를 내어놓고 있다. 그것은 한미동맹이 한국민들의 공고한 지지를 받고 있다는 것을 의미한다. 참고로 2위는 북한으로 17.5%이고, 다음은 중국(8.0%), 일본(5.7%) 그리고 러시아(1.0%) 순이었다.

이런 측면에서 보면 한국 정부가 중국의 눈치를 보면서 쿼드(QUAD, Quadrilateral Security Dialogue)에 참여하기를 주저하고 있는 것은 전략적 실수로 보인다. 왜냐하면 지전략적 관점에서 볼 때, 그것은 현재의 세계정치 상황에서 한국에 꼭 필요한 전략적 선택이기 때문이다:

'가까운 곳으로부터의 군사적 위협에는 먼 곳에 있는 강자와의 동맹으로 대응하는 것이 최선이다.'

한국과 세계가 당면한 안보 과제는 주지하다시피 북한의 비핵화이다. 그것은 한반도 통일을 위해서도 시급하고 불가피한 전제조건이다. '북한이 자신을 방어하기 위하여 핵무기를 가지려 한다'고 하는 주장은 일단 그럴듯하게 들린다. 그러나 그것은 기본적으로 핵무장을 정당화하기 위한 북한의 정치선전에 지나지 않는다. 김정은은 무슨 수를 써서라도 자기의 독재체제를 유지하려 한다. 그것에서 그치지 않는다. 그의 최종적인 목표는, 전쟁 전이나 후나 분단 이래로 3대에 걸친 소원인 한반도 전체의 공산주의 적화통일이다. 한국인들 중에는 '북한 핵무기가 통일 후에는 결국 한국인들의 소유가 될 것이므로 나쁘지 않다'고 하는 멍청이들이 있다. 그러나 '핵을 가진 통일 한국'이란 나이브하기 짝이 없는 망상에 불과하다. 그것은 절대로 가능하지도, 바람직하지도 않은 미몽이다. 그리고 그것은 북한의 핵보유국 망상이 실현된다는 가정 하에서도 세계 평화에 대한 끔찍한 위협일 뿐이다.

'핵무기를 가진 자는 핵공격의 대상이 된다.'

지금까지의 북한의 핵개발 과정과 나의 경험 및 정보에 근거하여, 나는 북한 비핵화에 관한 당장의 미북 협상에는 큰 희망을 갖고 있지 않다. 그것은 멀리는 1994년 제네바 합의(Geneva Agreed Framework)에서부터 가까이는 2018년 싱가포르 정상회담과 2019년 하노이 정상회담에 이르기까지 벌써 몇 차례나 반복 실패하였다. 북한이 2010년 3월 황해에서 우리 해군의 천안함을 폭침했을 때, 나는 주중국 대사로서 중국 지도자들에게 그것이 북한의 소행임을 설득하면서 이렇게 말했다.

"한국인은 한국인이 가장 잘 압니다."

북한 권력자 김정은은 어떠한 경우에도 결코 자발적으로 핵개발을 포기하지 않는다. 그렇게 할 경우 그에게 남는 것이 무엇이겠는가?

바로 북한 지도자로서의 정당성을 잃어버리게 될 것이다: '핵무장을 통한 강성대국'이라는 명분을 내걸고 북한 지도자들은 3대에 걸쳐 주민들을 가혹하게 억압하고 착취하여 수백만을 굶어 죽게 하였다. 트럼프든 바이든이든 미국대통령은 그에게 핵무장을 용인하지 않을 것이다. 그렇다고 북한 핵의 동결(nuclear freeze)과 같은 타협 역시 바람직하지도, 가능하지도 않다. 그럴 경우 언제든 핵 공격을 받게 될 처지에 놓일 일본과 한국 역시 어떤 대가를 치르더라도 핵무장을 시도하게 될 것이다. 그들은 지금도 기술적으로 그것을 할 능력이 있는 것으로 판단된다. 대만과 베트남도 남의 일처럼 구경만 하고 있지는 않을 것이다. 즉 어떤 형태로든 북한이 핵무기를 갖도록 용인하는 타협은 아무래도 동아시아에 핵 도미노 현상을 부르게 될 것이 예상된다. 그리고 그것은 어쩔 수 없이 동아시아 지역 및 세계 평화의 파국을 의미하게 될 것이다.

2019년에 세 정치 지도자들(트럼프와 김정은, 그리고 문재인)은 '한반도 비핵화'라는 상표를 내걸고 속이 뻔히 들여다보이는 정치 쇼를 벌였다. 비핵화라는 목표개념을 각자 자의적으로 정의하여 서로 다른 의미로 사용하였다. 한국대통령은 의도적으로 이 단어의 이중적 의미를 이용하여 일종의 타협을 이끌어낼 궁리를 하였다. 미국대통령은 이 개념을 '완전하고, 검증가능하며, 돌이킬 수 없는 핵폐기', 곧 CVID(complete, verifiable, irreversible dismantlement)로 이해하고 싶어 했다. 반면에 북한 권력자는, 그들이 '미군 철수'의 다른 말로 써온 '한반도 비핵지대화'의 의미로 사용하였다. 나는 2019년 6월 12

일 슈투트가르트의 보슈 재단의 한 강연에서 이 협상이 처음부터 실패할 수밖에 없었다고 단언하였다. 같은 말을 서로 다른 뜻으로 사용하는 편법으로는 잠시 세상을 속일 수 있을지언정 상반되는 입장에 있는 문제의 근본적인 해결에는 이를 수 없기 때문이었다.

당사자이면서도 중재자를 자임하고 나선 한국의 문재인 대통령과 선거를 앞둔 미국의 트럼프 대통령은 국내 정치적 전술로 이 불합리한 쇼를 열었다. 그리고 북한의 김정은은 핵개발로 가는 길에 필요한 시간을 벌고, 당면한 여건을 개선하기 위하여, 그리고 일종의 지연전술을 통해 장차 군축회담으로 변질시킬 방도를 찾을 속셈으로 그것에 임했다. 전 미국대통령 안보보좌관 존 볼턴(John Bolton)도 그의 회고록 『그것이 일어난 방(The Room Where It Happened)』에서 이러한 우려를 확인하면서 '한국이 북한 비핵화를 오도하고 있다'고 비판했다. 이들 인기영합적인 세 정치인들이 펼치는 이 저급한 공연이 한반도뿐만 아니라 동아시아 전체의 운명을 위태롭게 만들 수 있다는 우려는 근거 없는 것이 아니었다.

그리고 이를 통해 북한이 남한에 대해 행동반경을 넓히려고 시도하는 장면들은 지금도 여전히 나타나고 있다. 북한은 기회 있을 때마다 남한을 무시하고, 위협하며, 간섭하고, 심지어 겁없이 조롱하는 언행을 내보인다. 이에 대해 남한 정부는 안타깝게도 점점 더 위축된 반응을 보일 뿐이다. 남한 정부는 그런 공격과 적대행위에 제대로 대응하지 못하고 '한반도 평화 프로세스'라는 이름으로 구차한 변명을 내어놓으면서 굴복한다. 이 모든 낯선 장면들은 북한 핵무기의 위험을 엄중하게 받아들이지 않고 피상적으로만 대하는 남한과 미국의 현 정부에 그 책임이 있다.

그러면 어떻게 할 것인가? 유일한 길은 무도한 북한 독재자가 태도를 바꾸지 않고는 못 배길 정도로 불가피한 상황을 만들어내는 것뿐이다. '최대 압박' 전략은 효과가 있는 것으로 보인다. 특히 코로나-팬데믹 이후로는 북중 국경이 사실상 거의 완전히 폐쇄되기에 이르러 더욱 그러하다. 이제 남한 정부에게 시급한 것은 새로 출범한 미국 정부와 긴밀히 공조하여 포괄적 북한 비핵화 로드맵을 작성하고 상응한 역할을 주도하는 일이다.

여기에는 몇 가지 구체적인 행동 대안들이 열려 있다. 내가 개인적으로 추천한다면, '한미 양국은 동맹의 차원에서 가능하면 유엔 안보리와의 협조 하에 목표지향적 플랜 B를 작성하고 필요에 따라 이를 가동해야 한다'고 말하겠다. 그런 계획은 다음과 같은 전제 위에서 수립될 수 있을 것이다:

- 비이성적인 핵무기 개발과 관련하여 북한의 심각한 인권 상황을 기록하고 이를 다양한 인권기구 등을 통해 국제사회에 널리 알린다.
- 북한의 독재와 불법적 핵개발에 대해 정보기술을 이용한 심리활동을 집중적으로 전개한다: 북한 주민들의 생활고(生活苦)를 자유세계에 알리고 전체주의적 체제에 길들여진 북한 주민의 의식을 일깨우기 위하여 실질적인 미디어 '계몽운동'을 전개한다.
- 북한과 거래하는 제3국의 기업, 은행, 정부에 대하여도 제재를 가하는 간접적 보이콧(secondary boycotts)을 포고한다. 북한과 중국 간 협력 고리의 가장 치명적인 약점은 국제금융 분야에 있다.

- 북한 지도부와 핵무기 생산시설에 대하여 군사적인 압박을 가하고 통제된 작전을 수행한다. 나아가 핵무기를 개발하고 통제하는 북한 체제와 그 지도부의 교체 가능성도 배제하지 않는다는 것을 확인한다.

최종적인 군사적 작전 단계로 넘어가기 전에 한국은 북한과 핵 균형을 이루기 위하여 NATO에서와 같은 핵공유(nuclear sharing) 체제 구축과 그에 입각한 전술핵무기(TNW)의 도입에 대하여 미국과 진지하게 검토해야 할 것이다. 북한이 핵 도발을 계속하면, 우리는 그것을 제어할 수 있는 더 큰 힘을 갖추어 대응해야 한다. 그것은 공포의 균형(balance of terror) 이전에 자연의 법칙(natural selection)이기도 하다. 북한에게 그런 군비경쟁의 압박을 견뎌낼 여력은 없다. 1979년 NATO의 이중결의(der NATO-Doppelbeschluss)는 뜨거운 논란을 거쳐 1983년에 독일의회에서 비준되었고 바로 시행되었다. 이로써 소련의 핵 위협은 통제되었고, 군축 회담과 인권문제 논의를 촉발시켰다. 그리고 결국 유럽 냉전체제의 전면적 붕괴로 이어졌다.

사람들은 정치인들에게서 여론 정치를 벗어나 옳게 판단하고 옳은 것을 관철해줄 것을 기대한다. 그러나 역사는 정치가 항상 옳은 길만을 가지는 않았다는 것을 보여준다. 권력의 논리는 과학이나 윤리와는 다른 것이다. 거기에서 비롯된 바람직하지 못한 발전 양상은 오늘날 세계정치에서 많이 볼 수 있다. 몇 가지 키워드로 테러, 전쟁, 인종차별, 환경파괴, 양극화, 부패와 독재 및 그와 함께 일어나는 민주주의 퇴행 등을 들 수 있다.

이러한 현상들은 오늘날 전염병처럼 지구에 퍼져나가고 있는 인기
영합적 정책으로 더욱 악화되고 있다. 그렇다, 세계는 포퓰리즘의 팬
데믹에 시달리고 있다고 할 수 있다. 포퓰리스트 정치인들은 권력 정
치를 위해 코로나 전염병까지 이용한다. 그들은 불합리한 주장과 약
속으로 대중에게 아첨한다. 그것이 안보나 재정 등 국정의 다른 영역
에 미칠 부작용에 대해서는 아랑곳하지 않는다. 그들은 사람들을 '우
리'와 '저들'로 나누어 편을 가른다. '우리'는 언제나 선하고 옳다고
하고, '저들'은 반대로 늘 악하고 그르다고 우긴다. 거기에 더하여 그
들은 복잡한 문제를 단순화시켜 간단한 해결책을 제시해서 유권자
들의 환심을 사려 하는 경향이 있다. 물질적 매수 외에 그들은 대중
매체를 선전 선동의 수단으로 잘 이용한다. 그럴 때 그들은 평등, 인
간성, '평화'와 같은 개념이나 수사를 내세우고 사안을 선동적으로
왜곡하기도 한다. 포퓰리스트들은 유권자를 '이기적이고 어리석어서
별 생각 없이 개인이나 집단의 이익을 조작당할 수 있는 사람들'로
여긴다. 어떤 사안이든 처리된 후 시간이 가면 대중들은 일상사들을
챙기기에 급급하여 잊어버리게 된다. 그리고 잠시 후면 새롭게 몰려
오는 다른 문제들을 처리하는 데에 몰두하게 되는 것이다.

한국인들은 대변혁기에 지정학적으로 가장 민감한 위치에서 태어
나 잘못된 정치로 특히 큰 피해를 본 사람들이다. 몇 년 전부터 남한
사람들은 예측할 수 없는 북한 독재자가 가진 핵무기로 끊임없이 위
협받는 처지에 놓여 있다. 그들의 생활공간은 앞에 말한 4대 강국에
둘러싸여 있다. 그리고 남한을 포함하여 주변 강대국들에서는, 가령
2020년 선거에서 대통령을 교체한 미국을 제외한다고 하더라도, 현

재 포퓰리스트 정치가 득세를 하고 있다. 인구가 밀집되고 자원은 빈약한 한국은 수십 년째 이런 관계적 위치가 갖가지 국면으로 변전하는 상황 속에 놓여 있다. 주지하다시피 남한은 석유는 말할 것도 없고 석탄, 철광석 등 주요 지하자원이 별로 나지 않고 대신 '인적 자원'만 많다. 이런 여건 하에서 분단 후 남한에게는, 가진 잠재력을 이용하여 기술발전과 공업발전에 매진하는 것 이외에 다른 길이 없었다. 오늘날 한국은 수출 지향적이고 기술 집약적인 산업으로 세계 10대 경제대국으로 발전하였고, 세계화 시대에 세계경제의 중요한 파트너가 되었다. 적대적 분단이 지속되는 정치-군사적 여건 속에서 이루어진 이러한 성공은 사실 놀라운 것이다. 그런 의미에서 8천만 인민의 운명을 포퓰리즘의 유희와 독재자의 악용에 내맡긴다는 것은 경솔하고 위험하기 그지없는 짓이다.

한국은 국제사회와의 긴밀한 공조 위에서, 특히 미국과의 연대에 입각하여 핵 강국이 되겠다는 북한의 비이성적인 시도를 분쇄하는 데에 최선의 노력을 기울여야 한다. 현재의 여건 하에서 한국이 북한 비핵화를 위하여 북한에게 줄 수 있는 정치적 선택지는 최대 압박과 반대 급부로서의 경제지원 약속이 유일하다. 결국 북한은 비핵화에 필요한 조치를 취하고 진지한 태도로 협상에 임해야 할 것이다. 그리고 중국을 포함하여 강대국들도 그것을 자신들의 국익이 걸린 중요 사안으로 받아들여야 할 것이다. 한반도 통일은 북한이 비핵화되고 난 후에야 실질적으로 추구될 수 있을 것이다. 다만 문제는 그런 목표를 위해서 남은 시간이 많지 않다는 것이다.

위기와 기회

    한국이 제2차 세계대전 후 일제로부터 해방되었을 당시, 국토는 완전히 황폐화되어 있었고 국민은 대단히 가난하게 살았다. 경제적으로는 북한이 남한을 앞서 있었다. 앞에서 말했듯이, 대부분의 지하자원과 생산시설은 북한에 있었고, 그에 비해 부양해야 할 인구는 남한이 두 배나 많았다. 75년이 지난 지금 남한은 고도로 발달한 산업국가로 자유민주주의의 성공 사례가 되어 있는 데 반해, 공산주의 북한은 세계에서 가장 가난한 나라로 낙후해 있다. 이러한 역전은 대략 1975년을 전후하여 이루어졌다. 남북한 간 격차는 날이 갈수록 벌어져 이제는 비교 자체가 의미 없게 되어버렸다. 현재 남한의 경제력은 북한의 그것에 비해 최소 50배 이상 큰 것으로 추정되고 있다. 이런 상황을 두고 이렇게 말할 수 있을 것이다:

    '카를 마르크스의 가설이 틀렸다는 것을 경험적으로 증명하는 데

한 세기가 걸렸다. 그 최종적이고 가장 극적인 현장은 한반도였다.'

한국은 분단국으로서 어떻게 민감한 지정학적 위치에서 살아남고 전쟁과 가난에서 벗어나 발전할 수 있었을까? 관심 있는 외국인들에게서 자주 받는 이 질문에 대한 답으로 다음 세 가지 요인을 들 수 있을 것이다.

첫째, 자유민주주의의 끊임없는 발전: 이승만 건국 대통령의 노력과 유엔안보리의 지원 덕분에 대한민국은 1948년 한국 역사상 처음으로 민주주의 체제를 정부 형태로 도입했다. 일반적인 정치적 자유는 국민들의 자의식을 일깨웠고, 이것은 다시 사회 모든 분야에서 수많은 개인들에게 자발적으로 나서서 발전을 주도하도록 동기를 부여하였다. 정치적인 갈등과 혼란이 있었지만, 건강한 시민사회가 형성되어 그때마다 위기를 극복하고 나라를 계속해서 민주화시키고 안정시킬 수 있었다.

둘째, 국가 주도의 성장전략과 적극적인 대외개방: 민주화에 병행하여 정부가 주도한 성장 지향적 경제개발 정책이 성공하였다. 중화학공업을 필두로 하는 급속한 공업화의 기반 위에서 과감한 수출 드라이브가 추진되었다. 세계화에 부응한 적극적 개방정책과 정보사회를 향한 기업들의 혁신적 적응이 성장의 모터를 가속화시켰다. 외부 세계와의 자유롭고 빈번한 접촉은 전반적으로 한국의 국제 경쟁력을 높였다. 여기서 잊어버려서는 안 될 것은 국민 개개인의 근검절약과 특히 자녀 교육에 대한 헌신적 투자가 그 모든 것을 뒷받침했다는 사실이다.

셋째, 국가 안보의 보장. 한국의 정치적 및 경제적 발전은 국방 역량을 제고하는 원동력이 되었다. 거기에 한미군사동맹이 전쟁 억지력으로 작용하였다. 이러한 군사력의 토대 위에서 평화가 지속적으로 유지된 덕분에, 한국은 국내 정치의 혼란과 남북관계의 긴장에도 불구하고 높은 경제성장을 이룩할 수 있었다.

독일이 통일되고 철의 장막이 걷혔을 때, 체제 경쟁은 끝난 것처럼 보였다. 그러나 30년 후 상황은, 반전까지는 아니라고 하더라도, 달라지고 있다. 그사이에 북한은 핵무기를 개발하면서 남한과 전체 주변지역을 군사적으로 위협하기에 이르렀다. 그리고 미중 간 패권 경쟁은 자유민주주의 국가들과 공산주의-독재체제가 다시 서로 대치하는 국면으로 발전하는 경향을 보이고 있다. 그리하여 동아시아 안보가 총체적으로 흔들리는 위기가 올 것으로 우려된다.

세 요인은 모두 복잡한 양상으로 연관되어 있다. 그리고 이것들은 국가의 계속적인 발전을 위해서나 통일을 위해서 앞으로도 기본적인 요인으로 유효할 것이다. 거기에다 코로나-팬데믹, 4차 산업혁명, 기후변화, 양극화 같은 새로운 도전들을 함께 고려할 때에 정치적 기조는 더욱 역동적이고 더욱 미래 지향적이어야 한다. 장기적, 세계적으로 내다보아야 하며 시대 상황에 적합한 지전략적 관점이 필요하다: 실용적이고 유연해야 하며, 안으로는 단결해야 하고 바깥으로는 열려 있어야 한다. 무엇보다도 안정적인 집단안보 장치가 필요하다. 예를 들면 지금 시도되고 있는 'QUAD Plus'나 '인도-태평양 전략 기구(IPTO)' 같은 조직도 NATO와 나란히 당면한 안보정책을 보완하는 수단이 될 수 있을 것이다.

그러나 현재 한국 정부의 정책기조는 이런 관점에서 벗어나 있는 것으로 보인다. 문재인 정권은 문 대통령이 2017년 박 대통령 탄핵 후에 국민에 의해 선출되었음에도, 스스로 말하듯이 '혁명정부'처럼 통치하고 있다. 그들은 한국의 현대사에 '친일적, 친미적, 독재적'이라는 부정적인 딱지를 붙이고, 과거 정부를 자신들과 차별화하면서 앙시앵 레짐으로 몰아 적폐청산의 대상으로 삼았다. 그들은 한국을 "한 번도 경험해보지 않은 나라"로 바꾸겠다고 하였다. 그것이 무엇을 의미하는지에 대해서는 아직 구체적인 설명이 없었으므로, 이러한 비전이 어떤 현실로 나타나게 하는지는 사실 관계에서 파악할 수밖에 없다. 이 패러다임 변화를 상징하는 것으로 보이는 몇 가지 사례를 살펴보자:

- 문재인 대통령은 2018년 평창올림픽에서 '신영복을 존경한다'고 말했는데, 그는 간첩 행위로 무기 징역형을 선고받고 복역한 인물이다.
- 전 민정수석 조국은 국회 청문회에서 자신이 '사회주의자였고 지금도 그렇다'고 증언했는데, 문재인 대통령은 야당의 반대를 무시하고 그를 법무장관에 임명하였다.
- 교육부는 여론의 격렬한 반대에도 불구하고 위법한 절차에 따라 교과서의 정치적 용어들을 수정하였다. '자유민주주의'를 구속력 없는 '민주주의'로 바꾼 것은 그 한 예다.
- 문재인 대통령의 한 특보는 "한미동맹은 해체하는 것이 최선"이라고 말했다. 그리고 주미 한국대사는 "한국이 70년 전에 미국을 선

택했기 때문에 앞으로 70년도 미국을 선택하는 것은 아니다"라고 말해서 한미동맹의 미래에 의문을 제기했다.

　- 산업자원부는 원자력발전소의 경제성 평가 결과를 조작하고 관련 서류를 몰래 파기했다. 이는 대통령의 탈원전 정책을 불법적으로 강행하려는 상부의 명령에 따른 것으로 알려졌다. 문 대통령 자신은 일본의 후쿠시마 원전사고로 1,368명이 죽었다고 국민에게 거짓말을 했었다.

　- 정부와 여당은 청와대의 선거부정 개입, 법무부 장관의 부패 및 정부의 탈원전 비리 의혹 사건 등 '살아 있는 권력'의 부정부패를 수사하려는 검찰총장을 자리에서 내쫓기 위해 거의 일 년에 걸쳐 직무배제, 정직(停職), 수사권 박탈 등 갖가지 부당한 압력을 행사했다. 검찰총장은 이에 대항하다가 결국 임기를 채우지 못하고 사임했다.

　'무너진 자유민주주의와 법치, 공정의 가치를 다시 세우겠다.'
　현 정권의 검찰총장이었던 이가 제1야당의 대통령 후보로 선출되어 제일성으로 내놓은 출마 선언에서 한국정치의 당면 과제를 엿보게 되는 것은 안타까운 일이다. 그가 대통령에 당선될지는 알 수 없다. 그러나 정권교체를 원하는 국민이 절대다수를 차지하는 여론 조사결과로, 정권에 대한 국민의 비판적 태도가 확인되고 있다고 보아야 할 것이다. 야당과 언론에서는 법치파괴와 실정(失政)을 열거하면서, 문재인 정권은 "한 번도 경험해보지 못한 나라"를 만들겠다는 공약만 —부정적 의미에서— 실행했을 뿐이라고 비판한다.

2018년 3월, 이명박 전 대통령이 곧 구속될 것이라는 것이 알려졌을 때, 나는 그에게 그가 결백하다는 것을 분명히 하는 공개성명을 낼 것을 건의했다. 그리고 이 수사는 정치보복일 뿐만 아니라 그것을 넘어서 자유민주주의에 대한 공격으로 간주한다고 주장할 것을 권유했다. 실제로 그는 자신의 결백을 주장하였다. 그러나 그 사안의 정치적 의미에 대해서는 한마디도 하지 않았다. 그는 전임 대통령으로서 대한민국의 법치를 믿고 따르겠다고 하면서, 재판이 그의 무고함을 밝혀줄 것이라고 말했다. 2020년 10월 29일 그는 대법원에서 17년 형을 선고받았다. 박근혜 전 대통령은 탄핵 당한 후 구속수사로 기소되어 2021년 1월 14일 22년 징역형을 선고받았다. 그리하여 한국의 전임 대통령 두 분은 차례로 감옥에 갇혔다. 그 외에도 전 정권 고위직 인사들 백여 명이 '적폐청산'의 명목으로 수사를 받고 기소되어 그중 다수가 감옥살이를 하고 있다. 그들 대부분은 재판이 정치적으로 조작되었다고 주장하면서 법원의 판결을 받아들이지 않고 있다.

야당과 주요 신문들은 연일 정부와 여당이 위헌적으로 민주적 절차를 침해하고 있다고 보도하고 있다. 정부는 사실을 왜곡하고, 통계를 조작하며, 거짓말을 퍼뜨린다고 비난받고 있다. 그리고 여당은 위헌적인 법들을 일방적으로 밀어붙인다고 비판받고 있다. 대통령은 권위적이고 전체주의적인 태도와 특히 친북적인 성향으로 비난받고 있다. 일각에서는 이러다가 체제가 바뀌는 것 아니냐고 우려하기까지 한다. 야당 지도부는 이러한 정치상황을 '반역적'이라고 규정하고, 문재인 정권의 통치 행태를 '나치 독일'의 그것에 비유하기까지

한다.

그 모든 것은 2017년 문재인 대통령이 선출되면서부터 시작되었다. "기회는 공평하고, 과정은 공정할 것이며, 결과는 정의로울 것"이라고 한 그의 취임사는 임기 말에 이르러 권력형 부패와 추문들로 드러난 정반대의 상황을 고발하는 데에 끊임없이 인용되고 있다.

문재인 정권이 출범하면서 더불어민주당 내 일단의 친북 좌파 정치인들(주로 NL-PD 계열의 극단주의자들)이 권력층에 진입하였다. 그들은 주로 '30대 나이에, 80년대 학번을 가진, 60년대생으로, 학생운동을 했었다'는 공통점이 있다고 해서, 과거에 '386 운동권'이라고 불렸다. 그들은 1980년대에 나라의 민주화를 위하여 당시 군부 출신 지도부가 이끄는 권위주의 정부에 대항해서 치열하게 싸웠다. 그들 중 많은 이들이 학업을 중단하고 감옥에 가거나 도망치고 숨어서 지내야 했다. 1987년 헌법이 개정되고 민간정부가 들어서서 민주화될 때까지 그들은 오랫동안 직장도 없이 가난하게 또 더러는 질병에 시달리며 살았다. 그 당시에는 국민들 중 다수가, 개인적인 앙가주망과 동정도 있었겠지만, 도덕적 정치적으로 지지하면서 그들 편에 섰었다.

이제 다행히 국가가 민주화되고 발전하였다. 그리하여 국민의 생활은 더 자유로워지고 풍요로워졌다. 젊은 교수로서 민주화의 시기를 그들과 함께 대학에서 보낸 사람으로서 지금 정치에 참여하고 있는 86세대/그룹의 태도를 다음 세 가지 면에서 안타깝게 생각한다:

첫째, 86세대는 한국 현대사에 대하여 편견을 갖고 있다. 계급투쟁적 시각에서 그들은 남한의 발전과 역사적 정통성을 인정하지 않으려고 한다. 무엇보다도 그들은 자신들의 민주화를 위한 투쟁 업적에 매몰되어 그 공을 독점하려 든다. 그들은 기업인, 과학기술자, 군인과 경찰 등 다른 사람들이 각자의 위치와 자리에서 피와 땀과 눈물을 흘리면서 국가 발전에 기여했다는 것을 인정하려고 하지 않는다. 86세대 정치인들은 그들이 다른 사람들보다 도덕적으로 우월하며 따라서 특권을 갖는 것이 당연하다고 생각한다. 자신들은 항상 옳다고 믿으며 다른 사람들의 의견은 들으려고 하지 않는다. 안타깝게도 그들은 그들의 이상에 반하여 자기정당화되고 말았다. 이들의 행태에 대한 학생운동의 선배들의 비판은 점잖지만 따갑다:

'한국의 민주화는 모든 한국 국민들이 다 함께 이룩한 것이다.'

둘째, 86세대는 현실감을 상실하고 자신들을 과거의 사고 속에 가두었다. 당시 한국에는 군부 출신이 주도하는 권위주의 정부가 통치하고 있었다. 이들이 국가 주도적 압축성장을 추구하면서 추진한 공업화와 도시화, 이른바 소위 개발독재는 큰 성과에도 불구하고 많은 부작용을 수반하였다. 그들이 젊은 대학생으로서 당시의 정치적 상황에서 독재정권에 저항하기 위한 이론적 근거를 마르크시즘에서 찾으려 한 것은, 물론 옳지는 않지만, 이해할 수는 있다. 그럼에도 그들이 ―단순히 남한 정부를 비판한다는 공통점 때문에― 북한의 '주체사상'을 무비판적으로 받아들이고 그에 의존하여 김일성 개인숭배에 빠진 것은 근시안적이고 어리석었다. 그들은 한국의 민주화 직후에 소련과 동유럽에서 공산주의 체제가 어떻게 무너지는지를 스스로 보았다. 그들은 실망하고 잠시 물러섰었다. 그러나 그것이 전부였다. 그들은 스스로 좌초한 이데올로기에서 내용적, 형식적으로 완전히 벗어나기에는 이미 정신적으로 너무나 교만하고 나태해져 있었다. 다른 말로 하자면 그들은 유감스럽게도 그들 자신의 이념적 과거에 머물러 고착되고 말았던 것이다.

셋째, 86세대는 시대에 추월당했다. 이념적 과거에 사로잡혀, 또는 이념적 도그마에 빠져, 그들은 세기의 전환기에 이루어진 정보화, 세계화의 흐름 및 그와 연관된 급격한 사회변화를 놓쳐버렸다. 치열했던 학생운동 시절과는 딴판으로 그들은 지적(知的)으로 게을렀고 새로운 변화를 외면했다. 그들의 사고 방식은 농경사회 또는 잘해야 초기 산업사회에 유효했던 폐쇄적 시스템에 머물렀다. 그리고 그들의 시야는 지방-국가의 울타리 바깥으로 나가지 못했다. 결과적으로 그들은 정보화 사회와 세계화된 국제관계가 만들어낸 새로운 환경, 즉 개방적 시스템에 적극적으로 적응하지 못했다. 빈둥거리는 사이에 역사가 그들을 추월해버린 것이다.

위에 지적한 세 가지 약점은 86그룹이 갑자기 권력에 가까이 갔을 때 치명적인 약점이 되었다. 준비되지 않은 상태에서 그들은 국가의 정책과 행정에 관한 중요한 결정들을 해야 했고 그에 대한 책임을 져야 했다. 특히 외교정책과 대북정책이 불안정하였다. 기본적으로 국제관계에 관한 무지와 남북관계에 대한 편향된 인식이 문제가 되었다. 그들은 20세기 말 유럽과 여타 지역에서의 사회주의 체제의 몰락과 그 이후의 변화에 대해 제대로 인식하지 못했으며, 북한에 대한 소위 '내재적' 접근을 탈피하지 못했다. 그리하여 그들은 전술한 좌파 포퓰리즘의 혼란에 빠지고, 나아가 민주주의의 위기를 초래하였다는 비난에 직면하게 되었다.

민주주의 위기는 현재 세계적 현상인 것으로 보인다. 가장 안정된 민주주의 국가라고 할 영국(브렉시트)과 미국(트럼프 현상)을 비롯하여 독일(극우 극단주의)에서도 포퓰리즘은 전진을 계속하고 있다. 헝가리, 폴란드, 터키, 사우디아라비아와 세계의 다른 많은 나라에서 권위적인 정치인들이 어떻게 법치주의, 권력 분립, 사법권 독립, 언론의 자유 같은 민주적 규범을 손상시키는지를 볼 수 있다.

프랜시스 후쿠야마(Francis Fukuyama)의 "역사의 종말(the end of history)"에 대한 역사의 복수일까?

'우리가 보고 있는 것은 단지 냉전의 종식이거나 전후 역사의 특정 시기를 통과하고 있는 것만은 아니다. 그것은 역사의 종말이다. […] 다시 말하면, 그것은 인류의 이념적 진화의 종착점이고 인간이 만드는 정부의 최종적 형태로서 서방 자유민주주의의 보편화이다.' (F. Fukuyama: 『The End of History and the Last Man』)

그러나 그것이 한국에도 유효할까? 자유민주주의가 아시아 대륙의 마지막 보루에서도 위기를 맞고 있는가? 이 질문에 대해 우리는 유감스럽게도 '그렇다'고 시인할 수밖에 없다. 상황은 다른 어느 때보다도 좋지 않다. 왜냐하면 이 정치적 위기가 북한이 핵을 개발하는 시기에 남한 정권에 의해 조성되고 있기 때문이다. 아이러니컬하게도 이 위기는 자타가 모두 '이제 한국이 민주화되었다'고 믿었을 때에 왔다. 그리고 바로 한때 민주화운동에 앞장섰던 이들이 북한 테러 정권과 그들의 도발적 정책에 굴종함으로써 자초하고 있다는 것은 참으로 슬픈 코미디라고 하지 않을 수 없다. 사실, 현재의 남한 정부는 정치적으로 북한 독재정권을 지지함으로써 북한 비핵화와 통일을 제쳐두는 것은 말할 것도 없고 북한 주민들의 인권 침해를 방조하고 있다. 북한의 사정을 이해하기 위하여 이른바 '내재적 접근'이 필요하다는 변명은 진실을 호도하기 위한 궤변에 지나지 않는다. 내가 이렇게 한국의 정치 상황과 그 배경에 대해 자세히 설명하는 이유는 이것이 도저히 용납할 수 없는 상황임을 분명히 지적하기 위해서다. 그러나 이제는 주제에 집중하기 위하여 다시 대북정책 내지 통일정책으로 돌아가고자 한다.

문재인 정권은 그들의 북한정책을 '한반도 평화 프로세스'라고 부른다. 평화 프로세스는 그동안 중단되었던, 김대중 전 대통령이 베를린 선언(2000년 3월 9일)에서 밝힌 '햇볕정책'을 다시 살려내려는 것으로 보인다. 평화 프로세스는 햇볕정책의 후광을 받기 위하여 역시 베를린에서 발표되었다(2017년 7월 6일). 아무튼 대북정책에 관한 이 두 선언은 같은 정책적 근원을 갖는다. 즉 빌리 브란트(Willy Brandt)와 SPD의 동방정책이 그 뿌리이다.

그러면 그 평화 프로세스의 내용은 무엇인가? 문 대통령은 그의 '신베를린 선언(Berlin Initiative)'에서 '한반도의 냉전구조를 해체하고 항구적인 평화정착을 이끌겠다'고 정책 목표를 제시하면서, 평화를 내세우고 통일을 미루었다:

'통일은 쌍방이 공존공영하면서 민족공동체를 회복해나가는 과정입니다. 통일은 평화가 정착되면 언젠가 남북간의 합의에 의해 자연스럽게 이루어질 일입니다. 나와 우리 정부가 실현하고자 하는 것은 오직 평화입니다.'

이를 위해 그는 북한 체제의 안전을 보장하는 한반도 비핵화와 평화체제의 제도화를 추구하고, 한반도에 새로운 경제지도를 그리겠다고 했다. 그리고 물론 남북한 간 교류협력에 중점을 둔 접근정책을 강조하였다.

　독일에서 오랫동안 계속되었던 접근정책, 또는 유화정책과 그 공과를 둘러싼 대립적 논쟁을 차치한다고 하더라도, 독일의 동방정책을 한국에 그대로 적용하기 위해서는 많은 논리적 문제들이 남는다. 한국의 여건은 시공간적 및 실질적인 관점에서 독일의 그것과 많은 공통점을 갖지만 동시에 많은 상이점을 갖는다. 오늘날의 남북관계를 당시의 동서독 관계와 역사적으로나 현실 정치적으로나 등치(等置)할 수 없는 것이다. 즉 한국은 독일이 아니다. 북한은 독일이 아니고, 중국은 구소련이 아니다. 두 나라는 다 남한을 침략하였고 유엔에 대항해서 전쟁을 했다. 거기에 더하여 북한은 지금도 거듭된 유엔 결의에 반(反)하여 핵개발을 위한 도발을 계속하고 있다.

　햇볕정책이 그 논리를 이솝우화 「해와 바람」에서 차용했다면, 문 대통령의 평화 프로세스는 한국 국민의 동의를 얻기 위해 국민 감정을 이용한다. 그러나 우화(寓話)의 논리가 실세계에서도 작동하는지, 또는 국민의 희망만으로 원하는 결과가 이루어지는지는 전혀 다른 사안이다. 실제로 남쪽의 '햇볕'은 북한에서 어떤 변화도 이끌어내지 못했다. 반대로, 조건 없는 햇볕은 북한 독재자에게 자신의 권력을 강화하고 핵무기를 개발하기 위하여 필요한 돈과 시간을 제공했다.

　지금의 평화 프로세스는 같은 잘못을 반복하고 있다. 2018~19년의 연이은 남북정상회담(2018년 4월 27일 판문점, 5월 26일 판문점, 그리고 9월 18~20일 평양)과 미북정상회담(2018년 6월 12일 싱가포르, 2019년 2월 27~28일 하노이)은 북한에게 국제무대에 화려하게 등장하여 핵보유국이라는 주장을 온 세계에 선전할 기회를 제공하였다. 거기에다 이 뻔뻔스러운 회담들은 또 다른 부작용을 초래하였던바, 한미동맹을 이완시키고, 남한 내 여론을 분열시켰으며, 남한의 국제적 이미지를 깎아내렸다. 그럼에도 한국의 정부와 여당은 세계와 한국 여론의 분노와 실망에 아랑곳하지 않고, 한바탕 쇼로 끝난 이들 회담들을 대단한 성공이자 큰 성과라고 자축하였다.

그 이후에 전개된 상황은 이들 만남과 회담들이 전부 실패했음을 입증하고 있다. 그것들이 실질적 내용도, 정치적 해결을 위한 진지한 노력도 없는 인기영합적인 쇼와 다를 바 없었다는 당사국들과 세계의 비판은 타당한 것으로 보인다. 야당은 남북정상이 회담 후에 발표한 '판문점 선언(2018년 4월 27일)'에 대하여 국회에서 비준되지 못했으므로 무효라고 비판하였다. 언론들도 이 회담 합의문이 국가 안보를 더 위태롭게 하는 것 아니냐는 의문을 제기하였다. 어찌되었든, 그 전부가 과거의 잘못을 반복한 것임은 분명하다.

이미 여러 차례 시사한 바와 같이 화해정책(Versöhnungspolitik)은 본래 북한의 핵무기 개발과 같은 문제를 해결하기에는 적합하지 않다. 왜냐하면 화해정책은 본래 유화정책에 속하는 것으로 어의적으로나 역사적으로나 처음부터 정치적인 대결보다는 타협을 도모하고, 따라서 언제나 굽히고 물러서려는 기본자세를 취하기 때문이다. 『Duden 사전』은 유화정책을 "나치가 독일에서 권력을 장악한 후 국제적인 긴장을 완화하고 히틀러를 하나의 안보 체계에 묶어두기 위해서 아서 체임벌린(Arthur Neville Chamberlain) 총리의 영국 정부가 취한 정치적 시도"라고 정의한다. 그들은 이러한 무마책(Beschwichtigungspolitik)으로 전쟁을 피할 수 있기를 기대했지만, 나치 정권은 이러한 유화정책을 무용지물로 만들면서 침략 행위를 계속하여 결국 유럽을 전쟁으로 몰아넣었다. 그래서 사람들은 유화정책이라고 하면 굴욕적인 뮌헨협정(Müncher Abkommen, 1938)을 체결하고 나서 '우리 시대의 평화'라고 자랑했던 체임벌린 영국 총리를 연상하게 되는 것이다.

거기에 더하여 문 정권 사람들은 북한문제를 북한의 특수한 입장과 시각에서 이해하고 인정하려고 하는 소위 '내재적 관점'을 가지고 있다. 그것은 '북한이 자기 방어를 위해 핵무기를 가지려고 하는 것을 이해할 수 있다'거나, '북핵은 남한을 겨냥한 것이 아니다'라는 등의 발언이 반복되는 데에서 확인할 수 있다. 남한 정부의 이러한 타협적이고 굴종적인 태도는 이제 한반도를 넘어 세계 평화를 위협하기에 이른 북한의 핵개발을 결과적으로 방조하는 모양새가 되고 말았다. 북한을 설득하여 핵무기를 포기하게 할 수 있으리라는 희망은 환상일 뿐이다. 이 대목에서 나는 NATO의 이중결의를 둘러싼 독일의 오랜 논쟁과 그 결말을 다시 떠올리게 된다. 역사는 우리에게 그것을 반복하여 가르쳐주었다. 그래도 배우지 않는다면, 어리석을 뿐만 아니라 대단히 경솔하고 무책임하다고 할 수밖에 없다.

내가 보기에 문재인 정권의 평화 프로세스는 전체주의 독재자와 그의 정책에 대해 평화의 이름으로 계속해서 굴복한다는 점에서 전형적인 유화정책이다. 남한의 대통령으로서 그는 북한 핵개발의 직접적인 피해 '당사자'이다. 그럼에도 그는 자신의 국가와 국민에 대한 책임을 방기하고 미북간 비핵화 협상에 '중재자' 역할을 자임하고 나섰다. 그리고 알려진 바로는 일부 거짓말과 비현실적인 시나리오까지 동원하여 화려한 말로 양측을 설득하려고 했다. 그것은 잠시 통하는 듯했지만 양측이 정치적인 실상을 알아차렸을 때는 상호 불신만 깊어졌을 뿐 아무 소용이 없었다. 협상 당사자들이 사전에 이미 회담의 기초가 비현실적이라는 것을 알았을 수도 있다. 그러고도 회담에 임했다면 그들은 다른 효과, 즉 인기영합을 노렸을 것이다. 아무튼 목적이 수단을 정당화하지는 못한다.

정상회담이 실패하고 나서부터 문 정권은 북한 비핵화의 상태에 대해 침묵하고 있다. 물론 통일을 위한 진지한 시도도 일체 하지 않는다. 그 대신 그들은 북한의 눈치를 살피면서 그들에게 잘 보이기 위해서 무슨 일이든 가리지 않고 한다. 그렇게 해서라도 화해 분위기를 만들어보려고 하는 것이다. 문 대통령은 한동안 북한에 대한 유엔의 제재를 완화하거나 철폐하기 위해서 그야말로 동분서주했었다. 그리하여 국제적인 언론 매체로부터 "북한 수석 대변인 (top spokesman)"(《Bloomberg News》), "북한 요원(agent of North Korea)"(《New York Times》), 또는 "정치적 겁쟁이(political coward)" (《Financial Times》)라고 조롱받기도 했다. 통일부 장관은 지금도 끊임없이 북한에게 교류협력을 제안하고 거절당하는 수모를 감수하고 있다. 한때는 코로나 환자가 한 명도 없다는 북한에게 코로나 백신을 보내주겠다고도 했었다. 곤혹스러운 것은 당시 정부가 자국민을 위한 백신도 충분히 확보하지 못해 접종이 지연되고 혼란이 인다는 비판을 받고 있었다는 것이다.

하여간 문 정권은 북한을 자극할 수 있는 일은 가급적 하지 않으려고 한다. 한국은 2019년, 2020년에 이어 세 번째 유엔의 '북한인권결의안' 공동제안국에서 빠졌다. 이 정권 들어서부터 한국 정부는 탈북민 문제를 공개적으로 다루지 않으려 한다. 문재인 정부는 중국의 탈북민 강제 북송에 항의하지 않을 뿐만 아니라, 심지어 남한으로 탈출한 2명의 북한 어부들을 재판 절차도 없이 강제로 북송하기까지 하였다(2019년 11월 7일).

문재인 정부는 북한의 여하한 도발적 행태에도 무대응으로 일관하고 있다. 북한이 한국대통령을 가리켜 "머저리", "오지랖", "삶은 소대가리" 같은 막말을 해도 아무런 대꾸를 하지 않았고, 개성남북연락사무소를 폭파했을 때(2020년 6월 16일)에나 서해상에서 실종, 표류한 남한 공무원을 사살하고 시신을 불태웠을 때(2020년 9월 21일)에도 아무런 대응수단을 강구하지 않았다. 거꾸로 '대화 제스처'라고 북한을 두둔하면서 자신들의 무대응을 합리화하거나 남한 내 여론을 무마하려는 태도를 보이기까지 했다. 또 집권 더불어민주당은 야당의 강력한 반대를 무릅쓰고 '대북전단 금지법'을 밀어붙였는데, 이 법은 북한 김여정이 대북전단 풍선날리기를 비판한 직후에 만들어졌다고 해서 언론으로부터 "김여정 하명법"이라고 조롱받았다. 이 법은 국제사회에서 가뜩이나 외부세계로부터 단절된 북한 주민의 기본권을 침해한다는 격렬한 비난을 불러일으켰다.

요컨대 한반도 평화 프로세스의 실체는 남한의 대북 유화정책으로, 오로지 전쟁을 피하기 위하여 북한의 도발에 물러서고, 양보하고, 부응하고, 굴복하는 것이다. 그것은 남한의 정체성을 손상시키고, 북한의 독재를 정당화하며, 북한 주민의 고통을 연장시킨다. 북한 비핵화를 방해하고, 남한의 국제연대를 약화시키며, 안보를 위태롭게 한다. 그렇다고 그것이 실제로, 그리고 최종적으로, 평화를 보장할 것인지는 다른 문제이다.

또 다른 문제는 유화정책이 통일이 아니라 분단 상태에서의 공존을 추구한다는 것이다. 정범구 주독일 한국대사도 공식연설에서, 1960년대 이래 동독을 향해 일관되게 화해정책을 추진했던 SPD가 결코 통일을 내세우지 않았음을 상기시키면서, 이 분단고착적 정책을 확인하였다:

'문재인 정부가 남북관계에서 목표로 하는 것은 통일이 아니라 평화공존입니다.' (Jong Bum-goo, "Die Wiedervereinigung Deutschlands und die koreanische Halbinsel: Was wir Koreaner aus den deutschen Erfahrungen lernen können", 2020년 9월 23일, Universität Marburg)

빌리 브란트는, 에곤 바르(Egon Bahr)나 다른 SPD 지도자들과 마찬가지로, 1980년대에 독일에서 실현 가능한 새로운 국가통일을 상정하는 것은 잘못이거나 위험하다고 수차례 밝혔다. 그는 1988년에도 두 번이나 "독일통일에 대한 희망은 제2독일공화국의 자기기만(Lebenslüge)이다"라고 경고하였다. 여기서 '제2독일공화국'이라 함은 본의 서독 정부(1949~1990년)를 지칭하는 것으로, 이 말은 동서독 통일이 가능하지도, 바람직하지도 않다고 보는 생각을 강조한 것이다.

독일 정치인들의 자중 내지 비판적 거리두기와는 반대로, 한국의 일부 언론과 정치권은 독일통일을 가능하게 한 것이 빌리 브란트와 그의 동방정책의 공로라는 과장되거나 잘못된 정보를 퍼뜨렸다. 그런 해석은 주로 한국을 자주 들락거린 SPD 정치인들과 좌파 지식인들이 유포시켰다. 그들의 이러한 해석을 김대중-노무현 정부 시절 한국의 햇볕정책의 신봉자들이 지지하고 활용했던 것이다. 그 밖에도 몇몇 언론에서는 전환기 독일 경제의 어려움을 '재앙적'이라고 폄하하고, 그 모든 것이 너무 빠른 통일, 그리고 '흡수통일' 때문이라고 단정하였다. 그 결과 한국에서는 '통일을 서두르면 안 된다'는 잘못된 인식이 퍼졌다. 한 예로, 내가 통일부 장관으로 있을 때, 민주당 국회의원들은 '통일준비를 너무 강조한다'고 나를 비난했다. 정부가 국민에게 '독일을 본보기로 삼아 흡수통일을 하려고 한다'는 인상을 줄 우려가 있다는 것이었다.

한반도 상황의 인식과 관련하여 서울대학교 통일평화연구원의 통일의식조사(2020년 10월 13일)는 흥미로운 조사결과를 내어놓았다. 우선 "단절의 시대, 통일의식 변화"라는 조사의 제목에서부터 특이하게 "분단" 대신 "단절"이라는 용어를 쓰고 있다. 아래에 1,200명을 대상으로 한 이 설문조사 결과 중 중요한 몇 가지를 간추려둔다:

- '통일의 필요성'에 대해서는 절반을 조금 넘는 응답자(52.8%)가 "필요하다"는 긍정적 대답을 했다. 반면 "필요하지 않다"는 응답자(24.7%)도 상당하였다. 젊은 층에서는 부정적 대답의 비율이 더 높았

다(20대 35.3%; 30대 30.8%).

- '통일의 시급성'에 대하여는 16.2%가 "가능한 한 빨리"라고 대답하였고, 55.6%는 "여건이 성숙되기를 기다려 점진적으로", 그리고 21.4%는 "현재대로가 좋다"고 하였다.

- '통일에 대한 부정적 인식의 이유'로는 "경제적 부담"이 34.8%로 가장 많았고, "통일 이후에 생겨날 사회적 문제"(27.6%), "정치체제의 차이"(21.1%), "사회문화적 차이"(13.4%)가 그 뒤를 이었다.

- '희망하는 통일한국의 정치체제'에 관해서는 응답자의 47%가 "남한의 현 체제 유지"를 선호한 데 비해, 27.8%는 "남북한 체제의 절충"을, 22.3%는 "남북한 두 체제 유지"를 좋아했다.

- '북한은 우리에게 어떤 대상인가?'라는 질문에 대해 48.2%가 "협력대상"으로, 11.9%가 "지원대상"으로 본 데 비해, 4.0%는 "경쟁상대", 21.0%는 "경계대상"으로 보았고, "적"으로 본다는 응답자도 14.8%나 되었다.

- '북한의 인권상황'에 대하여는 84.7%가 "심각하다"고 응답하였고, 응답자의 89.5%는 "북한은 핵무기를 포기하지 않을 것"이라고 판단하였다.

- '정부의 대북정책'에 대해서는 응답자의 62.2%가 "불만족한다"고 대답했고, 37.8%만이 "만족한다"고 대답했다.

설문조사의 결과는 한국 국민의 북한에 대한 태도가 실질적이고 실용적임을 나타낸다. 단기적으로 보면 현실적인 남북간 정치 기상도에 따라 인식의 오르내림이 있다. 그러나 장기적으로 한국인들은 대체로 통일을 희망하지만, 안정을 중시하여 천천히 동시에 지속적으로 통일에서 멀어지는 경향을 보인다.

북한은 남한을 비롯한 외부와 일체의 교통과 통신을 단절한 채 스스로를 가두어놓고 미사일 발사 시험을 이어가면서 위기를 고조시키고 있다. 일방적인 희망사항에 지나지 않았던 평화 프로세스가 실제로 아무런 성과를 거두지 못하고 미궁에 빠지자 문재인 정부는 지금 대통령 임기를 불과 몇 달 앞둔 시점에서 '종전선언'과 그것을 토대로 하는 '평화선언'에 매달리고 있다. 이러한 움직임에 대해 미국 조야가 우려를 표하고 있는 가운데 한국 외무장관은 최근에 중국을 방문하여 양제츠(楊潔篪) 국무위원으로부터 '종전선언 추진을 지지한다'는 발언을 얻어냈다.

나는 문재인 정권의 유화정책이 2022년 북경 올림픽과 대통령선거를 기화로 또 한 번 포퓰리즘을 타고 기승을 부릴 것을 우려한다. 그것은 평화정착으로 포장되었지만 결국 북한을 다시 한번 정치적, 경제적 위기에서 구출하는 데 기여할 것이다. 그리고 북한은 그것을 한반도 비핵화와 연결지어 미군 철수를 주장하는 발판으로 역이용할 것이다. 이는 전술한 미중 갈등과 엮이어 한반도를 심각한 안보위기에 빠뜨릴 수 있다. 그 위험에 대해서는 반기문 전 유엔사무총장도 최근 공석에서 우려를 표했다:

'종전선언은 안보태세를 이완시키고 북한에 유엔사령부 해체와 주한 미군 철수까지 주장할 빌미를 주게 될 것입니다.' (2021년 11월 30일)

《뉴욕타임스》와의 대담에서 문재인 대통령은 그 자신과 함께 추진했던 트럼프 미국대통령의 북한정책을 "덤불 뒤지기"와 "실패"로 평가하면서 미국에게 북한과 마주 앉을 것을 촉구했다(《New York Times》, 2021년 4월 21일). 그러나 알려진 바와 같이 미국뿐만 아니라 서방 세계의 한국 전문가들 사이에서는 남한 정부의 평화 프로세스를 포함한 대북정책에 대한 불신이 실제로 존재한다. 그렇게 보면, 현 상황에서 바이든 행정부는 기존의 대북정책 기조를 바꾸고 새로 만들겠지만, 그것을 선뜻 내놓고 추진하기가 쉽지만은 않아 보인다.

'바이든 행정부는 북한의 핵과 탄도미사일 프로그램을 끝내기 위하여 새로운 항로를 그리고 있습니다. 그것은 도널드 트럼프 대통령의 그랜드 바겐, 즉 '지도자간 직접 외교'와 버락 오바마 대통령의 '위기와 적당한 거리두기' 접근법 사이에서 균형을 유지하는 것이 될 것입니다.' (《The Wahington Post》, 2021년 5월 1일)

나는 미국 행정부의 이 설명이 대북정책의 실용적 방향 설정을 위해 일단 적절하다고 본다. 같은 고위관리의 말이다:

'우리가 생각하는 것은 미국에 대한 위협을 줄이는 것을 목적으로 하는 보정되고 실용적인 대북한 외교입니다.'

이 실용적 접근이 구체적으로 무엇을 의미하는지는 2021년 5월 21일 양국 정상회담에서나 그 이후의 빈번한 실무 접촉에서도 아직 분명히 드러나지 않고 있다. 일각에서는 '미국이 우유부단하다'거나 '이러다가 북핵을 인정하고 마는 것 아니냐'는 우려가 일고 있지만, 이명박 정부의 경험에 비추어보면 그것은 아마도 2022년 5월 한국에 신임 대통령과 그의 정부가 들어선 후에야 명시적으로 나타날 것 같다. 그 핵심은 양측이 어떻게 입장 차이를 극복하고 북한의 완전한 비핵화라는 공동목표에 충실하게 다가갈 수 있느냐가 될 것이다.

일반적으로 좌파는 진보적이고 우파는 보수적이라고 한다. 그러나 작금의 한국 실정을 놓고 보면 이러한 구분의 타당성에 의문이 제기된다. 전술한 바와 같이 현재 여당의 지도부는 학생운동권 출신의 소위 86그룹으로 구성되어 있다. 그리고 그들 중 다수는 한국의 기본 문제가 분단과 외세, 즉 미국에 종속되어 있는 데에 있다고 믿는 NL(National Liberation, 민족해방) 계열에 속한다. 이들은 남한과 북한이 단결하여 외세를 몰아내고 통일을 쟁취해야 한다고 주장한다. 이들은 주체사상을 신봉하며 정치적으로 친북적 성향을 나타낸다고 하여 '주사파'로도 불린다. 운동권에서 이들과 경쟁관계에 있는 PD(People Democracy, 민중민주) 계열은 한국 사회문제의 원인으로 자본주의 하에서 계급 문제에 주목하고 노동운동과 연계하여 계급투쟁을 전개할 것을 다짐한다. 1980년대까지 주로 마르크스-레닌주의를 추종하다가 소련 해체 이후에는 다양한 사회주의 흐름으로 분파되었다. 양쪽은 모두 자신들을 반동적 '보수(Konservative)'에 맞서는 '진보(Progressive)'라고 주장한다.

따라서 이런 질문이 나온다: '과연 무엇이, 그리고 누가 진보인가, 또, 무엇이, 그리고 누가 보수인가?' 나는 주저 없이 '인간의 존엄성을 존중하고, 진실을 구하며, 미래지향적으로 보는 것이 진보이고, 그것을 실천하는 사람이 진보이다'라고 대답하겠다. 나는 이 시대 한국에 있어서는 구체적으로 통일에 대한 태도가 그 척도가 될 수 있다고 본다. 같은 논리로 진보에 반하는 것, 즉 반통일적인 태도와 그런 행동을 하는 이들을 반동이라고 할 수 있을 것이다. 앞의 서술에 기초하여 나는 유감스럽게도 북한 정권에 대해 굴종적 유화정책을 고수하는 문재인 정권의 행태를 반동이라고 규정할 수밖에 없다.

- 역사에 반한다: 낡은 사회주의 상상의 아류인 주체사상을 추종하면서 한국의 역사를 왜곡하고 국민을 분열시킨다.
- 보편적 가치에 반한다: 북한 정권이 핵무기를 개발하는 데 대해 대응하지 않고, 특히 주민의 자유를 제한하고 인권을 침해하는 데 대해 침묵한다.
- 자유민주주의에 반한다: 철 지난 계급투쟁과 혁명의 논리로 불의를 정당화하고 정치적 이익을 위해 사법권의 독립과 언론의 자유를 탄압한다.
- 헌법에 반한다: '고위공직자범죄수사처 설치 및 운영에 관한 법률'(2019년 12월 30일), '5.18역사왜곡처벌법'(2020년 12월 14일) 같은 위헌적인 법률들을 제정하였다.
- 차세대의 권익에 반한다: 무분별하게 예산을 낭비하고 국가부채를 증가시켜 국가재정균형을 무너뜨린다.
- 국가 안보에 반한다: 유엔의 대북제재를 완화하기 위해 노력하고, 한미동맹을 이완시키며, 일본과의 우호관계를 해침으로써, 결과적으로 북한과 중국을 이롭게 하고 자국의 안보를 위태롭게 한다.
- 통일에 반한다: 친북적인 유화정책을 고수함으로써 북한 독재체제와 핵개발을 정당화하고, 통일정책을 약화시켜 한반도 분단을 고

착화한다.

    이렇게 한국은 지금 한국전쟁 이후 가장 심각한 안보 위기에 처해 있다. 상황은 앞을 예측하기 어렵고 가변적이다. 저쪽에는 시대착오적인 독재자가 핵무기를 만지작거리고 있고, 이쪽에는 무능하고 인기영합적인 정부가 있다. 하늘은 어둡고 주위의 파고는 높아지고 있다. 그리고 무엇보다도 가슴 아픈 것은 이 나라와 민족에게 가장 중요한 것이 위태로워지고 있다는 것이다. 그것은 한국이 독일에서 배워야 할 것, 바로 '자유와 통일'이다.

    상황을 더욱 어렵게 하는 것은 이 판국에 코로나-팬데믹과 그로 인한 경제난으로 국민이 고생하고 있다는 것이다. 정부는 K-방역이 성공적이라고 대내외에 선전하지만, 그것은 정부 지침에 순응한 국민과 헌신적인 의료진의 몫일 뿐, 정부는 자유의 제한과 소위 '위드 코로나' 사이를 오락가락하고 있을 뿐이다. 처음에는 마스크 대란이 일더니, 나중에는 백신을 확보하지 못해 허둥댔고, 지금은 변이 바이러스의 확산 앞에서 병실이 부족하다고 아우성이다. 그런데도 확진자와 위중증 환자 숫자를 발표하는 것 외에 하는 일이라고는 재난지원금 명목으로 전국민에게 돈을 풀어 선거에서 득 볼 방도를 궁리하는 것뿐이다.

    이렇게 염려스러운 현실 진단과 비관적인 미래 전망을 담은 이 장을 그럼에도 어느 정도 안심이 되도록 마무리 짓기 위해 저자는 몇 가지 긍정적인 측면들과 함께 정책적 제안을 해두고자 한다. 다시 말하면, 위기는 동시에 기회가 될 수 있다. 기존 질서가 움직이게 되면

스스로 움직일 공간이 생길 수 있다. 그때 국민의 잠재력이 발현될 수 있을 것이다:

- 한국인들은 역사적으로 수백 번의 위기를 극복하면서 독립국가로 생존할 능력이 있음을 증명하였다. 그리고 무엇보다도 지정학적으로 민감하다는 것은 부서지기 쉽다는 뜻만이 아니라 역동적이라는 것을 의미하기도 한다.

- 한국의 민주주의는 시련을 거쳐 성숙해지고 강해졌다. 국민의 건전한 정치의식은 한국 자유민주주의를 튼튼하게 떠받치고 있고, 무엇보다도 시민사회는 그동안 국제사회와 정보사회에서의 경험으로 능히 스스로를 지킬 수 있을 만큼 성장하였다.

- 한국의 산업은 첨단기술과 숙련된 노동력, 그리고 세계적인 네트워크를 갖추고 있어 그 경제적 기반이 튼튼하며, 4차 산업혁명으로 넘어가는 데에 필요한 발전 잠재력을 가지고 있다.

- 북한은 종말을 향해서 가고 있는 것으로 보인다. 핵개발은 북한을 군사적으로 강하게 만들 수도 있겠지만, 한편으로 활동공간을 축소시켜놓고 있다. 독재정권은 핵을 당장 써먹을 방도도 없고, 포기할 수도 없다. 유엔 제재 위에 코로나-팬데믹까지 겹쳐 북한은 완전 고립상태에 빠졌다. 그리고 그것은 인민의 생활고와 정권에 대한 압박을 더욱 심화시킬 것이다.

- 미국은 다시 정치적 이성을 회복하고 국제사회에서 지도적 역할을 하게 될 것이다. 중국은 코로나 시대를 지나고 나서, 당면한 사회경제적 문제들을 해결하고 미중 갈등을 넘어서기 위한 전제인 국가

통합을 유지하기 위해, 어쩔 수 없이 민주화의 길을 가게 될 것이다.

　－ 한국의 새 정부는 그동안 악화된 한일 관계를 회복하고 일본과 함께 동아시아 지역의 지정학적 위험을 완화하기 위해 미국과도 더 긴밀히 협력하게 될 것이다.

　물론 이러한 일들이 저절로 이루어지지는 않을 것이다. 국민이 위기를 기회로 만들어가기 위해 최선을 다해야 한다. 무엇보다도 주어진 상황을 직시하고 자유민주주의를 지키기 위한 수단과 방법을 찾아야 한다.

　대변혁을 예보하는 세계정치의 어두운 기상도에도 불구하고, 코로나-팬데믹을 극복하기 위해 선진국들이 개발도상국들에게 백신을 나누어주려 하고, 기후위기를 극복하기 위한 정상회의와 당사국회의가 연이어 열린다는 뉴스가 들린다. 공동의 위기 앞에서 이성을 되찾는 인류의 모습이다. 이 길조(吉兆)를 보면서 나는 절체절명의 위기 앞에서 한국인들의 정치의식이 깨어나기를 기대한다. ‘하느님이 보우하사’ 라는 〈애국가〉의 가사처럼. 그리하여 위기가 극복되고 나면 한국의 통일 역량은 보다 높은 단계로 올라설 수 있을 것이다. 변화가 크면 기회도 크다.

시공간적 문제

'한국 통일이 가능하기는 합니까?'

내가 외국에서 자주 받는 또 하나의 질문이다. 거기에 대해 나는
언제나 반사적으로 대응한다:

'아, 그렇고말고요. 그래서 우리가 애쓰고 있고요.'

이와 관련하여 나에게는 마틴 루터 킹(Martin Luther King)이 한
말이 무척 인상 깊게 남아 있다. 나는 그 명구(名句)가 1980년대 독
일 교회의 플래카드에서도 인용된 것을 보았다.

'우리는 우리가 가만히 있어도 하나님께서 행하신다고 믿는 것이
미신(迷信)이라는 것을 깨달아야 합니다.'

나도 한국의 한 대학 강연에서 비슷한 얘기를 한 적이 있다.

'말과 노래만으로 통일이 오지는 않습니다. 우리는 그것을 70년이
나 해보았습니다.'

통일이 불가능하다고 보는 세 가지 정치적인 오판이 있다. 그리고 그 잘못된 생각은 주로 교육받고, 부유하고, 젊은 한국인들 사이에 널리 퍼져 있다. 이들이 배워도 몽매하고, 가져도 허전하며, 젊어도 비겁한 이유는 얼이 빠졌기 때문이다. 얼빠진 멍청이를 '얼간이'라고 한다. 나는 이들 얼간이들의 세 가지 오판을 반통일적 미신으로 비판해왔다.

① '지정학적 운명'이라는 미신

첫 번째 미신은 대륙 세력과 해양 세력 사이에 끼여 있는 한반도에게 외세의 침략과 분단은 지정학적으로 예정된 운명이라는 생각으로, 이는 지정학적 또는 지리적 결정론(geodeterminism)에서 유래한다. 한 국가의 지리적 위치는 불변적이지만 기본적으로 가치중립적이다. 그 위치에 대한 인간의 해석 및 그에 따른 정치적 의미는 가변적이다. 한반도가 태평양과 아시아 대륙 사이의 경계 지대에 놓여 있는 반도라는 것은 어김없는 사실이지만, 그 자체가 반드시 특정한 정치적 운명과 결부되는 것은 아니라는 말이다.

농경 시대 이래 한반도는 그 자체로 온난한 기후와 비옥한 토양으로 인해 사람 살기에 좋은 땅이었다. 문제는 이 땅에 대한 이웃 나라의 인식이었다. 중국은 한반도를 동이(東夷)라고 부르면서 변경으로 취급했고, 일본은 선진 문화를 부러워하며 대륙 진출을 꾀하다가 끝내 '명을 치려 하니 길을 안내하라(征明嚮導)'고 요구하면서 조선을 침략했다. 19세기 후반 제국주의 열강은 한반도를 세력권 확장을 위한 전초기지로 삼으려 했고, 냉전시대에는 두 이데올로기 블록 간의 완충지대로 보려 했다. 그 결과는 한반도를 북위 38도선을 따라 분단하는 것으로 나타났다. 물론 모든 한국인들의 의사에 반한 강대국의 불법 부당한 자의적 행위였다. 외세들이 반도의 지정학적 이점을 이용하려 들었던 데 반해, 국제적 세력 다툼에서 아무런 경험이 없었던 반도의 주인들은 무력했다. 당시 조선은 군사적, 경제적으로 자신을 지켜내고 자신들의 주장을 관철해내기에는 너무나 허약하였다.

한반도에 대한 작금의 부정적 관점의 근원은 일제 군부가 카를 하우스호퍼(Karl Haushofer)의 영향을 받아 조작한 지정학적 결정론에서 비롯되었다. 카를 하우스호퍼는 1908~1910년에 주일 독일대사관에 무관으로 근무하였고, 귀국 후에는 뮌헨대학에서 지정학을 가르친 인물이다. 그는 일본에 체류하는 동안 일제의 정관계 요인들과 교류하면서 그의 지정학적 가설을 전파했고, 일제 군부는 그의 지정학적 가설을 한반도 강점을 정당화하는 논리로 활용하였다. 그의 가설이 경험적으로나 이론적으로나 이미 오래전에 기각되었음에도, 그 잔재가 아직까지 한반도에 남아 있는 것은 안타까운 일이다. 더구나 이 땅의 적지 않은 얼간이들이 아직도 그로 해서 반통일적 미신에 사로잡혀 있는 것은 참으로 통탄할 일이다.

전술한 지정학적 결정론의 관점들은 다 외부에서 들어온 단편적이고 왜곡된 것들이다. 당시 한국 정치인들과 정치학자들에게는, 한중관계에 대한 역사적 인식을 제외하면, 자신들의 생활공간에 대한 기본적인 국제정치학적 내지 지정학적 안목이나 식견이 결여되어 있었기 때문이다. 남들이 그들의 입장에서 바라보는 한반도에 대한 지정학적 인식은 한국인들의 입장에서는 수동적이고 부정적이다. 그런 남들의 생각에 기대어 자기를 지키고 발전시킬 수는 없다. 우리 한국인들은 한반도에 몸담아 살아가는 주인으로서 진작에 바르고 바람직한 국토관을 정립했어야 했다. 지리적 이치에 맞고 국민된 도리에 합당한 국토에 대한 적극적 인식 말이다.

이와 관련하여 나는 한반도의 일체성 및 반도성 회복을 중심으로 국토의 적극적 재인식과 그에 기초한 국토구조의 개편을 강조해왔다. (참고: 「국토의 재인식」, 《지리학논총》 별호 7, 1989, pp. 7~18; 「통일국토의 미래상: 공간구조 개편 구상」, 《대한지리학회지》 31권 제2호, 1996, pp. 44~56)

세계화가 진전된 오늘에는 더욱더 새로운 시대 흐름과 시대정신에 부응하는 합리적인 지정학적 관점과 비전을 개발하고 확립할 필요가 있다. 그것은 한반도 통일에 대한 이론적 기초를 튼튼히 하기 위해서도 반드시 필요한 일이다.

② '시간이 해결한다'는 미신

두 번째 기본적인 오판은 시간이 더 필요하다는 안이한 생각에서 비롯된다. 남북한 간 격차가 워낙 크기 때문에, 양측의 조건이 어느 정도 대등하게 근접할 때까지 기다려야 한다는 입장이다. '시간이 해결한다'는 미신에 기대어 통일을 미루는 게으르고 비겁한 기회주의적 태도이다. 그리고 전형적 매너리즘에 다름 아니다. 앞의 지정학적 결정론이 공간에 대한 그릇된 해석의 결과라면, 이것은 시간의 작용에 대한 몰이해 내지 오해에서 나온 미신이다. 시간은 변화가 일어나는 하나의 차원이다. 일단 분단되고 나면 각 부분은 각기 다른 이념과 체제에 따라 독자적 조직을 만들면서 제 갈 길을 간다. 그들은 서로 다른 나름의 방법으로 서로 다르게 주어진 환경에 적응하면서 발전해간다. 시간이 갈수록 그들은 독자적인 형태와 기능을 갖추면서 서로 다르게 변화해, 점점 더 역사문화적인 공통성을 잃고 새롭게 생성된 이질성을 굳히게 된다.

많은 독일인들이 통일 후에 상대편을 (동독 사람들에게는 서독과 서독 사람들, 그리고 그 역도 마찬가지로) '낯설게' 느꼈다고 고백하였다.

'그들은 달라졌습니다.'

서로가 그렇게 말했다. '안 보면 멀어진다'는 옛 말 그대로였다. 그들은 분단으로 생겨난 이질성을 극복하기까지 적어도 단절되어 살았던 기간(43년)만큼의 시간이 필요할 것 같다고 말했다.

'안 보면 멀어진다(Out of sight, out of mind)'는 것은 동서양에 공통된 속담이다. 남북한 사람들은 교통과 통신이 단절된 채 서로 만나지도 못하고 살아온 지 벌써 75년이 되었다. 다시 말하면 한국의 통일과 그 후의 통합은 독일의 그것보다 훨씬 힘들고 오래 걸릴 것이라는 말이다.

남북한이 분단 직후에 바로 통합되었더라면 제일 간단했을 것이다. 그리 했으면 아주 쉬웠고, 비용도 별로 들지 않았을 것이다. 그러나 그 기회는 유감스럽게도 벌써 지나갔다. 분단 상태에서는 시간이 갈수록 동질성은 사라지고 이질성은 커진다. 그만큼 통일은 어렵고 힘들어진다. 그런데도 접근정책을 내세워 시간을 두고 동질성을 확보하자고 얼빠진 주장을 하는 이들이 있다. '시간이 해결한다'는 미신을 내세워 더 기다리자는 것이다. 사실상 '아무것도 하지 말고 가

만히 있자'는 것이다. 그리고 분단을 고착시키자는 것이다. 다른 모든 미사여구는 공허한 핑계일 뿐이다.

③ '중국이 용인하지 않는다'는 미신

세 번째 미신은 한반도 통일은 중국이 용인하지 않을 것이기 때문에 불가능하다고 믿는 것이다. 중국은 북한을 돕기 위해서, 그리고 자국의 안보이익을 지키기 위해서 한반도 통일을 원치 않으며, 세계적 강대국인 중국이 반대하는 한 통일은 안 된다는 것이다. 나는 이러한 얼빠진 생각을 '신사대주의(新事大主義)'라고 부른다.

과거에 한국인들은 중국을 '대국(大國)'이라고 불렀다. 그것은 양국의 위치와 크기에 대한 지리적 사실을 넘어서 정치와 문화적 관계에 대한 인식에까지 때로는 과장되어 영향을 끼쳤다. 살아남고 발전하기 위해서는 '큰 나라를 섬기고 복종해야 한다'는 생각이다. 작은 나라를 복속시켜 속국(屬國)으로 삼으려는 패권주의, 그것을 수용하는 사대주의(事大主義)가 시간이 흐르면서 양국 사람들의 의식 속에 고정관념으로 자리잡았다. 이 구시대적 관념이 유감스럽게도 아직 완전히 극복되지 못한 것으로 보인다. 아니 중국의 굴기(屈起)와 함께 되살아나고 있는 것 같다.

몇 년 전에 문재인 대통령은 방중(訪中) 공식 연설에서 중국을 "높은 산봉우리", "대국"으로 높이고 한국을 "작은 나라'로 낮추는 발언을 하였다(2017년 12월 15일, 베이징대학). 나는, 한때 중국대사를 지낸 사람으로서, 이 말이 외교적 수사를 넘어서는 망언이라고 생각했다. 국가를 대표하는 대통령이 이렇게 사대주의에서 벗어나지 못하고 있는 것을 보면, 우리 사회에서 그 미신이 얼마나 뿌리 깊은지를 짐작할 수 있을 것이다.

'두 물체 사이에는 크기에 비례하고 거리의 제곱에 반비례하는 힘이 작용한다'는 중력의 법칙(law of gravity)은 지리학에서도 자주 원용된다. 즉 두 장소 (또는 지역이나 국가) 사이의 관계에도 중력의 법칙이 작용한다고 보는 것이다. 그러나 이때 장소의 크기는 단순한 물리적 크기(예: 면적과 인구규모, 생산력)만이 아니라 정치, 경제, 문화및 군사력을 총합한 힘을 의미한다. 국가 간의 경우에는 국력이 그것일 것이다. 또 정치지리학이나 군사지리학에서 국가 간 관계는 단순히 공간적 거리만이 아니라 시간적 거리 또는 연결성이 함께 고려되어야 한다. 오늘날과 같은 정보화의 시대, ICBM(대륙간 탄도미사일)의 시대에는 더욱 그러하다고 할 것이다. 이런 관점에서 보면 중국이한국에게 여전히 중요한 이웃인 것은 틀림없으나, 상대적 크기를 과거와 같이 과장되게 받아들여야 할 근거는 없다고 본다.

'한국인만 한국을 모른다.'

이 말은 한국인들의 사대주의적 열등감에 대한 자조적인 표현이다. 한국인들은 자신들이 얼마나 잘하고 있고, 얼마나 잘살며, 얼마나 강한지를 의식하지 못한다는 말이다. 세계가 다 인정하고 칭찬하는데도, 한국인들 스스로 여전히 옛날의 열등감에서 벗어나지 못하고 자신을 비하한다는 것이다. 한국은 고유문화를 가지고 산업기술이 발달한 선진국이다. 세계 10대 경제대국이며 OECD의 중요한 회원국이자 후진국에 원조를 주는 나라이다. 미국의 동맹국으로 세계여러 나라와 긴밀한 우호관계를 가지고 있다. 한국인들은 세계를 알고, 세계를 누비고 다니면서도, 그 세계 속에서 자신의 좌표는 제대로 인식하지 못하고 있는 것이다. 더구나 지금은 강대국들이 일방적으로 패권을 휘두르는 제국주의 시대가 아니다. 한반도가 비록 4대 강국에 둘러싸여 있기는 하나, 더 이상 열등감을 가지고 불평등한 관계를 감수해야 할 위치에 있는 것은 아니라는 말이다.

그리고 후에 상술하겠지만, 중국도 머지않은 장래에 정치적 자유화의 길을 가게 될 것이다. 그에 따라 중국의 한반도 정책도 당연히 변할 것이다. 이 과정에서 한국은 중국이 한반도의 통일이 자국의 국익에 부합한다는 것을 깨닫도록 중국을 설득하고 한중관계를 증진시켜나가야 한다. 이 일을 제대로 하기 위해서는 '통일은 중국이 용인하지 않아서 안 된다'고 하는 얼간이들의 신사대주의 미신부터 먼저 타파해야 한다.

중국과 미국, 그리고 한국을 잘 아는 함재봉 교수가 지적한 대로, 오늘날 중국은 정치-경제적으로 40년 전의 한국과 비슷한 길을 가고 있는 것으로 보인다. 제국주의를 극복한 후 내전과 국가 분열을 거쳐 오늘날 세계의 산업 강국이 되었다. 일련의 경제적 개혁과 개방으로 짧은 기간에 세계의 공장으로 발전하였으며, 그리하여 무엇보다도 많은 인구를 먹여 살리고 가난으로부터 해방시켰다. 그러나 다음 단계, 즉 정치적 자유화로 이행하지 못하고 있다. 그것은 1980년대 당시의 한국을 연상시킨다. 중국 공산당 지도부는 '중국 특색의 사회주의'를 표방하고 있고, 세계는 소위 '중국 모델'이라고 하면서 아부하고 있지만, 정치적 자유가 제한된 시장경제가 언제까지 작동할 수 있을 것인지는 두고 보아야 알 일이다. 그러나 한국의 경험에서 보듯이 "경제적 자유화는 권위적 지도자들도 억누를 수 없는 압력을 만들어낸다." (함재봉: 「Chinas Future is South Korea's Present」, in:《Foreign Affairs》Vol. 97, No. 3, 2018)

홍콩 데모대는 중국 정부에게 홍콩과 본토에서 자유와 인권을 보장하라고 요구하고 있다. 당장은 어떻게 해서든 진압할 수 있을 것이다. 그러나 그다음 저항은 더욱 격렬해질 것이다. 앞으로도 집회와 시위의 자유에 대한 인민의 요구는 끊임없이 이어지고 날이 갈수록 증대될 것이다. 그리고 언론과 사상의 자유를 요구하는 저항도 뒤따를 것이다.

홍콩 사태의 뒤에는 본토의 문제들이 있다. 양안(兩岸) 문제, 소수민족 문제, 환경문제가 심각하고, 무엇보다도 지역간 도농간 빈부격차로 인한 갈등이 날로 팽배해지고 있다. 그렇다고 지금에 와서 30년 전의 천안문 사태를 다시 반복할 수는 없을 것이다. 그사이 중국의 국내외 환경이 그때와는 현저히 달라졌기 때문이다. 북경 올림픽에 대한 미국과 서방 국가들의 외교 보이콧에서 보듯이 이 문제들을 언제까지나 누르고 덮어갈 수만은 없을 것이다.

시장경제는 근본적으로 개인의 자유를 토대로 작동한다. 따라서 자유가 통제된 사회의 통제된 시장에는 한계가 있을 수밖에 없다. 중국은 이러한 사회주의와 시장경제 간의 제도적 부조화 또는 정치와 경제의 모순이 드러나기 시작하자, 이른바 체제이행을 지연시키거나 중단시키고 있다. 그 대신 중국의 영향력을 확대하기 위해 입장을 명확히 주장하면서 하고 싶은 일을 함으로써(有所作爲), 미국과 일본을 비롯하여 서방국가들과 긴장국면을 조성하고 있다. 그에 따라 주변 국들의 시선이 불안해진 것도 사실이다.

그러나 내가 보기로, 중국경제는 이미 고도성장기를 지났고, 사회적 갈등의 압력은 날로 더 팽배해지고 있다. 지금은 중앙권력의 강화로 대처하고 있지만, 그래도 이처럼 안팎으로부터 점증하는 압박을 장기적으로 견뎌내기는 어려울 것이다. 그들은 일차적 해법을 개혁개방에서 찾았듯이, 결국 궁극적인 해법은 자유화에서 찾을 수밖에 없을 것이다. 그것을 이제는 중국 지식인들은 물론 공산당의 지도부도 분명히 알고 있을 것이다. 다만 거함이 방향을 바꾸기 위해서는 내외 여건이 조성되어야 한다. 거기에 시간이 필요한 것은 사실이지만, 역사가 허용할 시간이 그리 길지 않으리라는 것 또한 분명해 보인다.

요컨대 중국이 남북한 정책 및 한반도 통일과 관련하여 입장을 바꿀 가능성은 열려 있다. 나는 그것이 시간의 문제라고 본다. 실제로 나는 그런 징조들을 많이 보고 있다. 경제적으로 중국은 시장경제를 도입하였고, 정치적으로도 머지않아 지도부가 원하든 원치 않든 그에 상응하는 자유화를 허용하게 될 것이다. 내가 중국대사로 있을 때 만난 대부분의 중국 지식인들도 비슷한 생각을 가지고 있었다.

여기서 유의할 것은 이러한 미신들이 어쩔 수 없이 소위 '평화공존론'으로 이어진다는 점이다. 지정학을 탓하든 국제정치적 구조를 둘러대든, 시간이 이르다 하건 늦었다 하건, 통일을 상위목표로 설정하지 않은 평화공존론은 반통일 또는 통일포기 주장의 아류일 뿐이다. 분단국에 있어 통일이 전제되지 않은 평화란 일시적, 잠정적일 수밖에 없기 때문이다. 그런데도 그런 주장을 하는 이들은 일제 강점기에 자주독립을 포기하자고 했던 민족반역자들과 다를 바 없다. 아니면 아직 식민지 노예 근성을 벗어나지 못하고 권력과 시류에 아부하는 사이비 지식인들이거나, 도대체 근본을 모르고 앞을 내다보려 하지 않는 얼간이들이다. 나는 그런 무리들이 나서서 혹세무민하기에 이른 세태를 걱정스럽게 지켜보고 있다.

　한국이 지금 당장 통일된다고 하더라도, 독일에 비해서는 30년 이상 늦은 것이다. 이러한 시간적인 지체는 공간적으로 동아시아 전 지역에 영향을 미치고 있다. 근대화와 발전단계에 관한 서양 이론의 관점에 따르면 동아시아의 정치 및 사회경제적 발전 역시 유럽에 비해 적어도 30년 이상 뒤처져 있다. 그리고 지체된 동아시아의 지역적 통합 역시 역내 국가들의 지체되거나 상이한 발전단계에 기인하는 것으로 추론할 수 있다. 그렇게 되면 개별 국가들이 IT 기술의 발달로 산업화의 마지막 단계를 뛰어넘은 동아시아 지역에서도 발전단계 이론이 유효한 것처럼 보일 것이다. 동아시아에서 경제의 압축 성장이 바로 정치적, 사회적 발전과 보조를 맞추어 진행되었다는 것을 의미하지는 않는다. 보편적 가치가 자의적으로 무시되는 독재체제가 존립하는 한, 즉 인권이 침해되고 개인의 자유가 억압되는 체제가 남아 있는 한, 평화와 공동 번영을 목적으로 하는 진정한 의미에서의 지역 통합은 기대하기 어렵다.
　이런 관점에서 나는 동아시아가 적어도 한 세대 이상 유럽에 뒤처져 있다는 것을 시인할 수밖에 없다. 이것을 부인하고자 하는 이들에게는 홍콩의 데모와 연이은 신문사 폐간, 신장 위구르 사태, 그리고 아직도 계속되고 있는 일제의 민간인 강제징용 및 종군 위안부 문제를 상기시켜주고 싶다. 북한의 핵개발과 비핵화를 둘러싼 추잡한 정치 쇼는 차치하더라도.

유럽에서 철의 장막이 30년 전에 이미 걷힌 데 비해 동아시아의 '죽(竹)의 장막'은 사실상 아직도 완전히 사라지지 않았다. 아니 그것은 새로운 냉전의 조짐과 함께 다시 살아나고 있다고 보아야 할 것 같다. 대표 선수가 소련에서 중국으로 바뀌었을 뿐이다. 분단 한국에 있어 중국은 밀접한 경제적 관계에도 불구하고 여전히 지역 패권을 추구하는 정치적 거물이자 위험한 이웃으로 각인되어 있다. 중국 공산당 독재체제는 지구상에서 유일한 가족 세습 공산독재체제인 북한과 동맹관계를 유지하고 있다. 북한은 핵무기를 개발하여 남한뿐만 아니라 지역과 세계 평화를 위협하고 있다. 그리고 일본은, 유럽에서 독일이 한 것과는 달리, 이웃 나라들에게 과거 식민 통치와 침략전쟁의 죄과에 대하여 깨끗이 사과하고 진정으로 화해하기를 주저하고 있다. 이런 맥락에서 한국인들은 1966년 작가 프랑수아 모리악(Francois Mauriac)이 '독일을 너무나 사랑하기에 그것이 한꺼번에 둘이나 있는 것에 만족한다'고 말했던 것을 기억한다. 일본인들은 한꺼번에 둘로 늘어난 옛 식민지를 보면서 과연 무엇을 느끼고 있을까?

'한국 통일이 가능하다고 봅니까?'

독일에서도 이런 질문을 많이 받았다. 그때마다 나는 성심을 다해 내가 그렇게 보는 이유를 설명하려고 애썼다.

'예, 물론입니다. 우리는 머지않아 그것을 체험하게 될 것입니다.'

세계 정치구조의 판(板)이 다시 흔들리고 있다. 그리고 그 움직임의 속도는 점점 더 빨라지고 있다. 세계질서의 기본 구조는, 알프레드 베게너(Alfred Wegener)가 그의 대륙표이설(大陸漂移說)에서 지각구조(地殼構造)의 판이 움직이는 것을 설명하면서 훌륭히 묘사하였듯이, '밀리고, 나눠지고, 합치기'를 거듭하게 될 것이다. 전국시대 중국의 외교 전략이었던 합종연횡(合縱連橫)의 확장 현대판이라고도 할 수 있겠다.

우리는 지금 커다란 문명 변화의 한가운데에 서 있다. 변화에는 기회가 있기 마련이다. 살아남고 발전하기 위해서는 그 변화 속에 있는 운(Fortuna)을 알아채고 의지와 용기(Virtus)를 다하여 가능성을 붙잡아야 한다. 중국과 북한도 마찬가지로 큰 변화의 흐름에 대응하여 변할 수밖에 없을 것이다. 내가 보기로는 가까운 장래에 중국이 동아시아의 정치 질서와 관련하여 한반도에 대한 자기의 이해관계를 지금까지와는 다르게 평가하게 될 상황이 반드시 온다.

그렇다. 그것은 시공간적 문제이다. 이 '시공간적(raumzeitlich)'이라는 용어와 그것이 함축하는 4차원적 의미를 나는 20세기 최고의 이론지리학자로 칭송되는 나의 박사학위 지도교수 디트리히 바르텔스(Dietrich Bartels) 박사에게서 배웠다.

부자연스러운 것은 언제든 반드시 자연스럽게 된다. 그것을 믿고, 또 그것을 위해 힘써야 한다. 그것을 빌리 브란트는 1989년 장벽 붕괴를 맞아 이렇게 표현했다.

'원래 하나인 것이 하나로 합친다.'

그리고 동아시아를 잘 아는 언론인으로 나의 옛 친구였던 프랭크 기브니(Frank Gibney) 씨는 독일통일 3년 후(1993년)에 1차 북핵위기가 발생하자 나에게 이렇게 말했다:

"하나님께서는 똑바로 쓰십니다. 가끔 줄이 굽기는 하지만."

질문은 계속된다.

'그게 언제쯤 이루어질 것이라고 봅니까?'

'곧입니다. 내일일 수도 있지요.'

그 대답은 '가능한 한 빨리'라고 했어야 옳았을 것이다. 이 대답에 상대방이 만족스러워하지 않는 것 같으면 나는 이렇게 덧붙인다.

'우리는 30년 전 독일에서 그것이 얼마나 갑자기 오는지 보았습니다.'

나는 개인적으로 그것을 가능한 한 빨리, 살아 있는 동안에 보고 싶다. 그리고 그것은 우리 의지와 행동에 달려 있다. 육군사관학교 생도들에게 나는 이렇게 말했다:

'시간은 통일의 편이 아닙니다. 통일은 저절로 오지도 않습니다. 그러므로 지금은 일신만 편안히 살아갈 궁리를 할 때가 아닙니다. 통일을 위해 행동할 때입니다.' (류우익, 「통일준비—논의를 넘어 행동으로」, in: 육군사관학교, 통일연구원, 2016, '통일한국의 비전과 군의 역할').

그러고 나서 나는 생도들에게 '하늘은 스스로 돕는 자를 돕는다'는 격언을 명심하라고 했다.

시간이 가면서 사람들은 분단 상황에 적응해간다. 특히 식민지 시대도 전쟁도 경험하지 않은 젊은이들은 분단 상황을 당연한 것으로 받아들일 수 있다. 주어진 상황을 아무 생각 없이 받아들이게 되면 결국 분단이 고착되고 만다. 그렇게 되지 않도록 해야 한다. 그래서 너무 늦기 전에, 빠를수록 좋다고 하는 것이다. 상응한 정책을 펴고 구체적으로 행동하기 위해서는 시간적인 목표설정이 필요하다.

2012년에 나는 통일부 장관으로서 통일준비 정책을 추진하기 위하여 통일에 들어갈 최소 비용을 산출하게 하였다. 그때 기준 연도로 2020년이 설정되었다. 유감스럽게도 그 목표는 달성되지 못한 채 2020년이 지나가고 말았다. 더욱 유감스러운 것은 다음 정부들이 나의 통일준비 정책을 이어가지 않았을 뿐만 아니라 목표 연도를 바꾸지도 새로운 통일정책을 세우지도 않으면서, 통일정책 자체를 뒷전으로 미루고 있다는 것이다. 특히 2017년에 집권한 현 정권은 평화 프로세스라는 것을 내세워 대북 유화정책으로 일관함으로써 통일이 아니라 분단 상황의 안정을 추구하고 있을 뿐이다. 참으로 부끄럽고 통탄할 일이다.

남북이산가족 상봉. 2018년 8월 20일, 금강산 (사진: 대한적십자사)

하나둘학교의 탈북민 학생들. 2011년 9월 26일, 안성

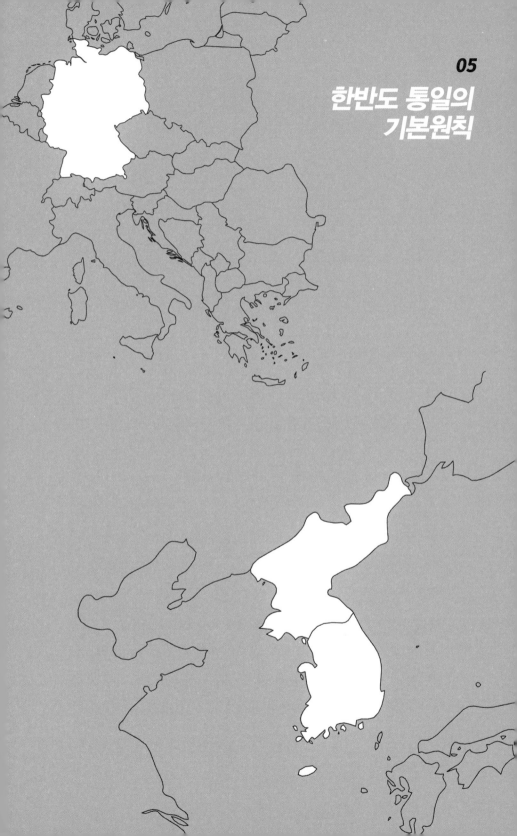

05

한반도 통일의
기본원칙

기본원칙과 실행원칙

'자유와 통일(Freiheit und Einheit)'. 내가 이번에 독일에 체류하면서 한 연구를 통해 배운 독일통일의 가장 중요한 교훈은 이 세 단어로 집약된다. 그것은 인류의 보편적 최고 가치와 분단 한국의 최대 과제를 아주 간명하게 결합하여 나타내고 있다. 부수적이긴 하지만, 이 구절에서 나는 'und(와, 그리고)'라는 접속사의 절묘한 기능에 매료되었다. 이 단어는 'Freiheit(자유)'와 'Einheit(통일)'을 연결하면서 두 개념이 다 같이 중요하다는 것을 나타낸다. 그러면서도 양자(兩者)의 시간적인 선후관계를 분명히 하고, 이를 통해 두 사상(事象) 간의 논리적 관계를 규정하고 있다. 즉 통일은 반드시 자유를 전제해야 한다. 여기서 나는 실제 일어난 일련의 엄청난 일들을 압축하여 나타내는 이 짧은 말에서 '자유통일'의 당위성을 실증적으로 확인하였다. 이 두 목표들 간의 관계는 독일 역사에서 1990년 재통일 훨씬

전에 이미 명확히 규정되었다:

'우리는 자유가 있는 통일을 원하되, 자유가 없는 통일은 원치 않는다.' (Hambacher Fest, 1832)

독일의 경우 양자의 시간적인 선후 관계는 실제로 두 가치를 순차적으로 구현하는 방식으로 일어났다. 장벽 붕괴는 인민의 자유를 향한, 그들이 몸담아 살던 체제를 바꾸기 위한, 저항의 결과였다. 장벽이 무너지기 전에 이 운동은 '우리는 인민이다!'라는 구호를 내걸고 자유를 요구했었다. 그러나 그때만 해도 아무도 통일을 말하지는 않았다. 통일은 아직 평화혁명의 목표가 아니었고, 따라서 미리 계획된 것이 아니었다. 자유를 쟁취하고 나자, 독일인들은 통일을 이룰 기회도 내다보게 되었다. 그리하여 '우리는 하나의 인민이다!'라는 구호를 내세웠고, 이에 동독과 서독의 정치 지도자들은 이 행운의 기회를 잡아 통일을 하겠다고 나섰던 것이다.

자유와 통일은, 행운이든 또는 목적의식이 투철한 노력의 결과이든, 물론 역사의 법칙에 따라 서로 연관되어 일어난다. 중요한 것은 통일이 자유와 동반될 때에만 의미를 갖는다는 점이다. 한국의 경우에는 이 자유와 통일의 결합이 독일에서와는 다른 형태로 나타날 수도 있다. 즉 이 경우에는 'und'가 반드시 시간적인 순서를 의미하지 않을 수도 있다는 것이다. 한반도의 통일은 동시에 북한 주민에게 자유를 의미한다. 우리가 북한 주민의 상상을 불허하는 고통스러운 삶을 안타깝게 생각한다면, 무엇보다도 하루빨리 그들에게 인간다운 삶을 보장해줄 방안을 궁리해야 한다. 내 말은, 현실적으로 볼 때 통일만이 북한 주민을 혹독한 독재로부터 해방시키고 자유를 누리게 해줄 수 있는 유일한 길이라는 뜻이다.

이상에서 보듯이 '자유와 통일'은 통일의 일반적 목표로 적합할 뿐만 아니라 특별히 한국의 경우에도 훌륭히 적용될 수 있다고 하겠다.

이제 한국 통일에 관한 근본적인 질문에는 두 가지가 남아 있다.

'우리는 어떤 통일을 원하는가?'

'우리가 원하는 통일을 이루기 위하여 무엇을 어떻게 할 것인가?'

이 두 질문들에 답하기 위하여 우리는 통일의 원칙을 두 가지 차원에서 논하고자 한다: 한반도 통일의 '기본원칙'과 '실행원칙'이 바로 그것이다.

먼저, 우리는 어떤 통일을 원하는가? 아무런 통일이라도 괜찮은가? 아니, 그것은 아니다. 우리는 '한반도에서 자유롭게 함께 사는 것'이 보장되는 통일을 원한다. 그것이 다른 모든 하위 목표와 전략, 수단들을 포괄하는 최고 정책 목표이다. 대한민국 헌법 제4조는 통일을 국가의 가장 중요한 정책 목표 중 하나로 제시하고, 그 추진을 의무로 규정하고 있다:

'대한민국은 통일을 지향하며, 자유민주적 기본질서에 입각한 평화적 통일정책을 수립하고 이를 추진한다.'

본래의 통일정책이라고 할 수 있는 '유엔 감시하의 총선거'는 소련이 북한을 점령한 상태에서 내세운 북한 지도자 김일성의 거부로 성사되지 못했다. 그 후에 남한 단독으로 수립한 대한민국 정부를 유엔은 한반도에서 유일한 합법정부로 인정하였고, 이는 1991년 남북한이 동시에 유엔에 가입할 때까지 유효하였다.

그간의 상황변화를 반영하여 1989년 9월 11일 노태우 대통령이 국회 특별연설을 통해 발표한 '한민족공동체 통일방안'은 '인구 비례에 의한 자유 총선거'라는 유엔 결의 이후 사실상 한국 최초의 공식적인 통일방안이었다. 민족공동체 회복을 목표로 남북연합(Korea Commonwealth)을 과도적 체제로 설정하였다. 이 점진적 통일방안은 자유민주적 기본질서에 입각한 통일을 목표로 자주(self-reliance), 평화(peace), 민주(democracy)의 통일 3원칙을 제시하였다. 북한은 이를 거부하고 '1민족, 1국가, 2체제의 고려민주연방공화국'을 창립하자는 주장을 되풀이하였다. 그 후에 여러 정부가 명칭을 달리하는 통일방안들을 제시하였으나 이 3원칙에서 크게 벗어나지 않았다.

그러므로 이 3원칙을, 절차적 논란은 남아 있는 대로, 한국 국민이 대체로 받아들인 것으로 볼 수 있을 것이다. 다만 그 순서는 보편적 가치와 정책 목표 설정의 우선순위를 고려하여 저자가 조정하였다. 그리하여 나는 이 책에서 한반도 통일의 기본원칙(Grundprinzipien)으로 ① 자유민주통일; ② 자주통일; ③ 평화통일을 제시한다.

다음으로, 우리가 원하는 통일을 이루기 위하여 무엇을 어떻게 할 것인가? 목표를 달성하기 위해서는 조작 가능한 실행원칙(Handlungsprinzipien)을 정하고, 이들을 다시 수단과 방법으로 구체화해야 한다. 통일의 성공을 위해서는 이것이 결정적으로 중요하다.

나의 연구와 경험 그리고 독일에서의 설문조사 결과를 바탕으로 여기에 4개의 '실행원칙'을 내어놓는다. 그것은 ④ 대동정신(大同精

神); ⑤ 실용적 접근; ⑥ 정책의 일관성; ⑦ 적극적 통일준비이다.

여기서 실행원칙들은 우리가 원하는 통일을 이루기 위하여 국가와 개인이 취할 행동의 지침이 된다. 모든 원칙들은 다 같이 중요하지만, 그 순서는 통일의 진행 과정과 정책수단들의 적용 우선순위와 이행 가능성을 고려하여 정해졌다.

이어서 통일의 3대 기본원칙과 4대 실행원칙 각각에 대해 논의하게 될 것이다. 그 전에 미리 덧붙여 강조해둘 것이 있다. 즉 기본원칙은 어떤 경우에나 반드시 지켜져야 하고 모든 관련 정책에서 고려되어야 하지만, 실행원칙은 주어진 조건과 그때그때의 상황에 따라 유연하게 적용되고 조절될 수 있다는 것이다.

이 부칙은 한국이 특히 지금과 같은 시기에 적절히 원용할 필요가 있다. 왜냐하면 한반도는 강대국들의 이해관계가 교차하는 민감한 지정학적 위치에 있고, 마침 북한이 핵을 개발하기 위한 도발을 이어가고 있는 때에, 동아시아에서 미국과 중국 사이에 패권다툼이 격화되고 있기 때문이다. 이런 가변적 상황에서 한국으로서는 통일정책의 원칙을 지키면서도 유연하게 적용하는 것이 매우 어렵고 또 그만큼 중요하다는 것이다.

자유민주통일

　자유는 인류가 가진 최고의 보편적 가치이다. 서양에서도 행위 주체로서 개인의 자유개념이 확립된 것은 근대에 들어와서였다. 한국인들이 근대적 의미의 자유에 대하여 알게 된 것은 19세기 후반 개화기 이후였다. 박영효는 건백서(建白書, 1988)에서 "백성으로 하여금 합당한 자유를 얻게 하여 원기를 기르도록 해야 한다(使民得當分之自由以養元氣)"고 썼고, 기미독립선언서에도 "민족의 항구여일(恒久如一)한 자유 발전을 위하야 차를 주장함이며"라고 하여 자유가 독립의 목표임을 천명하고 있다.

　그러나 한국인들이 실제로 보편적 자유를 누린 것은 1948년 대한민국이 자유민주주의 체제를 갖추고 건국한 이후부터였다. 그나마도 북한은 식민치하에서 바로 공산주의 체제로 넘어갔기 때문에, 북한 사람들은 아직 정치적 자유를 제대로 경험한 적이 없다. 요컨대 북한 주민들은 자유를 알지 못한 상태에서 자유를 빼앗긴 채 오늘에 이르고 있는 것이다.

자유는 자유민주주의 체제에서 가장 잘 지켜지고 있다. 세계사는 민주주의가 인간의 자유와 복지를 위해 가장 성공적인 체제임을 증명하고 있다. 그 절정은 독일의 자유민주통일과 그에 뒤이은 동구 공산정권들의 붕괴와 소련의 해체였다.

한반도에서도 공산주의 북한과 자유민주주의 남한 사이의 체제 경쟁은 남한의 일방적 승리로 사실상 끝났다. 분단 당시에는 북한이 경제적으로 남한에 앞서 있었다. 남한 경제가 북한 경제를 추월한 것은 1970년대 중반이었다. 지금 남한의 국민총소득은 북한에 비해 최소 50배 이상 높다. 남한이 성공적인 발전의 모범이 되어 있는 데 비해, 북한은 세계에서 가장 가난한 후진국으로 남아 있다. 이러한 현격한 격차는 물론 체제 차이에 기인하는 것이다.

여기서 유의할 점은 '민주주의(democracy)'라는 개념이 다양한 형태의 정치체제에 적용되고 있다는 사실이다. 특히 "독일민주주의공화국(Die Deutsche Demokratische Republik, DDR)", "중화인민공화국(the People's Republic of China, PRC)" 또는 "조선민주주의인민공화국(The Democratic People's Republic of Korea, DPRK)"에서와 같이 서방에서 사용하는 개념과는 전혀 다른 의미의 소위 '인민민주주의'를 지칭하는 용어로도 오용되고 있다. 차이는 어떤 정치체제가 절대적 가치의 기초로 '자유민주적 질서'를 표방하고 있는지의 여부에 달렸다. 이 절대적인 가치에는 보통선거, 비밀선거, 자유선거, 정치적 의사형성에 있어 사상과 언론 출판의 자유 등이 포함된다. 이들 절대적 가치는 다수결로도 침해할 수 없다. 참고로 독일헌법재판소가 자유민주적 기본질서(Die Freiheitlich-demokratische Grundordnung)의 핵심적 지표로 명백히 판결한 것(1952년)은 다음과 같다:

- 인권 존중(Die Achtung der Menschenrechte);
- 주권 재민(Die Volkssouveränität);
- 권력 분립(Die Gewaltenteilung);
- 정부의 책임성(Die Verantwortlichkeit der Regierung);
- 정부의 합법성(Die Gesetzmäßigkeit der Verwaltung);
- 사법부의 독립성(Die Unabhängigkeit der Gerichte);
- 복수 정당제의 원칙(Das Mehrparteienprinzip);
- 정당의 기회균등(Die Chancengleichheit für alle politischen Parteien).

이렇게 자유민주적 기본 질서는 민주주의의 불변의 최고 가치에 대한 원칙이다. 다시 말하면: 의회에서 정해진 절차에 따라, 이를테면 재적 3분의 2의 찬성으로, 헌법을 합법적으로 개정할 수 있지만, 그럴 경우에도 자유민주적 기본질서에 관한 조항은 그대로 유지되어야 한다는 것이다(Ewigkeitsklausel, 영구조항). 그것은 독일과 마찬가지로 한국에서도 유효하다. 대한민국 헌법은 전문과 제4조에 이것을 명기하고 있다:

'[…] 자유민주적 질서를 더욱 확고히 하여 […]' (전문)

'대한민국은 통일을 지향하며, 자유민주적 기본질서에 입각한 평

화적 통일정책을 수립하고 이를 추진한다.'(제4조)

현재의 정치경제적 상황 하에서 한국의 자유민주적 기본질서에 입각한 통일은 바람직하고도 불가피하다. 한반도의 통일은 체제 통합이고, 통일의 기본원칙은 자유민주적 기본질서와 시장경제를 토대로 한다. 따라서 그러한 체제를 갖고 있는 남한에 의해 주도될 수밖에 없다.

그와 반대로 북한이 주장해온 하나의 국가 안에 두 체제가 병존하는 연방제 통일방안은 바람직하지도 실현 가능성도 없다. 하나의 국가 안에 서로 합칠 수 없는 두 체제가 병존한다는 것은 비현실적인 환상이 아니면 정략적 공세에 지나지 않는다. 과도적인 것이라고 주장하더라도, 그것은 체제 유지나 체제 변혁을 위한 전술일 수밖에 없는 것이다. 더구나 북한은 연방제를 위해 국가보안법 철폐, 주한 미군 철수, 평화협정 체결 등 당치 않은 선결 조건을 내세우고 있다. 유의해야 할 점은 북한이 북한판 연방제 주장과 병행하여 여전히 무력적화통일을 추구하고 있다는 점이다.

한국인들은 나라가 어떻게 외세의 결정(他決, Fremdbestimmung)에 따라 주권을 잃고 또 분단될 수 있는지를 경험하였다. 나아가서 역사는 정치체제에서 개인의 자유가 체제의 최고 가치로서 지켜질 것인지 아닌지의 문제가 결정적이라는 것을 가르쳐주었다. 실제로 오늘날에는 자유-민주주의 체제와 사회주의-공산독재 체제의 두 가지 선택지가 있을 뿐, 그 사이에는 다른 아무것도 없다. 남한과 북한은 어쩌다가 이 두 체제의 유효성과 효용성을 대표하는 처지에 놓였다. 그러므로 한국인과 세계인들은 독일이 자유민주적 기본질서의 토대 위에서 얼마나 성공적으로 통일되었으며 그 후에 어떻게 발전하는지를 눈을 떼지 말고 보아야 한다.

여기서 결정적으로 중요하고 유용한 개념은 통일이 국가적인 현안인 동시에 국제적인 사안이라는 점이다. 이를테면 독일통일 실현을 위한 외교 사안을 협의하였던 '2+4 회의'는 한반도 문제 해결을 위해서도 응용될 수 있다는 것이다. 그런 의미에서 나는, 기존의 6자 회담이 비록 북핵문제 해결이라는 소기의 성과를 거두지는 못했지만, 언제고 그 기능의 효용성을 살려내어 한반도 통일을 위한 다자 협의의 창구로 활용될 필요가 있다고 본다.

그 외에 나는 이 자리를 빌려, 그 이유가 어디에 있건, (특히 교과서에서) '자유민주주의'라는 표현에서 '자유'를 빼고 '민주주의'로 바꾸어 쓰고자 하는 몇몇 정당들의 시도에 대하여 그 행위가 반헌법적이고 반역사적임을 지적해두고자 한다. 그것은 앞의 자유민주적 기본질서에 관한 개념정의에서 논의한 바와 같이 의회의 다수결로도 바꿀 수 없는 체제의 핵심가치이다. 따라서 이것을 침해하는 것은 국가의 정치체제를 변혁하는 반체제적 행위에 해당한다. 왜냐하면 자유민주주의는 그 밖의 여러 형태의 부분적 민주주의 또는 비자유민주주의(illiberal democracy)와는 본질적으로 다르기 때문이다. 거듭 강조하거니와, 자유민주주의는 대한민국과 나아가 통일한국의 정치체제에서 가장 중요한 본질적이고 필수적인 기본원칙이다.

자주통일

8월 29일은 대한민국의 국치일(國恥日)이다. 1910년 이날, 조선은 일제에 주권을 빼앗겼다. 그로써 5천 년 한반도 역사상 최악의 시기가 시작되었다. 이 일제 강점기 36년 동안 한국인들은 주권 없는 백성의 삶이 얼마나 고통스러운지를 혹독한 조건 속에서 뼈저리게 겪었다.

제2차 세계대전 종전과 함께 이 땅은 일제로부터 해방되었다. 그러나 백성들의 운명에 대한 자결권은 주어지지 않았다. 1943년 11~12월 카이로회담에서 루스벨트(F. D. Roosevelt), 처칠(W. S. Churchill), 장개석(蔣介石) 등 세 연합국 수뇌들은 전쟁 수행과 전후 처리에 대한 기본방침을 협의하면서 "한국이 적절한 절차를 거쳐 독립하도록" 합의하고, 이를 특별 조항에 명기하였다. 그리고 이 한국 독립에 관한 합의 내용은 1945년 7~8월 미국의 트루먼(H. S. Truman), 영국의 처칠과 그의 뒤를 이은 애틀리(C. R. Attlee), 소련의 스탈린(J. Stalin) 이 회동한 포츠담 회담에서 재확인되었다.

그러나 실제는 협의되고 기대했던 바와는 다르게 진행되었다. 강대국들은 한반도에 대하여 또 다른 '타의에 의한 결정'을 내렸다. 미국과 소련은 자국의 이해관계를 좇아 구축한 새로운 세계질서의 구도에 따라 한반도를 분할 점령하기로 타협하였다. 그리하여 한반도는 그들이 자의적으로 정한 북위 38도 선을 경계로 자유민주체제의 남한과 공산독재체제의 북한으로 분단되었고, 한국인들은 자신들의 의지와 관계없이 세계정치의 냉전적 대립을 떠맡게 된 것이다.

그리하여 1945년 한국의 해방은 온전한 독립으로 이어지지 못했다. 식민지로 떨어진 것과 마찬가지로 해방 후에 국토가 분단된 것역시 민족의 수치였다. 한반도의 자주독립은 자유민주체제로의 통일로 비로소 완성될 것이다. 그리고 그렇게 해야 20세기 한국인들의 고통과 수치와 치유될 수 있을 것이다.

그러므로 통일은 한국인들에게 한 세기 이상에 걸쳐 잃었던 자존을 되찾고 끊어진 역사를 다시 잇는 일이다. 여기서 중요한 것은 통일 국가를 만드는 과정이 외세에 의한 결정(他決)이 아니라 한국인자신들에 의한 결정의 토대 위에서 이루어져야 한다는 점이다. 따라서 자주성(自主性, Selbständigkeit)은 한국 통일의 중요한 기본원칙이 된다. 한국인들은 자기가 자기 삶의 주인이며, 스스로 생활양식을 선택하고 책임 있게 행동해야 한다는 것을 확고히 의식해야 한다.

그것에 더하여 특별히 강조되어야 할 것은 한반도 통일이 남한과 북한의 공조만으로, 즉 배타적 민족주의에 입각하여 이루어질 수 있다고 믿는 것은 어리석은 생각이라는 점이다. 사안을 현실적으로 보아야 하고, 무엇보다도 식민지 한국이 한국인들의 의사에 반하여 외세에 의한 결정으로 분단되었다는 사실을 결코 잊어서는 안 된다. 지정학적 위치는 바뀌지 않고, 국제정치적 상황도 그때와 구조적으로 별반 다르지 않다. 남북한이 75년 이상 분단되어 '독자적'으로 지내왔다면, 이웃 나라들 또는 강대국들을 통일과정에서 일정 부분 함께 참여시키는 것이 현실적이라는 인식에서 출발하지 않으면 안 된다. 제국주의 시대가 지나갔고, 또 지금은 세계화가 크게 진전되기는 했지만, 국가의 통일은 여전히 세계정치의 일부로 남아 있다. 그것은 유엔이 북한의 핵 도발과 인권 침해에 대해 반복해서 의결하면서 관여하고 있는 것에서도 잘 볼 수 있다.

이와 관련해서도 독일은 한국의 모범이 된다. 독일연방공화국(서독)의 기본법(Das Grundgesetz)은 전문에서 '전 독일 인민들은 자유로운 자기결정을 통해 독일의 통일과 자유를 완성시킬 것이 요망된다'라고 선언하여 자결의 원칙을 명기하고 있다. 기본법은 그에 부연하여 유럽의 구성원으로서 권리와 책임을 규정함으로써 자결의 개념을 구체적으로 확장하고 있다.

'민족과 국가의 통일을 지키고, 통합된 유럽에서 동등한 권리를 갖는 구성원으로서 세계 평화에 기여한다는 의지에 고무되어, 하나님과 인간들에 대한 책임을 의식한다.'

1953년 노벨 문학상 수상 작가 토마스 만은 '독일의 유럽'을 우려하였지만, 독일은 독일 기본법과 일치되게, '유럽의 독일'을 추구하였다. 이 '유럽의 독일' 개념은 아데나워(K. Adenauer)에서 브란트와

콜을 거쳐 오늘날까지 계속해서 독일 외교정책을 대표하고 있다. 그것은 독일통일에서 구현되었고 그 후에도 계속 발전하고 있다. 이렇게 유럽에 대해 개방적인 태도는 이웃 나라들의 독일에 대한 적대감과 우려를 해소하고 그들이 독일통일과 나아가 유럽 통합에 동의하게 하는 데 큰 도움이 되었다.

우리가 오늘날 한 국가의 '자주성'을 말할 때에는 '독립된 주권을 가진 존재'에서 나아가 묵시적으로 '고립된 국가'가 아니라 '국제사회의 구성원'이라는 의미를 내포한다. 그러므로 북한이 국제적으로 고립되어 있는 상황에서 한국은 더욱더 정치 경제적 국제관계를 넓히고 강화하는 데 힘써야 할 것이다. 그것이 안보를 튼튼히 하고 통일을 앞당기는 길이기도 하다.

배타적 민족주의는 국제관계를 제한하고 해롭게 함으로써 생존과 발전에 도움이 되지 않는다. 이러한 관점에서 북한이 주장하는 소위 '우리 민족끼리'는 미군 철수를 주장하기 위한 정치적 선전 구호로, 국제사회에 북한 정권의 배타적 민족주의를 각인시켜 대외관계를 악화시킬 뿐이다. 오늘날의 한국 국민이나 국제사회는 민족주의를 혁명의 수단으로 이용했던 공산주의 독재자들의 구태에 속아 넘어갈 정도로 어리석지 않다.

1945년 해방 이후부터 한국문제가 줄곧 유엔에서 다뤄졌다는 것은 중요한 의미를 갖는다. 대한민국 정부는 1948년 유엔 감시하에 자유 총선거로 수립되어 유엔에서 한반도의 유일한 합법 정부로 공인되었다. 한국전쟁에는 미국을 비롯한 16개국의 연합군이 유엔의 깃발 아래 대한민국을 위하여 북한과 중공군의 침략에 대항하여 싸웠다. 그리하여 한국은 자국과 세계의 자유민주주의와 그 발전을 위해 스스로 힘쓰고 국제사회와 협력해야 할 특별한 도덕적 의무를 지고 있다. 이런 관점에서 나는 한국 통일에 있어 '자주'라는 개념은 국제사회, 특히 유엔 및 동맹국과의 긴밀한 협력과 연관해서 이해하는 것이 옳다고 본다.

내 생각으로는 통일문제의 해법은 근본적으로 분단의 출발점에서 바라볼 필요가 있다. 한반도가 분단된 직접적 원인은 일제가 전쟁에서 패망한 후 소련군이 한반도의 북부를 점령하고 김일성을 내세워 한반도 전역에서 자유 총선거를 실시하도록 한 유엔 결의를 거부하게 한 데에 있다. 그리하여 1948년 5월 10일 정부수립을 위한 총선거가 실제로 투표가 가능한 38선 이남의 남한 지역에서만 실시될 수밖에 없었던 것이다. 당시 유엔 결의에 따라 '자유 총선거'를 실시하는 것이 평화적이고 자주적인 통일을 위한 최선의 방법이었다. 그에 비하여 '중립화'나 '연방제' 통일방안은 역사적 근거도 없거니와 실질적이지도 바람직하지도 못한 것들이었다.

여기서 이른바 '한반도 중립화' 통일 주장에 대한 내 견해를 간단히 밝혀둘 필요가 있을 것 같다. 이 발상은 19세기 말부터 한반도에서 열강들 간에 지정학적 갈등이 일어날 때마다 그 봉합책으로 나왔다. 임오군란 후에 일본 정부가 제안한 '국외중립론', 갑신정변 후 독일 총영사 부들러(H. Budler)가 조선 정부에 권고한 '영세중립론', 그리고 거문도 사건 후에 개화사상가 유길준이 제기한 '중립화론'이 대표적이다. 제2차 세계대전 후에는 연합국들이 한반도를 신탁통치 하에 두고 관리하는 방안을 모색하기도 했고, 한국전쟁 후에는 제네바 회의를 계기로 오스트리아 모형의 '한반도 중립화' 방안이 대두되기도 했다. 그 후에도 국제정치적 계기가 있을 때마다 간헐적으로 국내외 학자와 언론인들에 의해 중립화 통일방안이 제기되어왔다.

그러나 중립화 발상이 그때마다 단발성이거나 개인적인 발의로 끝났을 뿐 실제로는 별로 반향을 얻지 못한 것은, 지역의 역사에서 드러나듯이, 그 생각 자체가 다분히 이상적이고 비현실적이기 때문이다. 즉 한반도를 둘러싼 동아시아의 국제정치는 이런 국제적 공동관리가 통하기에는 너무나 역동적이고 불안정했다. 그리고 무엇보다도 동서 냉전체제가 강고하게 지속되었고, 그것은 지금도 달라지지 않고 있다.

한반도의 중립화는 한반도에서 전쟁 억지력으로 작용해온 미군이 철수하는 것을 의미한다. 그리고 그것이 어떤 결과를 초래할 것인지는 역사가 잘 말해주고 있다. 우리는 왜 한반도에서 분단과 전쟁이 일어났던지를 늘 기억해야만 한다. 그리고 중국이 지금도 기회 있을 때마다 한반도에 대한 지리적 및 역사적 연고권을 주장하고 있다는 사실을 직시해야 한다. '동북아 균형자론', '조정자론', 운운하면서, 한국이 혼자 힘으로 주위 강대국들의 이해관계를 조정하여 세력 균형을 유지할 수 있다고 믿는 것은 너무나 나이브한 생각이다. 청조 말기의 대신 이홍장(李鴻章)이 자기들의 궁여지책 이이제이(以夷制夷) 전략을 조선에도 권고했지만, 양국에서 그 결과가 어찌 되었던가? 국제적으로 인정되는 중립국은 실제로 몇 나라 되지도 않지만, 그 모델이 스위스든 오스트리아 또는 스웨덴이든, 지역의 안정적인

세력균형과 함께 자국민의 강력하고도 자주적인 단결이 전제되지
않으면 안 된다는 것을 잊지 말아야 한다.

평화통일

한국전쟁(1950~1953)은 한반도를 초토화시켰다. 그 전에 이미 일
제의 식민통치와 제2차 세계대전으로 철저히 수탈당했던 한국은
1953년 7월 27일 휴전협정이 체결되고 전쟁이 끝났을 때에는 완전
히 황폐화되어 있었다. 땅과 사람들이 모두 글자 그대로 탈진해 있었
다. 최소 3백만 이상의 인명이 희생되었고, 살아남은 사람들도 집도
양식도 없이 병고와 굶주림에 내몰렸다. 그 위에 다시 그어진 휴전선
은 고통을 가중시켰다. 전쟁통에 천만 이상의 가족이 생이별을 했다.
그것은 비길 데 없는 재앙이었다.

나는 갓난아기로 전쟁을 겪었다. 그리하여 내 생애는 같은 시대를
산 많은 한국인들과 마찬가지로 해방 후 분단과 전쟁, 가난과 발전으
로 이어진 한국사의 일부이다. 평화가 생존과 행복의 불가결한 전제
임을 체험으로 배웠다. 경제발전과 정치 민주화는 평화의 토대 위에

서 이루어졌으며, 오직 통일을 통해서만 장기적으로 지속 가능하다. 그러므로 통일이 가능한 한 평화적으로 이루어져야 한다는 것은 당연하고 자명하다. 이런 이유로 평화와 평화 의지는 한국 통일의 기본 원칙이 된다.

전쟁을 원하는 사람은 없다. 우리 모두는 평화를 원한다. 위험과 위협으로부터 자유로우며 정체성, 자유와 인권의 침해가 없는 상태를 바란다. 문제는 '어떻게'이다. 이런 관점에서 남한의 대북정책에는 상반되는 두 가지 정치적 입장이 있다. 크게 보면 한쪽은 안보를, 다른 한쪽은 긴장완화를 강조한다. 전자는 보수우파가 그리고 후자는 진보를 주장하는 좌파 정당이 대변하고 있다. 상대적으로 강경 노선을 표방했던 이전의 이명박, 박근혜 정부와는 달리, 현 문재인 정부는 그 전의 김대중, 노무현 정부의 입장을 이어받아 북한을 향해 유화정책을 펴고 있다. 양측의 입장 차이는 무엇보다도 북한의 핵무기 개발에 대응하는 태도에서 극명히 드러난다.

보수우파 정부들은 북한의 핵개발 시도에 대해 항상 강경한 입장을 견지했다. 이들의 북한 비핵화 정책은 핵확산금지조약(NPT)과 일치하는 것으로 유엔 특히 미국의 지지를 받아왔다. 이 정책은 북한의 핵실험에 반대하여 제재를 가하는 유엔의 결의에서 보는 바와 같이 국제협력에 의한 '최대압박 전략'과 일맥상통하는 것이다. 그리고 내가 함께 일했던 이명박 정부의 '비핵 개방 3000' 구호 역시 기본적으로 '북한이 비핵화하고 개방하면 경제적 보상을 하겠다'는 입장을 나타낸 것이었다.

그에 반해 좌파 정부들은 수동적이고 유화적인 입장을 견지해왔

다. 여기에 이들 좌파 정부의 대통령들이 북핵과 관련하여 한 대표적인 발언들을 인용해둔다:

'북한은 핵무기를 개발한 적도 없고, 개발할 능력도 없다.' (김대중, 2001년);

'핵무기가 외부의 위협에서 자신을 지키기 위한 억제 수단이라고 하는 북한 주장에 일리 있는 측면이 있다고 본다.' (노무현, 2004년);

'북한은 확고한 비핵화 의지를 가지고 있다. 그러므로 국제사회는 대북제재를 완화해야 한다.' (문재인, 2018년)

이러한 견해는 그때마다 뜨거운 논쟁을 불러일으켰고, 지금도 여전하다. 이러한 말들을 시계열적으로 늘어놓고 보면, 시간이 가면서 그 주장의 내용이 완전히 바뀌었다는 것을 바로 알 수 있다. 그것은 이러한 유화적 입장이 처음부터 실제가 아닌 정치적 신념에 입각하였다는 것을 의미한다. 그들은 북한의 군사적 도발 가능성과 핵무장에 상관없이 무조건 북한과의 긴장 완화에 몰입했던 것이다. 말하자면 '어떤 대가를 치르더라도 평화'였던 셈이다. 이에 대한 비판에 대해 그들은 '그러면 전쟁을 하자는 거냐?'고 되받아치기를 망설이지 않았다.

'자기가 편하고 오래전부터 품어온 견해에 반하는 것을 보지 않으려는 사람보다 더 눈먼 이는 없고, 듣지 않으려는 사람보다 더 귀먹은 이는 없다.'

이 오래된 서양 격언에는 많은 지혜가 들어 있다.

북한 비핵화에 대한 천박하고 부정직한 미북 정상회담과 그 문제에 대해서는 앞 장에서 이미 기술하였다. 트럼프와 김정은이라는 두 배우와 그들의 중개자 역할을 맡고 나선 문재인은 싱가포르(2018년 6월 12일)와 하노이(2019년 2월 27일)에서 대단히 요란한 드라마를 연출하였다. 관중은 완전히 홀렸고 턱없는 환호를 보냈다. 언론도 덩달아 호들갑을 떨었다. 김정은은 하룻밤 사이에 세계정치 무대에 주요 인물로 등장하였고, 트럼프는 일약 노벨 평화상 수상 후보로 뛰어오를 수 있었다. 덕분에 한국의 집권 여당은 싱가포르 회담 다음 날 실시된 지방선거에서 압승하였고, 그 영향은 이듬해 총선에까지 미쳤다. 만약 그 사기 쇼가 연출자들이 기획한 대로 3막까지 가서 부실한 협약이 체결되기라도 했더라면, 세계정치는 턱없이 오도되어 큰 재앙에 빠질 뻔했다. 아마도 북한은 핵보유국으로 공인되었을 것이다.

다행히도 이 극단적 인기영합 쇼는 때맞춰 실패로 끝났다. 알려진 바와 같이 트럼프가 영변핵시설을 폐기하는 대신 제재를 취하해달라는 김정은의 제안을 불충분하다고 거절했기 때문이었다. 김정은은 이에 대한 불만으로 한동안 긴장을 고조시켰다. 문재인 정부가 아무것도 하지 않는다고 비난하더니, 급기야 개성남북연락사무소를 폭파하기까지 했다(2020년 6월 16일). 북한의 이러한 극렬한 대남도발 행위는 내심 미북회담을 다시 살려내고, 남한 정부를 대북제재 완화에 적극적으로 나서도록 압박하기 위한 것으로 풀이된다.

국제사회의 대북제재와 코로나-팬데믹으로 북한의 경제위기는 더욱 심화되고 있는 것이 확실하다. 이 심각한 경제 위기가 정치적 위기로 발전하여 통치 권력을 위태롭게 할 가능성도 부인하기 어렵다. 이와 관련하여 나의 기본 입장을 다시 한번 밝혀둔다:

첫째, 북한에 대하여: '핵폭탄이 밥을 가져다주지는 않는다.' 북한은 지금 제2의 '고난의 행군'을 하고 있다. 민생은 1990년대 제1의 고난의 행군 때보다 더 심각하다. 북한의 계획경제는 파탄났고 더 이상 정상적으로 작동하지 않는다. 그리고 주민은 굶주리고 있다. 물론 이 모든 것은 체제 결함 및 그것과 결부된 독재의 결과이다. 그리고 상태를 이렇게까지 악화시킨 것은 무모한 핵무기 개발 때문이다.

　핵개발이 북한 경제에 감당할 수 없는 부담을 준다는 것은 위의 두 '고난의 행군'이 시기적으로 핵 위기와 일치한다는 데에서도 알 수 있다. 첫 번째 것은 북한이 1993년 NPT에서 탈퇴한 후에 왔고, 두 번째 것은 2016년과 2017년에 장거리 미사일과 핵실험을 하면서 가시화되었다. 즉 핵무기 개발에 드는 비용이 가뜩이나 궁한 북한 재정을 심하게 압박하는 위에 핵 도발에 대한 UN과 국제사회의 제재와 그에 따른 외부로부터의 고립은 이를 더욱 가중시키는 것이다. 거기에다 이번에는 코로나까지 겹쳐, 그렇지 않아도 민간의 불법 밀수를 포함하여 최소한이라도 간신히 작동하던 대외경제마저 사실상 거의 정지되기에 이르렀다.

　'우선 주민을 먹여 살려라. 핵폭탄과 미사일이 밥을 가져다주지는 않는다.'

　나는 8년 전에 장관으로서 했던 말을 되풀이할 수밖에 없다. '임금은 백성으로 하늘을 삼고, 백성은 먹을 것으로 하늘을 삼는다(王者以民爲天而民以食爲天)'고 한다. 사마천(司馬遷)의 『사기(史記)』에 나오는 말로 정치의 근본 원리를 잘 나타낸다. 이 말을 뒤집으면 '만약 임금이 백성을 굶주리게 하면, 그때는 백성도 임금을 따르지 않는다'는 뜻이 된다.

둘째, 남한에 대하여: '유화정책은 평화를 가져오지 않는다.' 북한
이 무력적화통일을 포기한 적이 없다는 것을 명심해야 한다. 그리고
자기네의 비핵화 가능성을 공식적으로 발표한 적도 없다. 대신 오로
지 핵무기를 개발하기 위하여 국제사회의 모든 정치적, 경제적 제재
를 감수해왔다. 정반대로 북한은 핵무장할 것임을 헌법에 명기하였
고, 2012년 개정 헌법에서는 핵보유국임을 명시적으로 천명하였다.
그때부터 북한 정권은 이것을 헌법에 따른 국시(國是)로 선언하고
핵보유국 지위를 대내외에 선전하고 있다. 북한 지도부는 핵무장으
로 체제를 유지시킬 뿐만 아니라 미군을 반도에서 몰아내고 남한을
굴복시킬 수 있다고 믿고 있다.

한국의 정치가가 이러한 상태를 보고도 전쟁을 피하기 위해 북한
과의 유화를 주장한다면, 그는 멍청하거나 부정직하다. 왜냐하면 그
것이 바로 전체주의 국가의 공격적인 독재자에게 굴복하고 들어가
는 정책, 곧 유화정책의 전형이기 때문이다.

요사이 평화유지를 명분으로 종전선언에 매달리고 있는 문재인 정
부를 보고 있으면, 제2차 세계대전을 앞두고 나치 독일을 상대로 유
화정책을 폈던 영국 정부가 떠올라 대단히 걱정스럽다. 혹자는 체임
벌린이 평화협정으로 시간을 벌어서 연합군이 결성될 수 있었다고
강변하지만, 시간을 번 쪽은 히틀러였다. 나치는 평화협정을 내세워
영국과 프랑스, 미국의 여론을 묶어두고 계획대로 침략전쟁을 진행
시킬 수 있었다. 지금의 한반도에서 시간은 과연 누구의 편인가? 남

한 정부는 북한 정권의 마음에 들기 위해 도대체 얼마나 더 비굴하고 어디까지 더 물러설 셈인가? 그리고 그런다고 정말 북한이 핵무기를 내려놓을 것이라고 믿는가? 이런 속담이 있다.

'악한 이웃 맘에 들지 않으면, 아무리 신앙심이 깊은 사람이라도 평화롭게 살 수 없다.'

군이 그들이 좋아하는 우화에 빗대어 말한다면, 북한 정권은 햇볕이 비치면 외투를 벗는 나그네가 아니고, '떡 하나 주면 안 잡아먹지'의 호랑이다. 평화는 비굴한 아첨으로 얻어지는 것이 아니라 힘의 균형으로 지켜지는 것이다.

셋째, 남북 양측에 대하여: '평화를 바라는 것만으로는 평화가 오지 않는다. 그리고 소원을 비는 것만으로는 통일이 오지 않는다.' 평화통일은 말하기 좋고 듣기에 편하다. 그러나 말만 가지고는 평화도 통일도 이루어지지 않는다. 분단 후 75년이 지났지만 아직도 사람들은 여기서 무슨 일이 일어나고 있는지를 제대로 파악하지 못한 것 같다. 나는 오늘날 평화와 통일에 대한 희망을 말하는 것이 갖가지 정치 행사에서 써먹는 상투적인 화법으로 전락한 것을 매우 안타깝게 생각한다. 이제는 누가 그런 얘기를 해도 진지하게 듣지 않게 되어버렸다. 다시 말하면 국민은 무책임한 정치인들의 비현실적 미래 시나리오와 허황한 약속 같은 말 잔치에 점점 둔감하게 변해가고 있는 것이다. 거기에 궁극적으로 한 민족의 존망이 걸려 있는데도! 북한 독재자가 평화를 운위하는 것은 진심 여부를 떠나서 체제 유지를 위한 것이라고 해두자. 그런데 남한의 정치인들, 특히 여당의 정치인들마저 평화에 대해서는 많은 말을 하면서도 통일은 거의 입에 올리지 않는다. 언필칭 '북한을 자극하지 않기 위해서'라고 하지만, 도대체 어떻게 통일을 말하는 것이 북한을 자극하고 평화를 해친다는 말인가?

보기에 따라서는 한국 정부가 북한 지도부와의 합의 하에 통일에 관한 정치적 논의를 유보하거나 회피하고 있다는 의심이 전혀 근거 없어 보이지만은 않는다. 만약 그것이 사실이라면, 한국 정부는 매우 무책임하고 위험한 행동을 하는 것이다. 역사는 우리에게 국가의 맹목적인 평화 추구는, 그것이 목적을 의식한 행위를 수반하지 않을 경우, 매우 위험하다는 것을 가르쳐준다. 서독은 동방정책으로 평화에 역점을 두기도 했지만, 평화를 이유로 자유와 인권을 양보한 적이 없었다. 역사는 우리가 평화의 이름으로 자유와 통일을 방기하는 것을 용서하지 않을 것이다. 우리가 해야 할 일은 눈먼 평화타령이 아니라 자유민주통일의 평화적 성취이다.

통일항아리 제작. 2012년 6월 23일, 문경

'먼저 백성을 먹여 살려라!' 핵안보정상회의에서. 2012년 3월 27일, 서울

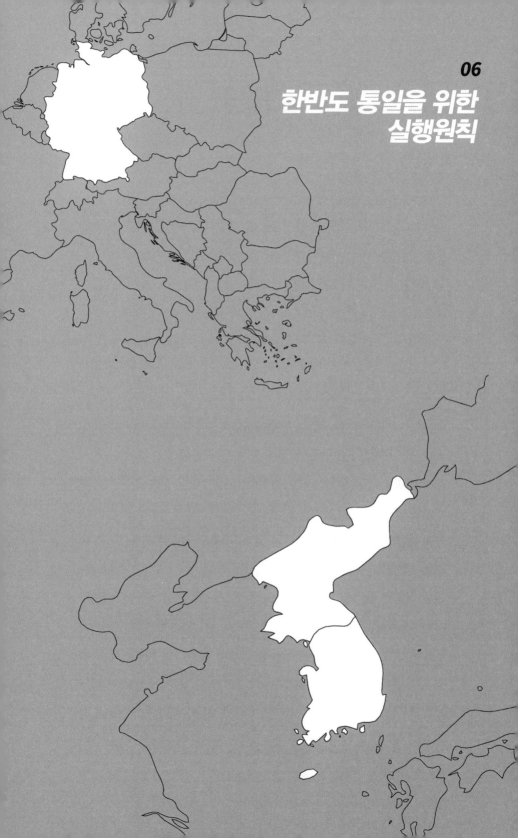

한반도 통일을 위한
실행원칙

대동정신

목표는 분명하다. 자유민주적, 자주적, 평화적인 통일이다. 그러나 거기에 이르는 길은 복잡하고 험난하다. 분단 이후 벌써 75년, 독일 통일 이후에만 30년이 흘러갔다. 그러나 한국 통일로 가는 길은 아직도 불투명하고 불확실하다. 독일이 모범이 되어 많은 것을 가르쳐 주지만, 한국 통일의 길은 그것과는 또 다른 새로운 길이 될 것이다. 고려해야 할 변수들은 엄청나게 많다. 빠르고 확실한 길을 찾고 그 길을 안전하게 가기 위해 힘써야 할 것이다. 그것을 위해 실행원칙이 필요하다.

2019년 가을 독일에서는 베를린 장벽의 붕괴와 독일통일에 관해 많은 토론이 활발히 이루어졌다. 그것은 아마도 장벽 붕괴 30년과 브란덴부르크, 작센, 튀링겐 3개 '신연방주'의 주의회 선거라는 두 가지 동기가 겹쳤기 때문이었을 것이다.

'머릿속의 장벽' 또는 '새로운 장벽'이라는 말이 종종 나왔다. 이 논쟁은 아마도 '독일을 위한 대안정당(AfD)'과 '좌파정당(Die Linke)'의 부상 및 그와 연관된 일반적 양극화 경향과 유관한 것 같았다. 알렉산더 폰 훔볼트(Alexander von Humboldt)가 이미 200년 전에 갈파한 것처럼 '모든 것은 모든 것과 연결되어 있다'고 하겠다. 여기서 나는 내 연구와 관련하여 특히 '동독인들의 불만'과 그 이유에 관심이 컸다. 앞에서 언급한 바와 같이 독일통일에는 결함도 있었다. 한국은 그 경험을 자성(自省)에 원용해야 할 것이다.

'우리가 너희를 여기까지 데려왔다. 그리고 거기에는 많은 돈이 들었다.'

구동독인들은 이런 무참한 소리를 자주 들어야 했다. 그것은 너무나 모욕적이었다. 경제적 복지를 개선하는 것은 중요하다. 그러나 그것이 전부는 아니다. 거리로 나섰던 동독인들에게 자결(自決)은 중요한 목표였다. 그들은 인민을 대신하여 모든 것을 결정했던 정부와 정당에 불만이었다. 그리고 평등은 그들이 몸담아 살고 발전시키려 애썼던 사회주의 체제가 지향하는 중요한 가치였다. 그런데 그들이 통일된 나라에서 의사결정에 동등하게 참여하지 못하고 평등하다고 느끼지 못했다면, 어떻게 만족할 수 있었겠는가? 물질적 기본 수요가 충족되고 나면, 인간은 내면적 욕구를 지향하는 법이다. 그것이 인간과 다른 동물들 간의 차이이다.

통일 후 북한 사람들에게 있어서도 많이 다르지 않을 것이다. 그들은 그러한 불평등한 대우에 어쩌면 더 예민하게 반응할지도 모른다.

왜냐하면 그들은 한편으로는 평생 주체사상에 교화되었고 다른 한편으로는 이미 깊은 마음의 상처(Trauma)를 입고 있기 때문이다. 그들은 곧바로 자존심이 상하고 열등감에 휩싸이게 될 것이다. 나는 그러한 경우를 남한에 정착한 탈북민들에게서 적지 않게 보아왔다.

이러한 생각에서 나는 '자유'라는 기본 개념의 정의로 되돌아가본다. 자유의 본의(本義)는 생활양식(Lebensform)에 대한 자기 결정권의 의미를 내포한다. 그리고 '공평한 통일'이란 새로운, 통일된 나라에서 '함께' 살아가기 위한 장치를 마련한다는 말이다. 그것은 다시, 원하는 생활양식을 함께 결정하고, 함께 일하고, 책임을 함께 나누어진다는 것을 의미한다.

여기서 나는 통일을 위한 실행원칙으로 '대동정신(大同精神)'의 개념을 제안한다. 그것은 두 체제의 결합에서부터, 사회경제적인 통합을 거쳐, 새로운 나라를 건설하고, 나아가 성공적 통일을 함께 이루기까지, 통일의 전 과정에 걸쳐 적용되어야 할 실행을 위한 원칙이다.

이 장의 제목으로 나는 처음에 '함께 만들어간다'는 의미에서 'Mitgestaltung'이라는 단어를 생각했다. 그러나 나의 동료 엘러스 교수는 이 말이 독일어 표현으로서 너무 약하다고 하면서 남북한이 통일 과정을 함께 성취한다는 의미에서 'Gemeinsamkeit(공동)'이라는 의미가 더 강조되면 좋겠다고 했다. 나는 며칠 동안 내가 생각하는 바와 그가 제안하는 측면을 다 살릴 수 있는 표현을 찾기 위해 고심을 거듭했다. 그리하여 나는 'Gemeinsamkeit'를 택하되 앞에 '크다(大)'는 뜻의 형용사 'groß'를 붙이기로 결정하였다: 'Die große Gemeinsamkeit'. 나는 'große Gemeinsamkeit'가 한국어로 번역하면 대동(大同)이 되고, 이 유교에서 나온 개념이 동아시아에서 이 상향을 상징하기도 한다는 데 착안하였다. 여기에 정관사를 더하여 'Die große Gemeinsamkeit', 곧 '대동정신'이라고 하고 보니, 이 원칙은 한국의 건국이념 홍익인간(弘益人間)에도 부합하는 것이다!

그리하여 나는 통일을 위한 실행원칙으로서 대동정신의 개념을 '통일과 새로운 통일국가의 건설을 남북한 한국인들 모두의 공동 과업으로 삼는다는 원칙'으로 규정하였다. 나아가 그냥 '공동'이 아니라 '대동'이라고 함으로써 사적이고 특수한 공동체가 아니라 공적이고 보편적인 공동체 정신에 입각하는 것임을 강조한다. 이렇게 우리 학문적 동료 두 사람은 함께 하나의 고전적 개념을 미래지향적 개념으로 확장하여 통일을 위해 가장 중요한 실행원칙으로 만들어냈다. 그것은 2019년에서 2020년으로 해가 바뀌는 시기로 나의 독일 체류 막바지였다. 그리고 그 일은 엘러스 교수가 이 책이 독일에서 출판되도록 도와주는 계기가 되기도 했다. 나는 그 모든 것을 매우 뜻깊은 일로 여긴다.

통일은 한쪽이 다른 쪽에 주는 선물이 아니다. 그러므로 통일한국은 남한이나 북한 또는 그 둘의 단순한 연장이 아니다. 그렇다고 마지막 통일 국가였던 옛 조선으로 돌아가자는 것은 더더욱 아니다. 남한 사람들이 북한 사람들에 비해 통일한국의 새로운 자유민주체제에 더 익숙하기는 하겠지만, 그렇더라도 남과 북 양쪽의 한국인들은 동등한 권리와 책임을 가지고 새 나라 재건에 참여하지 않으면 안 된다. 자유민주주의 체제로 통일한다고 해서, 그래서 남한이 통일과

정을 주도하게 된다고 해서, 남한 사람들이 북한 사람들보다 우월한 지위를 가져야 하는 것은 아니다. 그것은 이기고 지는 게임이 아니며, 설령 그렇다고 하더라도 남과 북이 다 같이 이기는 길이다. 남한과 북한 사람들은 대등한 위치에서 서로 존중하면서 통일에 필요한 일들을 함께해내고, 실생활의 여러 방면에서 서로 나누고 도와야 한다. 줄여서 말하자면 새로운 통일국가를 함께 만들어가야 하는 것이다.

대동정신은 물론 구현하기 어려운 원칙이다. 그리고 한쪽이 다른 쪽을 넘겨받는 경우보다는 더 어렵다. 그것은 하나의 힘든 여정이 될 것이고, 많은 시간과 노력과 돈이 들어갈 것이다. 왜냐하면 긴 단절의 시간을 지나오는 동안에 한국인들은 많이 —심지어 낯설고 적대적일 정도로— 달라졌을 것이기 때문이다. 그럼에도 불구하고 우리는 기쁘고 감사한 마음으로 그 길을 가야만 한다. 우리는 주권 없이 갈라져 살면서 얼마나 많은 슬픔과 아픔을 감수해야 했던지를 잊지 말고 기억해야 한다. 그리고 우리와 아직 태어나지 않은 우리 후손들이 다시 통일된 나라에서 함께 자유를 누리며 평화롭게 살아갈 수 있게 된다는 것이 얼마나 큰 은총인지를 알고 늘 감사해야 한다.

"통일은 아니어요, 제발. 저 뻔뻔하고 악독한 것들과 같이 살다니! 저들이 얼마나 몹쓸 짓을 많이 저질렀는지 아시지 않아요. 그건 안 돼요, 안 되고말고요."

청와대 근처 내 단골 식당의 주인 아주머니는 질겁을 하면서 '빨갱이들'과 다시는 볼 일이 없기를 바란다고 했다. 나이 든 이들 중에 직접 경험에 의해 반공주의자가 된 것은 그녀만이 아니다. 지식인들 중에도 통일을 달가워하지 않고 두 개의 한국을 현실로 받아들이는 이들이 적지 않다. 나는 몇 시간에 걸쳐, 왜 그럼에도 불구하고 통일해야 하는지에 대해, 그 아주머니를 설득해야만 했다: 왜 북한 사람들이 그렇게 변했는지, 왜 우리가 그들을 독재에서 해방시켜야 하는지, 그리고 왜 통일되면 우리가 잘살 수 있는지. 결국 그녀는 내 말을 알아들었고, 나는 몇 년 후 정치를 떠날 때까지 그 식당의 단골손님으로 남았다.

그러나, 말이 쉽지, 실제로 '적(敵)들과 함께 살아갈 수 있는 방법이 있는가'라는 질문은 남는다.

첫째, 우리는 '그네들은 우리의 형제(兄弟)인 동시에 우리의 적(敵)이다'라는 명제에 내재하는 모순을 해결하지 않으면 안 된다. 그에 대한 나의 해법은 북한 주민(兄弟)과 북한 독재정권(敵)을 구분하고 분리하는 것이다. 그리하면 인도주의적인 입장이 설 자리를 확보할 수 있게 된다. 물론 실제에 있어서는 그것이 쉽지 않을 수 있다. 예를 들어 북한 독재자가 북한 주민을 위한 우리의 인도적인 지원을 자신의 통치 목적을 위해 악용하면 어떻게 할 것인가? 이를테면 남한에서 보낸 식량을 군량미로 전용하거나 체제에 충성하는 평양의 특권층에게만 나눠주고, 거기서 절약한 돈을 핵무기 개발에 투입한다면? 그리고 그런 일은 과거에 실제로 빈번하게 일어났었다.

남한으로서는 이에 대한 대응책을 강구하지 않을 수 없게 된다. 즉 이런 일을 방지하기 위한 수단을 찾아나서게 된다. 실제로 식량을 보널 때 감독관을 붙여 배급 현장을 모니터링해보기도 했지만, 그 절차가 매우 번거롭고, 또 감독관이 돌아오고 난 후에는 모든 것이 다시 그들의 손에 맡겨진다. 그럴수록 큰 틀에서 대동정신은 더 강조되어야 한다. 방법에 있어서는 지원의 내용과 절차를 더 정교하게 관리하고 주민들에 대한 홍보를 강화하는 등 현장에서 효율적으로 작동할 수단들을 찾을 수 있을 것이다.

둘째, 우리는 단결을 강조하고 북한 주민과의 연대를 강화해야 한다. 그렇게 하면서 특히 남한 주민들은 앞장서서 인도적인 지원에 나서고, 북한 주민에게 관대한 태도를 보이며, 대의(大義)를 위해서 소리(小利)를 희생할 수 있다는 자세를 보여야 한다. 이 자리에서 내가 꼭 덧붙이고 싶은 것은 모든 정책수단은 적시(適時)에 그리고 충분히 홍보되었을 때에 비로소 효과가 극대화될 것을 기대할 수 있다는 점이다. 그러므로 특히 통일정책에 있어 현장 적응력과 홍보의 중요성은 아무리 강조해도 지나치지 않다고 하겠다.

대동정신을 실행하기 위해서는, 먼저 북한 주민이나 남한 주민을 위한 심리적인 준비 과정을 체계적으로 조직하고 시행해야 한다. 이를 위해서는 공공기관과 개별 시민들을 위한 구체적인 행동요령을 담은 프로그램을 개발하는 것이 바람직하다. 예를 들면 탈북민들의 구직과 정착을 지원하는 방법, 북한에 식량과 정보를 보내는 방법, 불필요한 장애를 제거하고 관료적 절차를 간소화하는 방법 등이 포함될 수 있을 것이다. 그 모든 것의 핵심이 상대측 주민들의 생활 실상을 알려서 이해의 폭을 넓히고, 상호 오해와 적대감을 해소시켜나가는 데에 있는 것은 두말할 필요가 없다.

셋째, '대사면(大赦免)'에 대해서도 지금부터 진지하게 생각해보아야 한다. 개인적인 이력에 대한 청산은 당연히 객관적으로 철저히 이루어져야 하지만, 그것이 복수(復讐)로 변질되어서는 안 된다. 정당과 정치국의 고위 간부, 경찰, 군인, 정보기관과 공공연한 전쟁 범죄자, 독재의 능동적 지휘자 등은 재판에서 해명하고 지은 죄에 상응하는 처벌을 받아야 한다. 그러나 살아남기 위해 어쩔 수 없이 명령에 복종한 수동적인 단순 가담자와 소시민들은 과감히 용서하고 풀어주어야 할 것이다. 그들은 국가 재건에 어떤 차별도 없이 참여할 수 있게 해주어야 한다.

공자는 인(仁)을 실행하라고 가르쳤다. 그리고 한때 교회의 목사였던 요아힘 가우크 전 독일대통령도 관용을 베풀 것을 강조하였다:

'변혁의 시기에는 사람들이 불안해져서 견해 차이의 폭이 커지고 의견이 양극화된다. 관용은 집단들이 너무 빨리 진용을 형성해서 서로를 차단하고 적대적으로 맞서게 되지 않도록 돕는다.' (『Toleranz』, S. 208)

자유와 평화 속에서 통일을 이루어가기 위해서는 사랑과 관용이 반드시 필요하다. 특히 상대가 구원(舊怨)이 있는 숙적(宿敵)일 경우에는 더욱 그러하다. 한국의 경우에는 독일에 비해 그것이 더욱 절실히 필요하다. 왜냐하면 남북한은 서로 전쟁을 했으며, 분단은 더 첨예하고 더 오래 지속되었기 때문이다. 다시 말하면 남북한의 한국인들은 동서독의 독일인들에 비해 서로에게 더 많은 사랑과 관용을 필요로 한다. 특히 남한 사람들은 통일로 이제까지 알지 못했던 생활의 세계로 내던져지게 될 수많은 북한 사람들을 위하여 더 크고 많은 공감 능력, 인내심과 이해심을 가질 것이 요망된다.

우리는 '북한 사람들과 남한 사람들 누구도 분단을 원하지 않았으며 분단은 외부에서 강요된 것'이라는 점을 항상 분명히 기억하고 있어야 한다. 마찬가지로 북한 사람들이 공산주의 체제를 스스로 선택하지 않았으며, 그것을 받아들이도록 강제되었던 것도 사실이라는 것을 알아야 한다. 단지 살아남기 위해 그렇게 살았을 뿐이다. 그것이 때가 오면 우리가 화해의 손을 내밀어야 하는 가장 중요한 이유이다.

'과거는 닫는 것이고 미래는 여는 것'이라는 말이 있지만, 나는 과거는 정리해야 하고 미래는 만들어가는 것이라고 말하고 싶다. 그러기 위해서는 먼저 서로 화해해야 한다. 대동정신의 원칙 위에서 함께 과거를 정리하고 함께 미래를 만들어가야만 한다. 그래야만 이미 너무 오래 갈라졌던 민족을 다시 온전히 합치고 새로운 국가를 건설하여 도약시킬 수 있을 것이다.

이 대동정신의 원칙을 수립하는 데에는 독일에서 현지조사를 통해 배운 것들이 큰 도움이 되었던 것 같다. 이 원칙은 통일의 전 과정에 적용되어야 하는 것이므로, 지금부터라도 북한 비핵화, 인도적 지원 등 통일과 직접 관련되는 정책에는 물론, 탈북 난민, 양극화, 기후변화 등 더 넓은 의미에서 통일에 연관되는 당면한 사회적 갈등을 해소하기 위한 정책들의 수립과 시행에도 원용하는 것이 바람직하다고 본다.

—

실용적 접근

한반도 통일을 위한 두 번째 일반적 실행원칙으로 나는 독일통일 과정에서 모범적으로 적용되었던 실용적 접근(pragmatische Ansätze)을 제안한다. 실용적 접근은 고정관념과 형식을 떠나 실질을 중시하며 새로운 환경에 유연하게 적응함으로써 해법을 찾아간다.

나는 그것을 변화의 시대에 적절한 사고 방식이라고 여겨 국정에서 실제로 사용한 경험이 있다. 실용주의는 이명박 대통령과 대통령실장으로서 내가 공유한 정치적 사고의 기반이었다. 당시 '실용주의는 방법론일 뿐 국정을 이끌어가는 이념이 될 수 없다'고 비판한 이들이 있었지만, 그런 의미에서의 국정의 기본 이념은 이미 자유민주적 기본질서를 규정한 헌법에 명시되어 있다. 그리고 교조적 정치이념에 매여 국정을 경직되게 운영하는 것은 득보다 실이 크다고 보았

다. 이명박 정부의 실용주의는 내 판단으로는 여러모로 성공적이었
다.

그런 연유로 나는 실용적 사고방식은 주어진 국정 목표 하에서 새
로운 길을 찾아가는 데에 효율적이라고 생각한다. 모든 것이 급변하
고 있는 시대, 그 한가운데에 놓인 동아시아에서, 특히 통일과 같이
그 환경이 불분명하고 과정이 불확실한 사안을 다룰 경우에는 더욱
그러하다고 하겠다.

독일통일은 갑자기 그리고 예상하지 못한 상태에서 왔고, 그만큼
그 이후의 체제 전환에 따른 충격은 컸다. 많은 독일인들, 특히 동독
인들은 엄청난 역사적 변혁의 과정에서 겪은 다양한 경험을 얘기했
다. 그들은 모든 것이 얼마나 폭넓게, 얼마나 빨리 진행되었던지에
대해 자신들이 체험한 것들을 나에게 가급적 사실적으로 설명하기
위해 애썼다: 정치체제 전환, 슈타지 청산, 엘리트 교체, 사유화, 기업
정리, 대량 실업, 대규모 인구이동, 연대부가세, 재개발 등. 요컨대 전
대미문의 큰 구조조정이 개인의 이력을 ─일부는 매우 깊은 상처를
남기면서─ 갈라놓았다. 그리고 내 대담들에서 드러나듯이 어떤 이
들은 득을 보았고, 다른 어떤 이들은 손해를 입었다. 많은 이들이 어
려웠던 시기를 회상하면서 어느 날 갑자기 새로 주어진 것들을 받아
들이기가 힘들었다고 했다.

"정치적으로 두 개의 국가를 반년 만에 합칠 수는 있지요. 그러나
경제는 그렇게 안 돼요."

동독의 마지막 내각회의 의장이자 국가 수반이었던 한스 모드로
씨는 베를린의 좌파당 중앙당사에 있는 그의 사무실에서 구조조정

의 어려움을 이렇게 묘사했다(2019년 5월 28일).

특히 전환기에는 상황이 유동적이서 불안정했고 불확실성이 팽배했다. 희망과 반감이 경우에 따라서는 최고조에 달했다. 그것은 언제든 사회적 갈등으로 번지고 폭발할 수 있었다. 당시 가장 중요한 것은 상황을 장악하여 불확실성을 줄이고 안정을 확보하는 것이었다. 독일의 경험에 따르자면 이 경우 한국에게 중요한 것은 시간, 즉 변화의 속도이다. 목표는 전환의 연착륙이다. 전환의 속도를 목표에 맞게 통제하는 것이 가능할 것인지, 그리고 그것을 어떻게 실제로 구현할 수 있을 것인지에 대해 사전에 검토할 필요가 있다.

독일의 경험은 한국에게 적기에 사전 계획을 수립하라고 가르친다. 그런 계획은 전환의 내용, 형식 및 범위와 시간별 진행에 대한 신뢰할 수 있는 의사결정자의 설득력 있는 설명을 포함해야 한다. 새 정부와 의회가 구성되기 전에는 유럽 시민사회에서 그 실용성이 입증된 바 있는 원탁회의가 그 역할을 대신해줄 수 있을 것이다. 핵심 과제는 일자리를 확보하고, 불만을 줄이고, 그리해서 이주 동기를 줄이거나 압박을 완화하는 것이다. 또 생각해볼 수 있는 것은 일시적으로 국경개방을 제한하여 즉흥적 대규모 인구이동을 차단하거나 통제하는 방안이다.

나는 1995년 통일정책에 관한 한 연구에서 지리학적 모델을 이용하여 통일 초기에 발생할 잠재적 인구이동의 규모를 예측해본 적이 있다. 그 결과 통일 후 1년 동안에 대략 3백만 정도가 북한에서 남한으로 이주할 것이고, 그중 약 3분의 2가 수도권으로 이주할 것으로 계산되었다. 그 후 나는 정부에 이에 대비할 것을 제안하고, 그러한 상황이 도래할 경우 일정 기간 동안 휴전선 개방을 연기하는 방안을 검토하도록 권고하였다. 혹독한 비판이 뒤따랐다. 내 생각이 반통일적 내지 반통합적인 발상이라는 것이었다. 그러나 나는 지금도 같은 생각을 가지고 있다. 대량 인구이동을 방치하게 되면, 남한, 특히 수도권은 이입 인구 수용능력이 절대 부족하여 큰 혼란에 빠지게 될 것이다. 그리고 더 큰 문제는 북한 지역이 능동적 인구의 대규모 선택적 유출로 재건을 위한 행위주체를 사실상 완전히 잃어버리게 된다는 데 있다.

그러나 이미 남북이 하나로 통일된 마당에 자유민주체제 하의 정부가 어떻게 사람들의 자유로운 이동을 통제할 수 있겠는가? 거기에 대해서는 대답 대신 반문(反問)이 더 설득력 있을 것 같다:

'만약 북한 사람들이 통일 당시의 거주지에서 가까운 시일 내에 일자리와 복지, 그리고 동등한 삶의 질을 기대할 수 있다면, 왜 굳이 일자리도 없이 낯선 남한 쪽으로 이주하는 모험을 하겠는가?'

다시 말하면, 우리가 어떻게 준비해서 어떻게 그 전제를 충족시키느냐에 달려 있다는 것이다.

헬무트 콜 당시 독일 총리는 이 도전을 확실히 의식하고 있었다. 그는 동독지역에서 서독지역을 향한 대규모 인구이동이 일어나는 것을 저지하기 위하여 '화폐통합'에서 정치적 판단을 내렸고, 일찌감치 동독에서 '꽃피는 경관'을 공약했다. 이 비전이 단기간 내에 완전히 실현되지는 못했다고 하더라도, 그리고 적지 않은 회의론자들이 아직도 '도대체 전면적 개발이 가능하고 바람직한가'라고 비판하기도 하지만, 이와 관련하여 독일통일은 분명히 한 가지 중요한 교훈을 준다. 그것은 미리 계획해야 한다는 것이다. 한국의 경우, 국가와 국민들에게 의심의 여지 없이 엄청난 도전이 될 상황을 극복하기 위하여 갖가지 시나리오와 모델 및 여러 가지 실행 선택지들을 미리 개발해두면, 당면해서 매우 유용하게 쓰일 것이다.

우리가 전환의 '연착륙'에 의견의 일치를 본다면, 많은 정책수단을 미리 준비해야 한다는 데에도 동의할 것이다. 예를 들면 정치권은 북한 경제의 신속한 재건을 위해 국내외 기업인과 자본가들과 사전에 미리 긴밀하게 협의해야 한다. 나는 많은 한국 대기업과 중견기업들이 다양한 동기에서 이런 역할을 자발적으로 받아들일 의지와 능력을 갖고 있다고 믿는다. 목표지향적 경제개발 및 지역개발 사업에 국가의 강력한 정책적 뒷받침이 전제되어야 하는 것은 물론이다.

독일통일 후에 전체 동독지역을 '특별경제지대(Sonderwirtschafts -zone)'로 지정하자는 의견이 있었으나 실현되지는 못했다. 금융과 세제 등 정책지원이 있으면, 기존 기업을 재생시키든 새 기업을 입지시키든, 기업은 필요한 곳에 일자리를 만들게 될 것이다. 그와 함께 거기에 필요한 인프라도 스스로 건설할 것이다. 그리 되면 국가는 많은 재정지출 부담을 덜 수 있을 것이고, 여유 자금은 다른 필요한 곳에 투자할 수 있을 것이다. 즉 정부가 움직일 수 있는 여지가 커지는 것이다. 독일통일에서는 이러한 고려가 미진했던 것 같다. 정부와 공공부문이 모든 것을 다 감당해야 한다는 책임감이나 그렇게 할 수 있다는 자신감이 지나친 나머지, 민간 부문의 능력 또는 기업과의 협력을 통해 문제를 해결해나갈 가능성을 과소 평가하지 않았나 생각된다. 나는 이것이 한국에게 타산지석(他山之石)이 될 수 있다고 본다. 그리하여 한국은 통일 후 재건과정에서 민간부문, 특히 기업의 참여와 협력을 독일보다 훨씬 잘 활용할 수 있을 것으로 기대한다.

"로베르트 보슈 유한회사(Robert Bosch GmbH)는 일찍부터 동독에 기업정책적으로 관여했습니다."(Stuttgart, 2019년 7월 1일)

디트리히 쿨가츠 기업 문서실 실장의 증언이다. 그는 보슈가 '최종적인 정치적 통일 훨씬 전부터 기업활동의 전 분야에 걸쳐 동독에 동반자 관계를 형성하는 방안을 모색하였다'고 강조했다. 1988년 10월에 이 회사는 동독에 자동차라디오 특허제조에 관한 계약을 체결하고 관련 기술을 제공하였다. 이어서 1990년 전반에는 동독의 자동차, 통신시설, 전자장비 및 가전제품 제조업들과 합작투자 계약을 체결하였다. 아이제나흐(Eisenach) 공장은 1990년에 12,000명의 종업원을 고용하고 거래량 55%를 차지하는 동독 최대의 자동차부품 공급자였다.

포르셰 주식회사(Porsche AG) 홍보실장 틸만 브로트베크 씨는 이렇게 말한다:

"포르셰는 통일 후 가장 먼저 동독으로 달려갔습니다. 라이프치히에 넓은 부지를 사들였을 때, 다른 사람들은 이를 두고 '위험 부담이 크다'고 비판하고 심지어 '포르셰가 돌았다'고 조롱하기도 했지요. 그러나 거기에는 풍부한 노동력이 있었습니다. 그들은 잘 교육되어 있었으며 기대에 차 있었습니다. 모든 것이 관료주의 병폐 없이 잘 돌아갔습니다. 왜냐하면 사람들이 그걸 원했으니까요."(Stuttgart, 2019년 7월 1일)

내 말은 당시 독일 정부가 장기적인 시각을 가지고, 보다 적극적,

국제적으로 행동했더라면, 독일 기업들이 실제로 한 것보다 훨씬 크고 많은 기여를 할 수 있었다는 것이다.

인간에게는 장기적으로 보기보다 단기적으로 보려고 하는 성향이 있다. 정치인들은 유권자의 투표를 의식하고, 기업인들은 이익을 좇아간다. 나는 정치의 임무가 단기적인 행동방식을 장기적인 것으로 이끌고, 그것이 작동하고 지속되도록 추진하는 데 있다고 본다. 마찬가지로 기업인들의 관점 역시 부동산 투기보다 생산을 위한 투자에 중점을 두는 등 미래 지향적인 쪽으로 강화되어야 할 것이다. 동독지역을 상품의 판매시장으로만 보지 말고, 구동독의 기업들을 잠재적 경쟁상대로 보아 제거해야 할 대상으로만 삼지도 말아야 할 것이다. 여기에도 정치인들이 정책을 통해 영향을 미칠 수 있는 부분이 상당하다. 이를테면 안정화 정책을 복지나 연금 프로그램, 사유화 등 다른 정책수단들과 결부시킬 수도 있을 것이다.

체제통합과 전환에서 본질적인 것은 사유화(Privatisierung)로, 독일에서는 통일 초기 4년 동안(1990년 3월 1일부터 1994년 12월 31일까지) 신탁청이 독점적으로 맡아 처리하였다.

'신탁청은 독일 역사상 가장 논란이 많았던 조직이었다. "세계 최대의 기업"으로서 그것은 지금까지 알려진 바 없는 대규모의 자산개편을 단행하였다. 무너지는 사회주의와 세계화하는 자본주의 사이에서 직원들은 동독의 인민소유기업(die volkseigene Betriebe)을 계획에서 시장으로 바꾸었다. 그들의 업무수행은 서독 측 투자가들에게 매각, 업종별 처분, 대량 해고와 그에 대한 분노에 찬 항의, 정치적 논란, 그리고 공공연한 스캔들로 각인되었다.' (Marcus Böick:

『Die Treuhand』)

뵈익의 방대한 연구서에서 특별히 내 주의를 끈 대목은 신탁청의 목적과 원칙이 중도에 달라졌다는 것이었다:

'원래 신탁청은 1990년 초 단기적으로 동독 반체제 인사들과 SED-개혁론자들에 의한 "중앙원탁회의"에서 "인민 자산의 보호"를 위하여 설립하기로 하였다. 1990년 3월 인민의회선거 후에 이 목적은 빨리 그리고 완전히 바뀌게 되었다.'

그리하여 신탁청의 목적은 '동독의 기업들에 대하여 정해진 기간 내에 가능한 한 신속히 사유화를 완료하는 것'이 되었다.

신탁청이 한 일에 대해서는 "평화시 최대의 생산시설 파괴" (Christa Luft), "둘도 없이 야비한 짓"(Edgar Most)이라는 비난에서부터 "축복받은 부흥"(Franz Schuster) 또는 "경제의 청소작업" (Richard Schröder)이라는 항변까지 다양한 평가가 이어지고 있다. 나로서는 당시 신탁청에게는 "역사적 본보기도 다른 대안도 없었다" (Johannes Ludewig)는 말에 동의하면서도, 현 시점에서 되돌아보았을 때 아쉬움이 남는 것 또한 부인하기 어렵다. 그러나 여기서 더 깊이 들어갈 것까지는 없겠고, 다만 독일의 경험을 참작하여 한국에 적용할 업무 수행에 관한 원칙으로 다음 세 가지를 제안한다:

① 시간: 너무 서두르면 안 된다. 모든 사유화 작업을 정해진 기간 내에 끝내겠다고 졸속으로 추진해서도 안 된다. 시간을 두고 인내심을 가지고 조심스럽게 추진해야 한다.

② 비용: 필요한 비용은 독일의 경우처럼 사유화를 담당하는 기구

가 자체에서 부담하게 하지 말고, 국가 재정으로 충당하는 것이 바람직하다.

③ 작업: 사유화 작업과정이 여론에 따라 자의적으로 이루어지게 해서는 안 된다. 그것은 객관적으로 미리 주어진 가능성의 범위 내에서 정해진 목표와 규정에 따라 진행되어야 한다.

통일 후 북한지역 자산을 사유화할 때, 기본원칙은 그 일이 통일정부의 적극적 지원과 감독 하에 북한 사람들에 의해서 주도되어야 한다는 것이다. 다만 남한 측의 관대한 이해와 도움이 필요할 것이다. 여기서 처음부터 분명히 해야 할 것은 북한 국영 내지 인민소유 기업과 공동 자산은 모두 최종적으로 북한 주민에게 귀속되어야 한다는 원칙이다.

"북한 사람들은 수십 년 이래 자신들의 정체성을 잃고 자의식이 손상되는 고통을 겪고 있습니다. 공산주의와 독재는 이 사람들의 생애에 깊은 상처를 남깁니다. 그런 위험은 실재합니다. 그것이 독일이 겪은 중요한 경험입니다." (독일 연방의회 사무실, 2019년 3월 28일)

나는 크리스티안 볼프 전 독일연방공화국 대통령의 이 친절한 경고를 선의의 권고로 이해하였다. 그리고 감사한 마음으로 받아들였다.

마지막으로 나는 북한 사람들에게 자유민주주의와 시장경제에 대한 목표지향적 재교육이 반드시 필요하다는 것을 강조하고자 한다. 그들은 자본주의 사회의 메커니즘과 거기서 통용되는 언어와 행동

양식을 접하고 익힌 적이 없다. 합의된 언어 규칙을 모르면, 조국이
지만 낯설게 작동하는 상태에서 제대로 살아가기가 어려울 수밖에
없다. 그 반대도 마찬가지다: 남한 사람들은 75년 이상 공산주의 계
획경제 속에서만 갇혀 살아온 북한 사람들의 행동방식과 문제들에
대한 이해도를 높여야 한다. 시민단체들도 보조 역할을 할 수 있을
것이다.

정책의 일관성

통일정책의 일관성을 지키는 원칙은 우선 정당과 정부에 주문해야 한다. 나는 이 원칙을 대단히 중시한다. 왜냐하면 일관성 없이는 어떤 정책도 당사자들의 신뢰를 얻을 수 없기 때문이다. 거꾸로 최악의 정책은 변화가 심한 것이라고 할 수 있다. 유감스럽게도 지금까지 한국의 통일정책은 자주 바뀌어왔다는 것을 시인하지 않을 수 없다. 그 것은 정책이 시간이 가면서 발전했거나 변화하는 환경에 적응하여 진화했기 때문이 아니라, 통일정책이 당파를 초월한 합의 없이 정당 정책(Parteipolitik)에 따라 추진되었기 때문이다.

건국 초기 한국 통일정책의 기본 노선은 이승만 대통령이 이끌었던 반공(反共)정치에 입각한 것으로 한마디로 '멸공(滅共)'이었다. 그 것은 냉전 체제 하의 분단과 북한의 남침으로 일어난 한국전쟁을 생각하면 이해가 된다. '북한 공산주의를 이기고 통일한다(勝共統一)' 는 이 기본 노선은 그 후에도 대체로 남북한이 유엔에 동시 가입할 때(1991년)까지 지속되었다고 할 수 있다. 한쪽으로는 체제 경쟁을 하면서 다른 한쪽으로는 산업화를 추진했던 이 시기의 분위기는 박정희 대통령의 구호에 그대로 드러난다.

'우리는 싸우면서 건설한다.'

김영삼 대통령은, 핵사찰을 거부하고 NPT를 탈퇴하면서(1993년) 본격적으로 핵무기 개발에 나선 북한과 대립하는 대신 북한 지도자 김일성과 대화를 시도하였다. 여기에는 정부내 유화론자들의 주장과 지미 카터(Jimmy Carter) 전 미국대통령의 중재 역할이 작용하였다. 그러나 최초의 남북정상회담은 김일성의 갑작스러운 죽음(1994년 7월 8일)으로 성사되지 못했다. 회담이 예정대로 이루어졌으면 어떤 결과가 나왔을 것인지 상상하는 것은 역사적 공론(空論)에 지나지 않을 것이다. 그럼에도 나는 이때 한국 정부의 판단이 결과적으로 통일의 기회를 잃어버린 실책이었다고 생각한다.

클린턴(Bill Clinton) 미국대통령과 그의 행정부가 NPT를 탈퇴한 북한에 대해 일반의 예상을 뛰어넘는 단호한 입장을 취하고 있었던데 비해, 한국 정부는 '전쟁만은 안 된다'며 물러서서 유화책을 택했다. 당시 나는 대통령자문 정책기획위원회의 간사(幹事)로서 대통령에게 북한의 핵개발에 미국과 함께 강력히 대응할 것을 여러 차례 직접 건의하였으나, 안타깝게도 청와대와 외교부가 주도한 유화론에 막혀 받아들여지지 않았다. 그리하여 결국 궁지에 몰린 북한 정권에게 숨통을 틔어주고 말았던 것이다.

이 시기는 역사의 향방이 걸린 매우 중요한 때였다. 1990년대 초, 북한은 체제 붕괴를 두려워했던 때였고, 남한은 정치적으로 민주화되고 경제적으로 안정된 때였다. 더 중요한 것은 국제 정세의 흐름이었다. 지구의 한쪽에서는 천안문 사태가 터졌고(1989년 6월 4일), 다른 한쪽에서는 베를린 장벽이 무너졌다(1989년 11월 9일). 이어서 독일이 통일되었고(1990년 10월 3일), 동유럽 국가들이 줄줄이 민주화되었으며, 소련이 해체되었다(1991년 12월 31일). 그리고 이 자유화의 물결은 북아프리카와 서남아시아로 계속 퍼져갔다. 한쪽에서 공산주의가 무너지면서 자유민주주를 향한 체제변화가 일어나는 동안, 다른 한쪽에서는 공산당 독재체제를 지키기 위해 그것을 무자비한 폭력으로 눌렀다. 겁을 먹은 북한의 공산주의 독재자는 체제와 권력을 유지하기 위한 마지막 수단으로 핵무기를 개발하기 시작하였다. 세계 정치사가 다시 쓰여지는 변화의 시기에, 분단 한국은 남북한 양쪽 다 나름대로 현상유지를 위한 정책을 선택했던 것이다.

김대중 대통령과 그의 '국민의 정부'는 빌리 브란트의 동방정책을 모방하여 이른바 햇볕정책이라는 대북 유화정책을 본격적으로 추진하였다. 그는 2000년 6월 13일 최초의 남북정상회담을 하였고, 이를 통해 한반도의 긴장완화에 기여했다는 공로로 2000년 노벨 평화상을 받았다. 다른 한편으로 그는 북한 독재자에게 존립위기를 넘어가도록 돕고 핵무기 개발을 계속하기 위해 필요한 돈과 시간을 주었다는 비난을 받는다. 그의 후계자 노무현 대통령은 그의 정책을 계승했다: 이른바 '접근을 통한 변화'가 그것이다.

보수적인 이명박 정부는 다시 정책 기조를 바꾸었다. '비핵 개방

3000'이라는 구호는 북한이 비핵화하고 문호를 개방한다면 남한이 국제사회와 협력하여 빠른 시일 내에 북한 주민 1인당 소득이 3,000달러가 되도록 경제지원을 하겠다는 제안으로, 말하자면 제재와 보상으로 북한의 변화를 이끌어내겠다는 정책구상이다. 북한 정권은 이 제안을 거부하고 일련의 도발로 남북관계에 대치 국면을 조성함하여 고난의 행군을 자청했다. 나는 말년의 김정일과 그의 죽음(2011년 12월 17일)으로 젊은 나이에 권력을 세습한 김정은 부자가 체제 붕괴에 대해 심한 공포심을 가졌다고 생각했다.

박근혜 정부는 '한반도 신뢰 프로세스'라는 정책 구호를 내걸고 기본적으로 이명박 정부의 대북 정책 노선을 지속시켰다. 다만 박 대통령이 중국의 전쟁승리 70주년 기념대회(2015년 9월 3일)에 참석해서 시진핑 주석, 푸틴 대통령과 나란히 천안문광장에 나선 것은 정책의 일관성이라는 측면에서 동의하기 어려웠다.

박근혜 대통령의 탄핵으로 정권이 교체된 후에 대외/대북정책은 다시 한번 극적으로 좌회전했다. 현 문재인 대통령과 그의 정부는 다시 이전의 대북 접근정책 노선으로 돌아갔다. 그러나 그의 '새로운' 평화정책은 노골적인 유화정책 이외에 아무것도 아니다. 그나마 북한조차도 진지하게 받아들이지 않는 상태에서 이 일방적인 접근정책은 많은 부작용을 노정하고 있다.

그래서 통일정책은 어쩔 수 없이 다시 한번 근본적으로 바뀌어야 할 처지에 놓여 있는 것으로 보인다. 2020년 3월 9일 대통령 선거에서 야당 후보가 당선된다면 물론이고, 아니라고 하더라도 대미(對美), 대일(對日), 대유엔 등 대외정책 전반과의 조화를 고려할 때 이는 불가피해 보인다.

나는 여기에서 한국 정부의 빈번한 정책변경이 정부가 하는 일의 지속 가능성, 특히 통일 가능성에 대한 한국인과 외국 정부의 신뢰를 손상시키고 있다는 점을 아프게 지적하고자 한다. 통일의 기본원칙에 대한 국민적 합의와 그것을 초당적으로 지켜가는 정책이 너무나 긴요한 이유다. 통일정책의 기본원칙이 일관되게 지켜진다면, 그 수단의 선택에는 오히려 더 많은 여지가 주어질 수 있을 것이다. 그리되면 나도 당시 미국 국무성과 주한 미국대사관에서 내게 붙인 "미스터 유연성(Mr. Flexibility)"이라는 별칭을 계속 기꺼이 받아들일 것이다.

적극적 통일준비

마지막으로 그러나 똑같이 중요한 실행원칙은 '통일준비'이다. 통일준비는 어쩌면 지금 상황에서 바로 착수하여 실천할 수 있는 최선의 실행원칙일 수도 있을 것이다. 그것은 한편으로 앞에서 서술한 통일의 시나리오나 통일 국가가 지향하는 정치적 모델에 따라 사회 각 부문이 맡아서 해야 할 제반 목적 지향적 행위에 관련된다. 그리고 다른 한편으로는 개인의 정신적이고 심리적인 준비에 해당하는 것으로, 통일이라는 사건이 가져올 단기적인 부담 및 문제들과 장기적으로 나타나게 될 성과와 역사적 결과가 전체 한국인들에게 의미하는 바를 분명히 하고 그에 대비하는 것이다.

"여러분은 통일을 준비해야 합니다. 그러면 통일은 축복이 될 것입니다. 그렇게 하지 않으면, 그것은 재앙이 될 수도 있습니다."

리하르트 폰 바이츠제커 대통령이 내게 직접 해준 이 말씀을 나는 통일에 관한 강연을 할 때마다 청중들에게 전달했다. 그 외에도 많은 독일인들이 '통일을 잘 준비하면 많은 시간과 돈을 절약할 수 있다'고 강조하였다. 이런 조언들은 그들이 준비하지 못했던 만큼 더 절실하게 들렸고 또 인상 깊었다. 그리고 더 중요한 것은 통일준비가 통일을 앞당기고 그 과정을 원만하게 만든다는 것이다.

그렇게 해서 내 통일정책의 핵심개념은 거듭 검증되었다. 나는 통일부 장관으로서 통일부의 주된 임무가 남북대화나 교류협력에서 통일국가 건설을 위한 준비로 진전되어야 한다고 강조했다. 그것은 통일의 개념을 '분단극복'에서 '통일준비'로 확대하는 것을 의미했다.

통일정책을 남북관계에 국한하면, 논리적으로 그것은 접근(接近) 아니면 대치(對峙)로 가고 만다. 교류와 협력을 촉진하기 위해서는 행위 파트너 중 한쪽이 첫걸음을 내디뎌야 하고, 여기에 다른 한쪽이 호응해야만 한다. 이 두 가지가 다 제때에 일어나지 않으면, 아무 일도 전혀 일어나지 않는다. 바로 그 호응을 얻어내기 위해서 정치인들이 상대방에게 호의를 베푸는 일이 드물지 않다. 그들은 무슨 수를 써서라도 유권자들에게 뭔가 결과를 보여주고 싶어 하기 때문이다. 당연히 상대방은 이것을 이용하려 든다. 속임수와 뇌물공여가 양자관계를 망치고, 당사자들은 결국 도덕적 해이와 인기영합적 불법행위에까지 이르게 된다. 그 과정에서 신뢰가 무너지는 것은 말할 것도 없다. 그런 일은 과거에 실제로 일어났고, 지금도 크게 달라지지 않은 것으로 보인다.

나는 한국 정부가 한반도에서 교호적인 남북관계와 국제적인 환경에 구속되지 않고, 독립적으로 자유롭게 행동할 수 있는 영역이 있다는 것을 꿰뚫어 보았다. 그런 생각을 배경으로 나는 2012년 5월에 5개 범주의 통일준비 활동을 제시하였다.

① 통일교육: 한국인, 특히 젊은 세대의 통일의지를 강화하기 위하여 통일교육이 필요하다. 여기서 중요한 것은 분단의 역사와 현 상황 및 북한의 실체에 대한 정확한 지식의 전달이다. 예를 들어 독일의 '정치교육을 위한 정보(Informationen für politische Bildung)'와 같은 민주주의와 통일에 대한 체계적인 정치교육이 바람직하다.

② 대외관계: 다른 나라 국민들과 국제사회의 한국 통일에 대한 이해를 높이기 위하여 통일과 관련한 국제관계 업무를 강화할 필요가 있다. 이를 위하여 특히 미국 및 일본과의 연대를 강화할 필요가 있다. 중국이 민주화를 미룬 채 패권을 추구하는 동안에는 한계가 있겠지만, 그렇더라도 한국 통일에 대한 중국 인민의 이해와 동의를 얻기 위한 노력을 소홀히 해서는 안 될 것이다.

③ 기금조성: 통일 비용을 충당하기 위해 미리 재정적 기반을 마련해야 한다. 정부와는 별도로 시민들이 앞장서서 통일기금을 조성하고 비축해나가면 통일에 임하여 들어갈 정부의 비용부담을 경감할 뿐만 아니라, 대내외에 한국인들의 통일의지를 알리고 높이는 효과도 얻을 수 있을 것이다. 비용이 많이 들기 때문에 통일을 미뤄야 한다는 논리는 논리적으로 성립하지 않는다. 통일 비용은 사실상 투자고 한번 들어가면 끝이지만, 분단 비용은 소모성일 뿐만 아니라 계속 들어가기 때문이다.

④ 북한 주민과의 연대: 북한 주민의 인권을 보호하고 생활을 지원하여 그들과의 연대를 강화해야 한다. 북한 주민에게 외부세계의 정보를 제공하고 그들의 실상을 세계에 알려야 한다. 이러한 활동은 북한 주민의 통일에 대한 희망을 고취하는 데에도 도움이 될 것이다. 여기서 전제가 되는 것은 북한 주민을 독재정권과 정책적으로 차별화해야 한다는 것이다. 3만 5천이 넘는 탈북민은 통일의 선도자들이고 북한 주민들의 본보기이다. 이들에 대한 적극적 지원은 매우 긴요하고 시급하다.

⑤ 제도적 준비: 공공과 민간의 모든 부문에서 통일에 대비한 제도적 준비를 해야 한다. 가장 먼저 할 일은 기본원칙과 국민합의에 입각한 통일한국의 비전 또는 미래상을 만들고 그것을 대내외에 공표하는 것이다. 과거 청산과 자산 처리는 물론 경제, 군사, 외교, 행정, 교육, 복지 등 사회 각 부분의 제도적 통합에 대비한 방안을 연구하고 가상 계획을 수립해야 한다.

이런 생각으로 나는 장관 재임시에 내 손으로 직접 '통일항아리'를 만들었다. 명장 김정옥 선생의 도움을 받아 커다란 달항아리를 빚은 다음 붓글씨로 '평화통일'이라고 써넣고 전통가마에 넣어 구워냈다. 가마에서 갓 꺼낸 희고 둥근 '통일항아리'를 앞에 놓고, 나는 국내외를 향하여 선언하였다:

'통일준비가 시작되었습니다!' (2012년 6월 23일)

이어서 '사단법인 통일을 생각하는 사람들의 모임'(약칭 '통일생각')이 설립되어 '통일항아리'라는 같은 이름으로 개인들의 기부금을 모으기 시작하였다. 영문으로는 'Unitiative'라고 줄여 불렸는데, 이는 'unification'과 'initiative'의 합성어로 '통일을 위한 새로운 계획', 즉 '통일준비'를 의미하도록 고안된 것이었다.

'통일항아리' 아이디어는 내 어린 시절의 추억에서 가져왔다. 가난한 집안의 농부(農婦)였던 할머니는 밥을 짓기 전에 꼭 함지박에서 쌀 한 줌을 꺼내어 부엌 구석에 놓아둔 항아리에 넣으셨다. 매번 그렇게 하시는 것을 보고 나는 할머니께 '처음 광에서 쌀을 내어 올 때에 아예 조금 적게 담아 오지 그러시느냐'고 여쭈었다. 할머니는 웃으면서 "애야, 너도 이담에 크면 알게 될 것이다"라고 대답하셨다. 어머니도 똑같이 했고, 아내도 방법은 달라졌지만 그 전통을 이어받았다. 그것은 가난한 살림을 꾸려가는 주부의 지혜였다. 글자 그대로 '먹을 것을 덜 먹고 절약해서' 미래에 대비하는 것이다. 혼사, 장례 같은 집안 대사나 긴급한 용처가 생겼을 경우에 쓰기 위하여 비상금을 만드는 장치였던 것이다. 통일이야말로 국가와 민족의 대사로 긴급하게 돈이 필요하게 될 일 아닌가! 요컨대 통일항아리는 통일을 내다보면서 우리 할머니, 어머니들이 앞날에 대비하기 위해 그야말로 근검 절약하여 목돈을 만들던 방식을 본받고 거기에 담긴 정신을 이어받고자 만든 것이다.

통일항아리는 단지 기부금을 모을 목적으로만 만든 것이 아니었다. 거기에서 한걸음 더 나아가 그것은 '통일을 향한 한국인들의 열정이 뜨겁다'는 것과 함께 '한국이 통일준비를 시작했다'는 것을 알리는 신호효과(Signal-Effekte)를 발할 것으로 기대되었다. 안으로는 한국인의 통일의지를 확인하고 고양하며, 밖으로는 국제사회에서 공감대를 넓히고, 나아가 북한 주민들에게 연대를 확인해주고 희망을 주자는 것이었다.

유감스럽게도 통일항아리와 그것에 담긴 정책은 다음 정부에서 이어지지 못했다. 그에 따라 통일항아리 기부금 모으기도 그때 이후 사실상 중단되었다. 나는 이 통일준비를 상징하는 통일기금조성 법안이 국회에서 제정되지 못한 것을 매우 안타깝게 생각한다. 그때 야당(지금의 집권여당)은 이 법안을 흡수통일을 의도하는 악법이라고 비난하면서 의안으로 상정하는 것 자체를 가로막았다. 그리고 박근혜 대통령은 집권 초기에 '그렇게 해서 얼마나 모을 수 있겠느냐'고 통일항아리의 의미 자체를 평가절하하는 말을 해서 관련 정책을 사장시켜버렸다.

사람들은 이제 '통일항아리는 깨어졌다'고 내놓고 말한다. 그러나 나는 통일항아리는 잠시 밀쳐지고 잊혔을 뿐, 머지않아 되살아날 것이라고 믿고 있다. 땅속에 파묻히든 바다 속에 잠기든, 쇠로 만든 창검은 세월이 흐른 후에 녹슬고 부서지지만, 흙으로 빚은 항아리는 몇천 년이 지나도 말짱한 모습으로 다시 빛을 본다. 하물며 통일을 향한 국민의 의지는 깨부술 수도 오랫동안 숨겨둘 수도 없다.

마지막으로 나는 제4실행원칙에 관한 이 절의 첫머리에서 내가 한 말을 다시 반복하고자 한다. 역사가 늘 계획한 대로 진행되는 것은 아니더라도, 적극적 통일준비는 분단국 국민으로서 우리가 지금 할 수 있는 최선의 행동이다. 그리하여 오늘도 나의 기도는 계속된다:

'통일항아리에게 주어진 소명을 다하게 하소서!'

동베를린의 통일 기념물. 2019년 4월 5일, 판코, 베를린

분단 현장의 통일부 장관. 2011년 9월 28일, 판문점

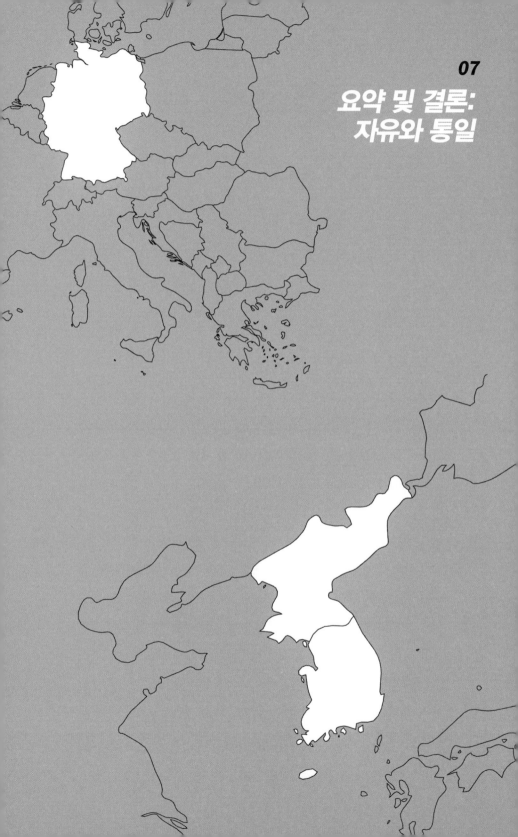

요약 및 결론:
자유와 통일

독일통일이 그렇게 빨리 그리고 평화롭게 오리라고 믿은 사람은 마지막 순간까지 거의 없었다. 그 기적은 말하자면 밤사이에 마치 하늘에서 은총이 내리듯이 왔다. 나는 꼭 한 세대가 지난 후에 독일통일에 대하여 현지에서 연구하는 행운을 가졌다. 2019년 1월 15일부터 2020년 1월 14일까지 1년 동안 나는 로베르트 보슈 재단의 리하르트 폰 바이츠제커 펠로로 독일 베를린에 체류하였다. 2012년 2월 내가 독일을 공식방문하였을 때 '독일어를 하는 한국 통일부 장관'으로서 '독일통일 대통령'을 만나 같은 주제에 대해 대화를 나눈 적이 있었기에, 그 명칭은 나에게 특별히 더 소중하고 명예로운 것이었다.

이 책은 기본적으로 이 기간에 내가 독일통일에 대하여 통일독일 전 지역에 걸쳐 다양한 사회집단의 당사자들과 독일어로 직접 수행한 62개의 대담 결과를 기초로 썼다. 나는 객관적인 학술적 논의를 넘어 독일인들의 주관적 인식을 파악하고 그것에서 배우고자 하였다. 성찰의 역사지리적 버전이라고 할까, 역사적 선행자(先行者)의 경험에서 우리의 미래를 위한 교훈을 얻자는 것이었다. 나는 그것을 "제3의 성찰"이라고 명명했다.

독일통일은 독일인들 자신만이 아니라 이웃 나라 사람들에 의해서도 전체적으로 큰 성공이라고 평가되고 있다. 통일독일은 오늘날 신뢰할 수 있는 자유민주주의 국가이고, 안정된 경제대국이며, EU와 NATO의 선도국가가 되었다. 독일은 과거 다른 어느 때보다 많은 자유와 높은 복지를 누리고 있다.

요컨대 나는 독일통일이 성공했고, 자유민주주의의 위대한 승리였으며, 30년이 지난 지금도 그렇다는 결론에 이르렀다. 독일 인민은 동독의 공산주의 독재체제 대신 서독의 자유민주주의 체제를 택했고, 그것이 옳은 선택이었음은 그사이에 확실히 입증되었다.

모든 것이 합력하여 선을 이루었다. 서독의 정치, 경제적인 발전과 동독의 평화혁명; 폴란드, 체코, 헝가리의 뜻을 같이하는 시민운동과 소련 고르바초프 시대의 개혁 개방정책; 4대 연합국의 독일 국민과 그 정치에 대한 신뢰; 그리고 무엇보다도 관리자(project manager)로서 미국의 적극적 역할이 다 합쳐서 기적을 이루었다.

독일통일은 유럽통합에 결정적으로 기여하였다. 통일독일은 EU와 NATO의 회원국으로 계속 남아 주도적 역할을 하고 있다. 그리고 중동과 북아프리카 지역으로부터 오는 난민수용에도 앞장섰다.

통일 직후에 독일은 일단 사회경제적인 어려움을 겪었다. 그것은 두 개의 서로 완전히 다른 정치, 경제 체제를 합치는 데에 따른 것으로 이해할 만한 것이었다. 그러나 지금 독일은 통일의 혜택을 한껏 누리고 있다: 안정적인 국정운영과 함께 지속적인 호경기와 낮은 실업률, 그리고 이웃 나라들을 포함한 국제사회의 좋은 평판이 대표적이다.

독일의 성공적인 통일은 건전한 사회적 기반에 힘입었다고 할 수 있다. 거기에는 꾸준히 관리하고 쇄신하고 확장해온 국제관계도 포함된다. 개인들 사이에 보이게 또는 보이지 않게 작용하는 인과적 연결관계, 즉 인연은 정치에서도 길을 이끌어가는 것으로 보인다.

위대한 성과에도 불구하고, 통일의 속도와 역동성을 고려할 때 당연하다고 할 수도 있지만, 몇 가지 결함과 문제들도 나타났다. 이것들은 부분적으로 과장되기도 했지만 계속해서 독일 현실 정치의 뜨거운 쟁점이 되고 있다. 이러한 현상은 '성공적이지만 불만족스럽다'는 말로 잘 요약된다. 한국은 이 잘못되거나 미진한 사안들에도 주의를 기울일 필요가 있다. 사람은 남의 장점을 보고 배우지만 마찬가지로 남의 단점에서도 배울 수 있기 때문이다. 그 결함과 문제들은 다음과 같이 요약된다:

- 인구의 선택적 이동 및 그로 인한 구동독지역 인구구조의 심각한 손상;
- 경제적 불평등, 즉 동서독 지역 간 자산과 소득 격차의 양극화;
- 동독인들이 체감하는 사회적 차별 및 그와 연관된 사회심리적 좌절 내지 열등감;

- 그리고 그것에 따른 정치적 불만 및 그것을 다시 악용하는 극단주의자들의 인기영합적 정치행태.

이렇게 상존하는 문제들과 함께 현 시점에서 최종적으로 남는 질문은 '독일이 실제로 얼마나 통합되었는가'이다. 여전히 남아 있는 동서독 지역 간의 경제적 격차는 이 질문의 핵심적 내용을 구성한다. '이제 와서 보니 동독의 모든 것이 나쁘고 잘못된 것만은 아니었다.'

통일독일을 경험한 젊은 세대에서도 동독에 대한 새로운 자각이 일어나고 있다. 그것과 반드시 연관된 것은 아니지만 특히 구동독지역에 널리 퍼진 불만은 극단주의자들에게 토양을 제공하고 있다. 그것은 성공한 통일을 반증하는 증거로 비치기도 한다.

분단이 남긴 상처를 치유하기 위해서는, 그것이 설령 가능하더라도, 적어도 분단되어 있었던 만큼 또는 그 이상의 시간이 필요할 것 같다. 2020년 통일 30주년 기념식에서 '단합과 다양성'이 강조된 것은 그래서 옳고 시의적절한 것으로 보인다. 종합적으로 볼 때, 독일 사회는 전체적으로 매우 건전한 것으로 보인다. 미해결의 문제들을 안고 있기는 하지만, 인간 사회는 정도의 차이가 있을 뿐 늘 그러했다. 역사에서는 현 상태의 좌표와 함께 발전의 방향이 중요한 것이다.

연구의 결과로 독일통일이 한국에 주는 12가지 교훈이 도출되었다:

1) 독일통일은 인민이 시작하고 인민이 완성하였다. 자유를 향한 인민의 열망이 평화혁명과 뒤이은 통일의 주된 동기였다. 즉 '자유와 통일'이다.

2) 독일통일은 유럽 및 세계정치의 협상의 결과로 이루어졌고, 결국 '철의 장막'의 철폐로 진전되었다.

3) 서독의 안정된 민주주의와 강력한 시장경제가 통일을 위해 튼튼한 기반을 제공했다. 서독 정치는 '힘의 우위'를 일관되게 유지하였다. 즉 통일은 정치의 결과이다.

4) 독일 정치인들, 그중에서도 특히 헬무트 콜 총리는 용감하고 능란하게 통일의 기회를 포착하고 이를 성공으로 이끌었다. 통일에는 인민의 성숙한 정치의식과 함께 정치 지도자의 지혜, 판단력, 그리고 결단력이 필수적이다.

5) 동방정책은 동서독 관계의 평화적 관리에 기여한 것은 사실이나, 그 자체로 독일통일의 주된 공로자라고 할 수는 없다. 인도적 견지에서 접근정책은 필요하지만, 유화정책과 혼동해서는 안 된다.

6) 동독은 체제 실패로 멸망했다. 그것은 역사의 필연적이고도 당연한 귀결이었다. 왜냐하면 공산주의 체제에는 체제를 위해 인간의 자유를 억압하는 모순이 내재하기 때문이다.

7) DDR의 정치체제 변화는 1990년 3월 인민의회선거를 통해 결정되었다. 동독 시민들은 스스로 서독의 자유민주체제로 신속히 가입하기로 결정하였다.

8) 전혀 다른 두 체제가 합쳐지는 과정에서는 불가피하게 급격한 구조변화가 일어난다. 전환기에는 연착륙을 위해 사회경제적 안정을

확보하는 것이 절대적으로 필요하다.

9) 통일에는 많은 비용이 들어가지만, 그것은 일정한 기간에 국한된 일회성이다. 분단 비용을 차치하더라도, 장기적으로는 당연히 이익이 비용보다 크다.

10) 독일통일은 상당수 시민들에게 '성공적이지만 불만족'이라고 인식되고 있다. 동서 지역 간 불평등은 정치적 갈등이 일어나는 원인이 되고 있다. 균등한 생활여건이 조성되려면 시간이 더 필요할 것이다.

11) 독일은 갑작스러운 통일로 기본계획도 없이 통일에 나서야 했다. 그에 비해 한국은 체계적인 통일준비를 통해 통일로 가는 시간과 비용을 절약할 수 있을 것이다. 기업의 잠재력을 활용하는 것도 큰 도움이 될 것이다.

12) 통일은 새로운 미래를 향한 공동의 국가 재건사업이다. 그러므로 통일정책의 중점은 민족의 역사적, 문화적 뿌리를 강조하고 과거를 청산하는 것을 넘어 함께 새로운 미래를 창조하는 데에 주어져야 한다.

이러한 경험과 지식을 토대로 내 연구의 마지막 단계로 넘어간다. 그것은 이러한 교훈을 한국에 적용하는 일이다. 여기서 다시 한번 근본적인 질문으로 되돌아갈 필요가 있다:

'한국인은 왜 통일을 원하는가?'

그에 대한 대답은 이렇다:

'한국인들의 삶에 대한 기본 관념은 한반도에서 함께 자유롭게 사

는 것이다.'

이 기본적인 생활양식, 즉 삶의 원형을 회복하고 가꾸어나가는 것은 그러므로 한국인들의 최대 과제이다. 이 근본적인 이유에 더하여 한반도 통일은 다음 몇 가지 효과를 더 낼 것으로 기대된다:

- 한반도에 자유민주적 기본질서 위에 존립 가능한 생활공간을 재창출한다;
- 공산독재 치하에서 고통스럽게 살고 있는 북한 주민들을 해방시킨다;
- 분단으로 인하여 남북한이 겪고 있는 여러 가지 사회적 갈등과 손실을 해소한다;
- 동아시아에 지속 가능한 정치구조와 평화체제를 정착시킨다;
- 민주주의의 계속적인 발전과 새로운 문명 창출에 적극적으로 기여한다.

이 결론을 쓰는 저자 역시 미래의 발전을 위한 기초로 독일과 한국의 공통점과 차이점을 경중을 따져 비교하는 것이 쉽지 않다는 것을 잘 알고 있다. 거기에다, 앞에서 기술한 바와 같이 기본 여건에 차이가 있고, 이론적 개념을 실제에 적용하는 것도 제한적으로만 가능하다. 한반도의 경우에는 안보정책, 특히 통일의 절대적인 전제가 될 북한 비핵화는 최대의 도전이다.

북한 통치자는 어떤 경우에도 핵보유국이 되겠다는 의도를 자발적으로 포기하지 않을 것이다. 그러므로 이를 바라보고 추진하는 현 남한 정부의 소위 평화 프로세스는 전형적인 유화정책으로 실효성이 없을 뿐만 아니라 매우 위험하다. 그사이에 2018~2019년 미북 정상회담은 관련 당사국들의 저급한 연극에 지나지 않았다는 것이 드러났다. 미국과 북한 그리고 한국의 지도자들은 북한 비핵화라는 매력적인 표어를 내걸고 세계의 관심을 각자 국내정치에 인기영합적으로 활용했을 뿐이다. 나는 국제사회가 최대의 압박을 가하는 것만이 북한 비핵화와 북한의 개방, 그리고 북한의 변화를 위한 유일한 길이라고 확신한다. 이 경우 대화는 그 자체로서 목표가 아니라 목표실현을 위한 전체 과정의 일부 수단에 불과한 것이다.

이런 교훈과 학자와 정치가로서의 지식과 경험에 입각하여 결론으로 한국 통일을 위한 7가지 원칙을 제시하였다. 먼저 3대 기본원칙은 통일에서 어떠한 경우에도 반드시 지켜져야 하는 최고위의 통일원칙들이다:

① 자유민주통일; ② 자주통일; ③ 평화통일.

그리고 다음으로 4대 실행원칙은 앞의 기본원칙들을 보완하면서 실제 통일의 실행과정에서 유연하게 적용될 수 있는 통일의 원칙들이다:

④ 대동정신(大同精神); ⑤ 실용적 접근; ⑥ 정책의 일관성; ⑦ 적극적 통일준비.

지리적 위치와 형태는 변하지 않는다. 다만 시간이 흐르고 역사가 누적되면서 공간의 속성이 변해갈 뿐이다. 그리하여 시간과 공간은 밀접한 공생관계(共生關係, symbiosis)로 들어간다. 필연과 우연이 만나면서 실제 상황이 전개되고, 도전과 대응의 상호작용이 일어난다. 그렇게 한 장소와 거기서 살아가는 사람들의 운명이 결정된다. 그러나 그 운명도 시간과 함께 다시 같은 과정을 겪으면서 변해간다. 변화의 원동력은 자연의 운행과 함께 사람들의 인식이고, 사상이고, 행동이다. 그것들이 모여 사조(思潮)를 이루고 시대정신을 만들며 다시 공간에 투영된다. 변화는 그렇게 자연과 인간의 작용으로 시간과 공간의 공생관계가 누적 순환하면서 일어난다. 한반도 통일도 결국 그런 과정의 한 부분으로 이루어질 것이다.

나는 한반도를 위한 시대정신이 자유와 통일, 그리고 그 둘의 결합에 있다고 본다. 그리고 그것이 바로 이 '제3의 성찰'의 핵심 개념이다. 인류문명과 그에 입각한 질서에 균열이 생기면서 세계정치의 구조적 판이 흔들리기 시작했다. 그 변화가 마침내 만들어낼 새로운 질서 속에서 나는 다시 한반도 통일의 기회를 본다.

이제 내가 가르친 서울대학교 학생들과 육군사관학교 생도들에게 이 시대정신의 핵심 개념을 설명하고 이에 맞게 행동할 것을 당부할 차례이다. 왜냐하면 선생과 제자 사이의 인연(因緣)이 끊임없이 자유와 통일을 위한 헌신이라는 시대사적 미션을 가리키고 있기 때문이다. 그리고 인연이라는 것이 사람들 사이에서뿐만 아니라 정치적 실체들 사이에서도 작동한다면, 이 책이 통일독일과 분단 한반도를 잇는 인과사슬의 한 고리가 되길 바란다. 나아가 한반도의 남과 북을 다시 하나로 잇는 대업에 작으나마 보탬이 되기를!

서울대학교 콜로퀴엄 후에 학생들과 함께. 2013년 4월 16일, 서울대

육군사관학교 석좌교수 위촉식. 2014년 9월 26일, 화랑대

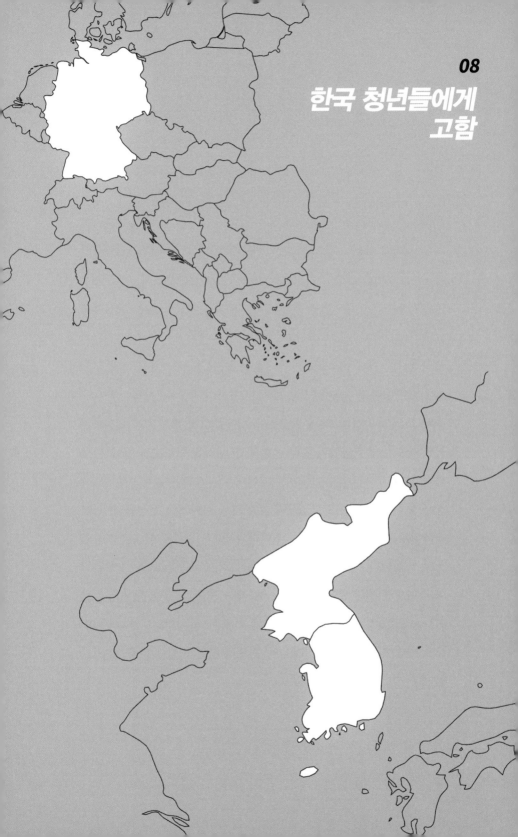

한국 청년들에게
고함

—

사랑하는 학생, 생도 여러분!

이 책을 마치면서, 내가 가르쳤던 서울대학교 학생들과 육군사관학교 생도들에게 강의의 형식을 빌려 내 생각을 말하고자 합니다. 그렇다고 결코 다른 젊은이들을 여기에서 배제하려는 것은 아니고, 사실은 오히려 그들까지 수강생에 포함해서 이야기하고 싶습니다. 그리하여 이 책의 마지막 장은 이 나라의 청년들, 다음 세대의 한국인들을 향합니다. 왜냐하면 독일통일이 한국에 주는 교훈을 찾아나선 나의 성찰은 기본적으로 장차 나라를 짊어지고 나아갈 그대들, 젊은이들을 위한 것이기 때문입니다.

오늘 내 강의의 주제는 '자유와 통일'입니다. 중점은 다음 세 가지입니다.

- 한반도는 한국인들의 뜻에 반하여 외세에 의해 분단되었다. 따라서 가능한 한 빠른 시일 내에 자유민주체제로 통일되어야 한다.

- 세계 정치구조에 지각운동이 일어나면서, 판이 흔들리기 시작했다. 한국인들은 이 변화의 움직임을 통일의 기회로 이용해야 한다.

- 여러분은 다음 세대의 주역으로서 이 역사적 소명을 받아들이고 조국 통일의 길에 나서기 바란다.

나는 어떤 중요한 일을 결정하기 전에 나 자신에게 세 가지를 묻습니다:

- '이 일을 도대체 왜 해야 하는가?'
- '왜 꼭 지금 여기인가?'
- '그리고 왜 하필 나인가?'

내가 이 자문(自問)하는 습관을 언제 어떻게 시작했는지는 잘 기억하지 못합니다. 아마도 젊은 시절 어쩌다가 우주가 천지인(天地人)으로 구성되었다는 삼재론(三才論)을 접했거나, 어디서 천시(天時), 지리(地利)와 인화(人和)를 논한 맹자 말씀을 얻어들었는지도 모르겠습니다. 그것이 아니면 서양 합리주의의 영향일 수도 있을 것 같습니다. 내 경우에는 독일 유학 시절에 전공인 지리학에서 공간을, 부전공으로 택한 역사학에서는 시간을, 그리고 사회학에서는 사람을 주요 차원으로 사고하는 훈련을 받았기 때문입니다. 아무튼 나는 이 질문들이 내가 살아오면서 해야 할 일을 결정하는 데에 도움이 되었다고 생각합니다.

자, 이제 위의 강의 주제를 놓고 세 가지 질문을 차례로 해봅시다. 첫 번째 질문은 '이 일을 도대체 왜 해야 하는가?'입니다.

'우리는 왜 꼭 통일을 하려고 합니까?'

그에 대한 나의 대답은 이렇습니다:

'한국인들의 삶의 원형을 회복하기 위하여.'

즉 우리는 한반도에서 함께 자유롭게 살기 위해서 통일을 소원합니다.

'원래 하나인 것이 하나로 합친다.'

이것은 1989년 11월 9일 베를린 장벽 붕괴를 맞아, 그때까지 독일 통일을 자기기만이라고 회의했던 빌리 브란트 전 독일 총리가 한 밀입니다. 한국인들은 독일인들보다 훨씬 오래전부터 이미 하나였지 않습니까? 그런데 우리는 아직도 분단된 국토에서 단절되어 살고 있습니다.

부자연한 것은 다시 자연이 됩니다. 그것은 자연의 이치입니다. 부자유한 것은 반드시 자유로워집니다. 그것은 인문의 이치입니다. 사람이 할 일은 이치에 따라 도리를 다하는 것입니다. 이제 구체적으로 한국이 통일해야 할 다섯 가지 이유를 말씀드리겠습니다:

 - 한국이 통일되면, 강대국에 둘러싸인 반도라는 지정학적인 약점을 극복하고 정치, 경제적으로 크게 발전할 수 있습니다.
 - 한국의 통일은 공산독재 치하에서 고통받고 있는 북한 주민들을 정치적 억압과 대외적 고립 및 궁핍으로부터 해방시키게 될 것입니다.

- 통일은 분단이 직간접적 원인이 되어 발생하는 여러 가지 사회적 갈등 및 그와 연관된 손실들, 즉 분단 비용을 영원히 해소하게 될 것입니다.

- 한반도 통일은 동아시아에 지속 가능한 정치구조와 함께 항구적인 평화를 정착시키게 될 것입니다.

- 통일한국은 세계 민주주의의 지속 가능한 발전과 새로운 문명의 창출에 적극적으로 기여하게 될 것입니다.

한국은 오랜 역사를 가진 나라로 한반도는 자연적으로나 문화적으로나 항상 일원적이고 독립적인 하나의 실체였습니다. 우리나라는 강대국들에 의하여, 즉 한국인들의 의사에 반하여, 강제로 분단되었습니다. 본문에서 나는 나라가 망한 것은 일본이 주권을 빼앗았기 때문이었다고 썼습니다. 그리고 분단된 것은 외세의 강제에 의한 것이라고 했습니다. 남들을 탓했지만, 그것이 근본적으로 어찌 그들의 탓이겠습니까? 우리가 공론(空論)을 일삼으면서 내분에 빠져 나라 일을 돌보지 않았으며, 그래서 나라에 힘이 없었기 때문이었습니다. 그렇지 않았던들, 남들이 어떻게 침략하여 나라를 빼앗으며 자기네 마음대로 우리의 운명을 결정하였겠습니까? 남들을 탓하기 전에 먼저 우리 잘못이었던 것입니다. 다만 최소한의 민족적 자존심 때문에 차마 그렇게 쓰지 못하고, 독자가 미루어 짐작해주기를 바랐을 뿐입니다.

어쨌든 우리나라는 가능한 한 빨리 통일국가로 원상 복구되어야 합니다. 오늘날 4대 강국들이 모두, 적어도 겉으로는, 한반도 통일에 반대하지 않는다고 말하는 것을 보면, 그들도 무고한 한반도를 자의적으로 분단시킨 데 대하여 일말의 책임을 느끼는 것 같습니다. 그러나 실제에 있어 강대국들은 남북이 적대적으로 맞서고 있는 무대 뒤에서 각각 자국의 세계정치적 이득을 추구하기에 여념이 없습니다. 유럽에서는 30년 전에 이미 냉전이 끝났지만, 동아시아에서는 여전히 강고하게 남아 있습니다. 아니, 그 위에 제2의 냉전구도가 덧씌워지고 있다고 해야 할 것 같습니다. 분단 한국은 안타깝게도 또다시 강대국들의 세계정치적 패권 다툼에 걸려들고 있는 것입니다.

그리하여 지금 이 시기는 우리의 생존이 걸린 위기인 동시에 어쩌면 통일의 마지막 기회일 수도 있습니다. 그리고 그것은 아마도 거의 확실히 10년 이내에, 또는 적어도 매우 가까운 장래에, 결판이 날 것으로 보입니다. 그것이 여러분이 지금 지체없이 통일에 나서야 하는 이유입니다.

두 번째 물음은 '왜 꼭 지금 여기인가?'입니다.

통일은 빠르면 빠를수록 좋습니다. 다시 말하면 통일은 분단 상태에서 시간이 가면 갈수록 그만큼 더 어려워집니다. 남북이 분단된 후 75년이라는 세월이 지났고 그만큼 분단은 고착되었습니다. 이런 관점에서 나는 한국의 공간구조가 시간이 흐르면서 분단 상황에 어떻게 적응했는가를 연구하여 독일의 한 학술지에 「분단국의 공간적 관성」이라는 논문을 발표한 적이 있습니다. (「Spatial inertia of a divided nation」, in:《Petermanns Geographische Mitteilungen》148, Jg. 2004/5, S. 6~15) 다시 한번 말하지만, 분단국의 시간은 결코 통일의 편이 아닙니다.

안타깝게도 한국은 통일의 기회를 여러 번 놓쳤습니다. 여러분이 잘 알고 있듯이 처음은 물론 1945년 해방 직후에 분단되었을 때고, 다음은 한국전쟁 당시 북한이 거의 수복되었을 때였습니다. 그리고 마지막은 자유화의 바람이 전 지구를 휩쓸었던 1990년대였습니다. 한국인들은 1987년에 헌법을 개정하여 민주화를 성취하였고, 1988년에는 올림픽을 성공적으로 개최하여 세계에 그 역량을 과시하였지만, 시대조류를 꿰뚫어 보지는 못했습니다. 작은 성공들에 안주하면서 더 큰 변화의 흐름을 놓쳤던 것입니다.

우리는 유감스럽게도 1989년 천안문 사태를 바라보면서도 다른 나라와 같이 침묵하였습니다. 마르크스가 생각해낸 설계도대로 지어진 공산주의 체제라는 건물들은 도처에서 그 기초부터 무너져 내렸습니다. 시대조류를 보지 못한 한국은 역방향으로 갔습니다. 정부는 시대착오적인 데탕트 정책(Détente-Politik)으로 북한의 공산 독재자가 생존하고 핵무기를 개발할 수 있도록 도왔습니다. 북한 사람들은 물론이고, 남한 사람들도 사실은 '무지의 골짜기(Tal der Ahnungslosen)' 속에서 갈피를 잡지 못하고 헤맸습니다. 열심히 달렸지만 방향을 잘못 잡았던 것입니다. 그리하여 오늘날 우리는 역사에 추월당한 채 체제와 안보의 위기를 맞고 있습니다.

여러분은 아마도 여러분 세대 한국인의 3분의 1 이상이 통일에 대해 회의적이라는 것을 들어 알고 있을 것입니다. 더욱 못마땅한 것은 지금은 정부마저 통일을 제쳐둔 채 평화 이야기만 하고 있다는 사실입니다. 그들은 북한에서 일어나고 있는 심각한 인권침해를 외면하고, 북한의 핵무기 개발에 대한 유엔의 제재를 풀기 위해 갖가지 시도를 하고 있습니다. 현 정부의 소위 '한반도 평화 프로세스'에는 비현실적인 북한 독재자와의 유화책만 있을 뿐, 통일을 위한 노력은 전혀 보이지 않습니다.

그래서 나는 여러분에게 호소합니다. 통일은 오늘의 한국인에게 주어진 역사적 소명입니다. 눈 앞에 보이는 것만 단기적, 정태적(靜態的)으로 보지 마십시오. 시간을 장기적 관점에서, 공간을 세계적 차원에서, 그리고 상황을 동태적(動態的)으로 보십시오. 그리하면 아직도 통일의 기회가 있을 뿐만 아니라, 심지어 가까이 와 있다는 것을 깨닫게 될 것입니다.

오늘 우리가 세계 도처에서 겪고 있는 혼란은 변화를 향한 진통입니다. 그리고 그것은 우리가 몸담아 살고 있는 문명에 대한 심대한 도전입니다. 나는 이것을 지각변동(地殼變動)에 비유합니다. 지각의 구조판들(structural plates)이 움직이고 있습니다. 한쪽에서는 균열이 일어나 서로 떨어져 나가고, 다른 쪽에서는 마주 부딪치며, 또 다른 쪽에서는 엉키고 합쳐집니다. 지구(地球)의 구조운동(構造運動)처럼 세계질서를 통째로 바꾸는 역사적 변화가 일어나고 있습니다. 천지개벽이라고 할까요, 모든 것이 시공간적 변화에 휩싸였습니다. 방향도, 범위도, 기간도, 아직은 잘 알 수가 없습니다. 다만 확실한 것은 모든 것이 인류가 지금까지 경험했던 것보다는 훨씬 크고 깊고 빠르다는 것입니다. 우리의 상상을 초월하는 전혀 다른 세상일지도 모릅니다.

공포에서 또는 이해관계 때문에 개인과 집단의 관계와 국제관계가 모두 첨예하게 달라지고 있습니다. 군비경쟁, 무역전쟁, 정보전쟁은 차치하고라도 난민문제와 기후변화, 코로나-팬데믹에 대한 개인과 집단의 대응과 그로 인한 갈등은 얼마나 복잡다기합니까? 거기에다 우리는 예측을 불허하는 북핵을 머리 위에 이고 있습니다. 인류의 공동생활은 앞을 내다볼 수 없는, 그래서 다른 어떤 때보다도 큰 위기에 직면하고 있습니다. 그런데 이 불확실성은 극복해야 할 위험인 동시에 적극적으로 이용할 수 있는 기회이기도 합니다. 다만 획기적인 발상의 전환과 끈질긴 노력이 필요합니다.

한반도는 지정학적인 위치와 현실적 상황 때문에 이러한 변화의 중심에서 특히 큰 충격을 받고 있습니다. 주요한 문제와 기회는 다음 몇 가지로 요약됩니다.

- 지정학적 위치: 한반도는 아시아 대륙과 태평양 사이에서 인구가 밀집된 동아시아 산업지대의 한복판에 위치해 있습니다. 그리하여 환경적으로나 지정학적으로 매우 민감한 지역입니다;

- 세계질서의 구조변화: 한반도는 제국주의와 냉전체제에 희생된 제물(祭物)이었는데, 지금 다시 제2의 냉전이 덮치고 있습니다. 한반도는 패권을 다투는 미국과 중국 사이에서 사실상 택일을 강요받고 있습니다;

- IT기술 및 그와 연관된 4차 산업혁명: 한국은 IT기술의 선도자이고 세계화가 진전된 국가로 4차 산업혁명에 필요조건을 갖추었지만, 자원의 대외 의존도가 높고 인구의 노령화가 급속합니다.

- 북핵과 친북좌파 정권: 북한은 체제 모순에 더하여 핵개발과 그로 인한 고립으로 심각한 경제난에 빠졌습니다. 그러나 그에 대한 남

한 정부의 맹목적 유화정책은 오히려 안보를 위태롭게 하고 통일을 지연시키고 있습니다.

그리하여 지구차원의 변화는 한국에게 위기인 동시에 기회가 되고 있습니다. 이 민족은 다시 한번 바닥으로 추락하거나 힘차게 도약하여 번창할 수 있습니다. 그것은 우리가 이 변화에 어떻게 적응하고 그 움직임에 어떻게 능동적으로 대응하는가에 달려 있습니다. 오늘의 한국인들에게 이 적응과 대응의 핵심은 통일입니다. 한반도 통일이 새로운 세계질서 형성 과정의 중요한 일부가 되게 해야 합니다. 그렇게 되어야 우리 한국인들은 통일국가의 국민으로서 그리고 새로운 세계질서의 구성원으로서 비로소 우리의 길을 당당히 열어갈 수 있을 것입니다.

상황은 매우 엄중하고, 결코 유리하지만은 않습니다. 그러나 스스로 무력하다고 포기하지 않는 한, 여러분은 할 수 있습니다. 변화가 절정에 이르면 길이 열리기 시작합니다. 마치 한밤의 어둠 속에서 빛이 시작되듯이, 마치 한겨울의 추위 속에서 씨앗이 움트기 시작하듯이, 그렇게 통일의 가능성도 머지않아 열리기 시작할 것입니다. 나는 여러분에게 세계정치의 변화 속에서 통일의 기회를 포착하라고 말하고 있습니다. 그리고 그것을 보완하고 확대해가는 일에 나서라고 촉구하고 있습니다. 그것이 지금 이 땅에서 일어나야 할 변화의 관건이기 때문입니다.

마지막 세 번째로 묻는 것은 '왜 하필 나인가?'입니다.

나는 나의 정체성을 한국의 학자이자 정치가로 규정합니다. 나는 이런 나의 정체성을 분단과 개발시대의 내 삶을 통해서 획득했고, 그와 관련된 역할을 받아들였습니다. 그래서 지금 이 일도 기꺼이 하고 있습니다. 그런 의미에서 내가 살아온 삶을 잠시 되돌아보겠습니다.

나는 해방과 분단의 시기에 한국 농촌의 가난한 집안에서 태어났습니다. 선친은 대구사범을 졸업하고 평양보통학교 교사로 근무하다가 해방 후에 월남 귀향하였습니다. 그리하여 나는 운좋게 여기 자유로운 대한민국에서 태어났습니다. 어린 시절부터 전통적 유교문화, 특히 충효(忠孝)를 중시하는 가훈(家訓)과 함께 자랐습니다. 나는 역시 분단국이었던 독일에서 지리학을 공부했습니다. 주로 한국에 살았지만 독일, 프랑스, 미국과 중국에서도 잠깐씩 살았고, 모국어인 한국어 외에 한문을 익혀야 했고 영어와 독일어도 배웠습니다.

나는 지리학자로서, 그리고 특히 국제지리학연합의 사무총장을 중임하면서, 세계 여러 곳을 여행하였습니다. 2000년 서울에서 열린 제29차 국제지리학대회 때는 내 손으로 북한 답사를 기획했다가 북한 당국이 비자 발급대상에서 미국과 한국 여권소지자를 제외한다고 하는 바람에 취소하였습니다. 그리하여 북한에는 금강산 단체관광을 며칠 다녀온 것 외에는 가보지 못했습니다. 북한은 내 맘대로 갈 수 없는 지구상에서 유일한 땅입니다.

그럼에도 불구하고 나는 우리 국토의 나머지 반쪽인 북한을 이해하고 변화시키기 위하여 많은 시간과 노력을 기울였습니다. 평생 동안 나는 국토의 분단이 백성들의 삶에 의미하는 바를 체험하고 공부했습니다. 마침내 통일부 장관이 되어 나름 열심히 한다고 했지만 임무를 완수하지 못했습니다.

통일은 내 일생을 관통하는 주제였고 지금도 그대로 남아 있습니다. 이 주제는 선택한 것이 아니라 주어진 것이지만, 나 스스로 필생의 업으로 받아들였습니다. 선대 할아버지께서 남기신 '충효 이외에는 해야 할 일이 없다(忠孝之外無事業)'는 유계(遺戒)를 나는 '통일 이외에는 해야 할 일이 없다(統一之外無事業)'는 뜻으로 받아들였습니다.

인간은 시간과 공간에 갇힌 존재입니다. 그런데 여러분은 변화의 시기에 분단국가에서 태어났습니다. 그것은 여러분이 선택한 것이 아니라 주어진 운명입니다. 여러분이 100년 전에 태어났으면 식민 치하에서 창씨개명하고 엎드려 살아야 했을 것이고, 그렇지 않았으면 시베리아 동토를 떠도는 유민이나 중남미 플랜테이션에서 농노가 되었을 수도 있습니다. 북한에서 태어났으면 정치범 수용소에 갇혔거나, 아니면 탈북민이 되었을 수도 있었을 것입니다. 그런데 나와 여러분은 하필이면 이 시기에 불편하고 위험한 분단국에서, 또는 운 좋게도 그중 자유로운 반쪽 땅에서 태어난 것입니다.

그리고 오늘과 내일, 이 땅에서 가장 중요하고 바람직한 변화는 통일입니다. 그것은 역사 진전의 당연한 귀결이기도 합니다. 그리하여 우리에게는 모든 가능성과 제약을 포함하는 조건들과 함께 통일이라는 민족사적(民族史的) 사명이 주어졌습니다. 여러분은 그것을 인지하고 받아들여야 합니다. 여러분에게 이런 무거운 짐을 넘겨서 안타깝습니다. 이제 여러분은 변화의 주체이자 객체입니다. 적극적으로 나서서 스스로 '변화의 주역(change maker)'이 되고 통일에 헌신

할 것이 요망됩니다.

여건과 사명이 여러분 마음에 들지 않을 수 있습니다. 그렇더라도 여러분을 탓할 생각은 없습니다. 나는 다만 여러분에게 자신들이 같은 세대 안에서도 특별한 대우를 받는 집단에 속한다는 점을 상기시키고자 합니다. 그런 만큼 상응한 책임도 감당하는 것이 도리입니다.

먼저 서울대 학생들에게 말하겠습니다.

'누가 조국의 미래를 묻거든 고개를 들어 관악을 보게 하라.'

서울대 학생들의 자부심이나 그들에게 거는 국민의 기대는 그렇게 높습니다. 아무나 서울대에서 공부하는 행운을 얻는 것은 아닙니다. 물론 여러분은 열심히 공부해서 좋은 성적을 내었으니 그럴 만한 자격이 있습니다. 그것은 사실입니다. 그러나 여러분이 남들보다 뛰어난 재능을 타고났고 좋은 환경에서 성장한 것 또한 사실입니다. 그리고 그것도 주어진 것입니다. 내 말은 그것이 잘못되었다는 것이 아니라, 그렇기 때문에 여러분은 공동체, 즉 국가와 민족의 미래에 대하여 남들보다 더 큰 책임감을 가져야 한다는 뜻입니다. 그것은 존재(Sein)에 따르는 당위(Sollen)입니다. 진리가 여러분의 빛(Veri Tas Lux Mea)이듯이, 대한민국은 여러분의 조국입니다. 이것은 여러분의 선배이자 선생으로서 어렵게 하는 말이니 부디 명심하기 바랍니다.

그리고 육군사관학교 생도 여러분,

귀관들은 육사가 왜 '화랑대(花郞臺)'라고 불리는지 알 것입니다. 이 별칭에는 여러분이 거기에서 신라의 화랑(花郞)들처럼 지(智), 인(仁), 용(勇)을 고루 갖춘 장교로 훈육(訓育)되어 조국 통일에 헌신하기를 바라는 국민의 소망이 담겨 있습니다. 그래서 우리 국민은 제복을 입은 여러분을 그토록 믿고 사랑하는 것입니다. 특히 나에게 '육군사관학교'는 생도들의 통일을 향한 의지와 능력을 함양하는 '통일사관학교'입니다. 그래서 나는 화랑대가 나의 첫 강단이었고 또 마지막 강단이었다는 것을 자랑스럽게 생각합니다.

내가 서울대와 육사에 개인적인 연고(緣故)가 있어서 이 대학의 학생들과 생도들을 따로 지칭하여 말했습니다만, '통일을 위한 일에 나서라'는 나의 당부와 격려는, 일부 논거와 표현이 달라질 수는 있겠지만, 이 땅의 다른 모든 젊은이들에게도 똑같이 해당합니다. 경험은 우리에게, '의미 있는 일이고 마땅히 해야 할 일이면, 즐겁게 하라'고 가르칩니다. 나는 개인적으로, 무거운 사명을 기진 깅렬한 삶이 사볍고 쉬운 쪽보다 의미 있고 또 그만큼 더 살 만한 가치가 있다고 생각합니다.

이렇게 여러분에게 세 가지 질문에 대하여 대답해주었습니다. 이제는 구체적으로 무엇을 해야 할지(What is to be done)에 대하여 얘기할 차례입니다. 그 과제들은 내가 대학 강의실이나 정부의 정책회의 또는 국무회의에서 했던 말들과 다를 것이 없습니다. 중복이 되더라도 여기에서 다시 요약해봅시다.

- 조국 통일의 역사적 사명을 확고히 인식하고 이를 항시 견지하라;
- 국민과 함께 통일을 준비하고, 모든 정책에서 통일을 지향하되 분단고착적인 요인을 제거하라;

- 시대조류를 직시하고 적극적으로 대응하라. 그리하여 통일의 기회를 놓치지 말고 포착하라;

- 시공간 상에서 자신의 좌표와 이동 방향을 항시 확인하라. 그리고 목표 및 유관 실체들의 좌표와의 관련성을 판독하라;

- 변하지 않는 가치를 붙잡고 변하는 것들에 대응하라. 원칙을 지키면서 실용적으로 행동하라;

- 자신의 미래를 자신이 결정할 수 있도록, 자기 스스로 판단하여 자신의 길을 가라.

사랑하는 학생, 생도 여러분!

앞에서 말했듯이 한반도는 지정학적으로 민감한 위치에 놓여 있습니다. 독일이 통일되고 30년이 지났는데도 우리는 아직도 여전히 분단 상태로 남아 있습니다. 북한은 핵무장으로 수년째 유엔의 제재를 받고 있고, 남한에서는 그 와중에 새삼 민주주의 위기가 운위되고 있습니다. 지금 한반도는 커다란 난기류에 빠져 있습니다.

여기서 다시 한번 독일통일의 과정을 뒤돌아봅시다. 한편으로, 동독 시민들의 여행 자유 제한에 대한 불만과 동독 경제의 심각한 실패가 평화혁명의 직접적 원인이 되었습니다. 그렇게 일깨워진 자유와 번영에 대한 열망은 평화혁명을 통일로 이끌어가는 추진력이 되었습니다. 그리하여 서독의 안정된 자유민주주의와 번창하는 시장경제는 —그 실상은 주로 서독 TV 방송을 통해 속속들이 동독에 알려졌습니다— 독일통일을 위하여 튼튼한 정치, 경제적인 기반이 되었습니다.

다른 한편으로, NATO는 독일에게 신뢰할 수 있는 확실한 안보 장치가 되어주었습니다. 반면에 오랫동안 동독의 후견인 역할을 했던 소련은 자신이 당면한 문제들 때문에 개입할 의지도 능력도 없었습니다. 이웃 공산주의 국가들의 형편도 동독과 다르지 않았습니다. 그리하여 통일독일은 서독의 정치, 경제 체제를 별 마찰 없이 이어받고 EU와 NATO의 회원국으로 남아 있을 수 있었던 것입니다. 그리고 그것은 다시 독일의 경제성장과 독일과 유럽의 안보에 전체적으로 유리하게 작동하였습니다.

2019년에 나는 라이프치히에 여러 번 갔었습니다. 니콜라이 교회 신도석(信徒席) 한편에 앉아 바흐의 선율 속에서 '평화기도'의 목소리를 듣고 '월요데모'의 분위기를 짐작히는 깃은 온몸에 전율이 이는 감동이고 즐거움이었습니다. 교회당 바깥 광장의 종려나무 가지로 머리를 장식한 니콜라이-기둥(Nikolai-Säule)에서 나는 매번 새로운 영감을 얻었습니다.

라이프치히 게반트하우스(Gewandhaus)에서, 그리고 브란덴부르크 문의 야외 광장에서 나는 실러의 「환희의 송가(Ode an die Freude)」와 함께 베토벤 심포니 9번을 듣고 즐거워했습니다. 베를린 대성당(Berliner Dom)에서 단합에 관한 설교를 듣는 동안에, 광화문 앞에서 백만 군중이 태극기를 흔들고 있다는 메시지를 받았습니다. 먼저 통일한 독일인들은 두 손 모아 통합을 마무리짓고 있는데, 같은 시간 분단 한국의 수도 한복판에서는 다시 '자유민주주의'를 외치고 있는 것입니다. 조국이 오래전에 민주화되었다고 믿은 자신이 부끄럽기 그지없었습니다.

귀국하고 2년이 지나가는데 답답하고 걱정스러운 상황은 계속되고 있습니다. 도대체 언제까지나 이럴 것인지. '이대로 갈 수는 없다'는 말이 들리는데 소수의 생각은 아닌 것 같습니다. 대통령 선거를 앞두고 하는 여론조사에서는 '정권교체'를 원하는 쪽이 유권자의 절반을 넘는다고 합니다. 그러나 선거에서 여야 어느 쪽이 이기든 당장 큰 기대를 하기는 어려울 것 같습니다. 왜냐하면 누구도 설득력 있는 국가 비전을 제시하지 못한 채 포퓰리즘과 네거티브 캠페인에만 기대는 형국이기 때문입니다. 그중에서도 제일 실망스러운 것은 아무도 통일을 이야기하지 않는다는 점입니다.

논자들은 대한민국 호(號)가 대내외적으로 거친 삼각 파도를 맞고 있다고 말합니다. 북한의 핵무장, 남한 정부의 대북 유화정책, 그리고 미국과 중국 간의 패권 다툼으로 대표되는 세계 정치질서의 갈등이 그것입니다. 이들 세 방향의 파도 각각의 속성과 대처 방법에 대하여 다음과 같이 나의 생각을 밝혀둡니다.

첫째, 북한의 핵무장에 대하여: 국제사회의 거듭된 제재에도 불구하고 북한은 핵무장을 고집하고 있습니다. 지금은 미미하나마 교역이 이루어지던 중국과의 국경마저 봉쇄하는 등 대외적으로 완전히 고립되면서, 계획경제 자체가 작동하지 않게 되었습니다. 그에 따라 민생은 최소한의 기본 수요조차 충족시키지 못할 만큼 도탄에 빠져 있습니다. 물론 독재정권의 정상적 유지는 매우 위태로워졌습니다. 마치 1990년대 중반 '고난의 행군' 당시의 데자뷔(Déjà-vu)를 보는 것 같은 느낌이 듭니다. 그러나 이번에는 위기의 폭과 깊이가 훨씬 크고 그 위에 코로나-팬데믹까지 겹쳐서, 30년 전처럼 쉽게 우회하거나 극복할 수 있을 것 같지 않습니다. 무엇보다도 그사이에 세계는 북한이 핵무장이나 비핵화에 어떻게 행동하며, 당시 세계가 무엇을 잘못 처리했었는지, 그리고 어떻게 대응해야 하는지를 알게 되었습니다. 완전하고 입증 가능하며 되돌릴 수 없는 핵폐기(CVID)가 관철될 때까지 국제사회가 공조하여 최대 압박을 가하는 수밖에 없다는 것입니다.

핵무기의 저주가 시작되었습니다. 국제사회와 한국은 북한으로 하여금 핵무기 개발과 그 사용을 포기하도록 하기 위한 대응책을 계속 강구할 것입니다. 핵무기는 많은 돈을 집어삼키지만, 기대와는 달리 체제 유지를 위한 돈이나 정치적 안정을 가져다주지는 않습니다. 정반대로 그것은 계획경제의 비효율을 더욱 심화시키며 체제에 내재하는 모순, 특히 정치적 및 물질적 의미에서 인간의 자유에 대한 억압을 더욱 강화시킬 뿐입니다.

북한 같은 후진국이 가진 핵무기가 결국 체제위기를 초래할 것이라는 것은 처음부터 예견할 수 있는 일이었습니다. 왜냐하면 외부세계로부터의 고립된 상태에서 핵무기 생산과 여타 부문의 부진이 빚는 불균형은 필연적으로 불안정을 야기할 것이기 때문입니다. 거기에다 코로나-팬데믹과 긴 장마 및 뒤이은 태풍 등 자연재해로 민생은 극도로 피폐해졌습니다. '무오류(無誤謬)'라고 하는 북한 독재자도 예외적으로 경제계획의 실패를 시인하고 주민의 삶이 어려워진데 대해 사과할 수밖에 없었습니다. 그것은 그의 할아버지가 26년 전에 비슷한 자백을 한 이래 처음이었습니다. 여러분이 알다시피 그

때 김일성은 남북정상회담으로 출구를 찾으려고 하였지만 심장마비로 죽는 바람에 무산되고 말았습니다.

사정이 이러하니, 북한이 내일 비핵화와 개방을 결정하고 세계에 도움을 청한다고 해도 놀랄 일은 아닙니다. 그렇지 않으면 정치적, 사회경제적으로 아예 무너질 수도 있을 것입니다.

둘째, 남한 정부의 대북 유화정책에 대하여: 남한 정부는 친북 성향의 당파적 입장을 반영하는 정책들을 계속해서 내어놓고 있습니다. 그들은 오로지 김정은의 환심을 사기 위한 행동들만 골라서 하면서 비핵화와 통일은 제쳐둔 채 맹목적으로 평화를 노래하고 있습니다. 일련의 저급한 정상회담이 실패로 돌아간 이후로, 북한 비핵화는 더 이상 한국 정부의 의제에 들어 있지 않은 것 같습니다.

지금 한국 정부는 2022 북경 올림픽을 겨냥하여 종전선언과 그것을 토대로 한 평화선언을 추진하고 있다고 합니다. 나는 이것이 다시 한번 북한과 세계에게 잘못된 신호를 주게 될 것을 우려합니다. 실현되지도 않겠지만, 우리 정부는 그런 정책을 추진하는 것만으로도 또다시 북한 독재체제를 위기에서 구출하고 핵보유를 기정사실화하는 데에 기여하게 됩니다. 결과적으로 한미동맹을 비롯한 대외관계는 더욱 손상되고, 우리 안보태세는 전례 없이 허술해질 것입니다. 거듭 강조하건대, 힘으로 뒷받침되지 않은 비현실적 유화정책은 거꾸로 평화가 깨어질 위험을 더 높이게 됩니다. 1938년 뮌헨평화협정과 1973년 파리평화협정이 그 후에 어떤 결과를 가져왔는지를 잊어서는 안 됩니다.

그 밖에도 한국 정부는 코로나-팬데믹으로 인한 자국의 위기상황을 전략적 필요에 따라 정치적으로 이용하려는 경향을 보이고 있습니다. 그들은 코로나 방역을 언론과 집회의 자유에 대한 지나친 제한을 정당화하고 진실을 덮는 수단으로 동원하고 있습니다. 나는 정부의 방역규제가 불가피한 측면이 있지만, 자의적으로 가볍게 강제되는 것을 보면서 개인의 자유에 대한 우리 사회의 인식이 아직 투철하지 못하다는 느낌을 받습니다.

또 정부는 가뜩이나 방만한 재정운용에 더하여 방역지원과 손실보상을 핑계로 재정지출을 마음대로 늘려 국가 부채를 비정상적으로 빨리 그리고 많이 증대시키고 있습니다. 전형적 포퓰리즘입니다. 재정 적자를 늘리는 것은 다음 세대에게 과중한 부담을 지우기도 하지만 장기적으로 국가 재정의 여력을 없애는 근시안적 정책입니다. 특히 한국과 같은 분단국으로서는 각별히 조심해야 합니다. 지금은 거꾸로 정부가 재정의 건전성을 확보함으로써 유사시에 대비하고 특히 통일에 임하여 정부가 움직일 수 있는 행동반경을 늘리는 데에 주력해야 할 때입니다.

"민주주의를 전적으로 믿어야 될 것입니다."

이승만 대통령은 건국 기념사(1948년 8월 15일)에서 '건국 기초에 요소 될 만한 몇 가지 조건'을 들면서, 그 첫째로 국민을 향해 민주주의를 믿어야 한다고 역설하였습니다. 건국 대통령은 둘째로 "민권(民權)과 개인의 자유(自由)를 보호할 것입니다"라고 하여 국가의 책무를 천명하고, 이어서 셋째로 "자유의 뜻을 바로 알고 존숭(尊崇)히 하며 한도(限度) 내에서 행해야 할 것입니다"라고 국민에게 당부하였습니다. 민주주의 원리를 설명하기 위해 여기에 더 추가해야 할 말은 없을 것입니다.

그리하여 자유와 안보는 대한민국의 건국과 동시에 국가가 지켜야 할 최고 가치로 자리잡았으며 앞으로도 그렇게 유지될 것입니다. 그 것은 정부나 국회, 또는 다른 어떤 조직에 의해서도 침해되거나 바뀔 수 없는 가치로, 우리 헌법에 이른바 실질적 영구조항으로 명문화되 어 있습니다. 그러므로 자유와 안보는 통일의 우선적 전제인 동시에 불가결한 기본조건이 됩니다.

이와 관련하여 나는 여러분에게 아주 고약한 사건을 하나 소개하 겠습니다. 2020년 8월 15일 광복절, 즉 건국 72주년 기념식에서 있 었던 일입니다. 광복회 회장이라는 이의 기념사는 그 축제의 뜻을 짓 밟고 품격을 떨어뜨렸습니다. 그는 "이승만은 반민특위를 폭력적으 로 해체시키고 친일파와 결탁했다"고 함으로써 대한민국의 건국 대 통령을 부당하게 모독하였습니다. 그는 또 〈애국가〉를 작곡한 안익 태 선생을 '민족반역자'로 매도하고, 한국전쟁의 영웅 백선엽 장군을 부당하게 친일파로 몰아 국립묘지에서 이장해야 한다고 주장했습 니다. 그분들은 온 국민이 추앙하는 대한민국의 위인들입니다. 연사 는 아마도 그렇게 해서 대한민국의 정통성을 훼손하고자 하는 친북 반미 대열에 끼려고 했던 것 같습니다. 대통령과 정부가 대한민국의 정통성에 대해 의심의 여지 없이 바르게 행동했다면, 광복절 75주년 기념식에서 어떻게 이런 일이 일어날 수 있었겠습니까?

이 기회에 나는 여러분에게 대한민국은 유엔이 공식 인정한 한반 도 유일의 합법정부라는 사실을 다시 한번 상기시키고자 합니다. 국가의 정통성은 국제사회의 공인 이전에 국민의 동의에 의해 확보되는 것으로, 그것은 인간 존엄성, 특히 국민의 자유와 복지에 대한 보장에 의거하는 것입니다. 모든 개인에게는 자아실현의 기회가 주어져야 합니다. 그것을 대한민국은 지난 75년 동안 한강의 기적을 통해 훌륭히 보여주었습니다. 그 점에서 여러분은 조국에 대하여 자부심을 가져도 좋습니다.

이러한 관점에서 나는 여러분이 오늘의 정치상황을 엄중하게 바라보고 책임 있게 행동하기를 기대합니다. 여러분의 선배들이 국민의 자유와 국가 안보를 위해 독재에 맞서 용감하게 싸웠던 것을 잊지 말고 기억하기 바랍니다.

셋째, 세계 정치질서의 갈등에 대하여: 한반도의 불안정한 상황은 미국과 중국의 패권 다툼으로 더욱 악화되고 있습니다. 앞에서 말했다시피 한국은 두 초강대국 사이에서 택일하도록 점점 더 강한 압박을 받고 있습니다. 아니면 계속해서 두 의자 사이에 불안하게 앉아 있어야 할지도 모릅니다. 물론 한국은 강대국들에 둘러싸인 특수한 위치와 상황에 있지만 대외관계가 제로섬 게임이 되게 방치해서는 안 됩니다. 두 나라를 포함한 주변국들에 대하여 원칙을 확고히 지키는 가운데에서도 우호적인 관계를 증진시켜야 합니다.

이런 관점에서 우리 정부가 지난 수년 동안 대외정책에서 모호한 태도를 보인 것은 매우 염려스럽습니다. 적지 않은 관찰자들이 근래 한국 외교가 전통적인 외교 기본노선에서 이탈하고 있다고 지적하고 있습니다. 지전략적 사안들을 다루면서 한국 정부는 미국에 거리를 두고 중국에 경도되는 경향을 보였습니다. 국제사회의 북핵 관련 대북제재에 대한 태도 외에도 사드 설치, 한미 합동군사훈련, 인도-태평양 동맹 및 쿼드 가입 문제 같은 사례를 들 수 있습니다. 어리석게도 한국 정부는 미국과 중국 사이에서 외교적 균형을 모색하거나 북한으로 가는 간접적인 통로를 찾으려 하고 있습니다. 그러나 그것은 분명한 정치적 관점과 실행 전략이 요구되는 상황에서 통일을 추구하기 위해서는 결코 현명한 처신이 아닙니다.

중국은 우리나라의 가장 가까운 이웃 나라로, 우리나라는 중국과 가장 긴 국경을 나누고 있습니다. 오늘날 중국은 괄목할 만한 발전을 거듭하여 세계적 초강대국으로 부상하고 있습니다. 그리하여 중국은 한편으로 한국의 국제정치와 안보에 있어 결코 무시하지 못할 위협적 존재입니다. 실제로 중국은 역사상 오랜 기간에 걸쳐 한국의 자주독립을 직간접으로 제약해왔습니다. 자신들의 이익을 위해 한국전쟁에 개입하여 북한과 힘을 합쳐 한국과 유엔의 연합군을 상대로 싸웠고, 오늘날에도 공산주의 독재체제 하의 북한과 '혈맹관계'를 유지하고 있습니다.

다른 한편으로 중국은 우리나라가 경제와 문화, 관광 같은 여러 분야에서 협력할 잠재력이 큰 나라이기도 합니다. 실제로 중국은 현재 공식적으로 대한민국의 '전략적 협력 동반자'입니다. 가장 큰 교역 및 투자 상대국이고, 사업가, 유학생, 관광객을 포함하여 가장 많은 국민이 오가는 나라입니다. 그리고 무엇보다도 중국은 북한의 비핵화와 개방을 위해, 그리고 마지막으로 한반도 통일을 위해 일정한 역할을 할 수도 있습니다. 우리는 주권국가로서 원칙을 가지고 현실적 문제를 해결하면서, 장기적 관점에서 양국의 우호관계를 증진시켜가야 합니다.

한 가지 예를 들겠습니다. 한국이 북한의 핵-미사일 위협에 대응하여 사드를 설치한 것은 불가피하고도 정당한 방어적 행위입니다. 그런데 정부는 이에 반발하는 중국에게 소위 '사드 3불(不)'(사드 추가배치, 미국미사일방어체계 가입, 한미일 군사동맹, 이 세 가지를 하지 않음)을 약속해서(2017년) 군사주권을 내주고 말았습니다. 베스트팔렌 조약(Westfälische Friede, 1648)까지 거슬러 갈 것도 없이 필수적 국가 안보 시설이니만큼 처음부터 배경과 이유를 설명하고 이해를 구하는 등 당당히 임했어야 합니다. 사드 배치를 비난하는 중국에게는, 오히려 '북한 비핵화에 적극 나서라'고 요구했어야 했습니다. 반발과 보복을 최소화하기 위해 노력하되, 어쩔 수 없다면 감수해야 했습니다. 그래도 그것은 그리 오래가지 않았을 것입니다. 오늘날의 한중관계는 그보다 훨씬 복합, 중층적이기 때문입니다. 의연한 자세로 줄 것은 주고, 받을 것은 받는 것입니다. 그렇게 해야 이후에 한국이 중국은 물론 여타 강대국들과의 외교에서도 주권국가로서 존중받게 되는 것입니다.

미국은 지리적으로 멀리 떨어져 있고 교섭의 역사가 상대적으로 짧지만, 한국전쟁 이래 대한민국의 가장 중요한 동맹국입니다. 양국은 전쟁에서 함께 싸웠고 평화와 국가 안보, 그리고 시장으로의 자유로운 접근을 상호 보장하였습니다. 오늘날 한국의 눈부신 발전 뒤에는 미국과 미국 국민의 많은 도움이 있었습니다. 세계 최강국으로서 미국은 우리와 자유민주주의의 가치를 같이 나누는 나라이고, 앞으로도 양국은 전지구적 차원에서 함께 공동의 목표를 추구할 수 있습니다. 미국은 우리나라 국민 대다수가 '가장 신뢰할 수 있는 국가'이자(「한국인의 아시아 인식」, 서울대학교 아시아연구소, 2021), '가장 친밀감을 느끼는 나라'로 꼽고 있습니다(「한국인의 통일의식」, 서울대학교 통일평화연구원, 2020).

이런 이유로 나는 미국이, 독일에서 그랬던 것처럼, 한반도에 통일이 올 경우 적극적으로 지지하고 나설 첫 번째 나라일 것이라고 믿습니다. 그리하여 한국 안보정책의 근간은 변함없이 한미동맹이고, 또 앞으로도 그렇게 유지될 것입니다. 우리는 이 입장을 견지해야 하고, 이를 상대국들에게도 분명히 해야 합니다. 이제는, 그리고 다시는 시대조류의 대세를 거스르지 말아야 합니다.

위에서 말한 남북한과 세계정치의 삼각 파도는 다시 전지구적 차원에서 문명의 변화와 연계되어 있습니다. 그리하여 현 시기 한국의 사회경제적 및 문화적 기반은 불확실해지면서 혼란에 빠져들고 있습니다. 인간 관계를 비롯하여 국가간 관계, 인간과 환경 간의 관계 등 인류 문명의 전체 패러다임이 전지구적 차원에서 근본적으로 변화하고 있습니다. 문명사적 변혁이 진행되고 있는 것입니다.

현재로서는 지금 진행되는 이 전지구적 변화의 파도가 지역적으로 얼마나 오랫동안 작용할지 불분명합니다. 변화가 진행되면서 세계질서가 하나의 새로운 균형을 찾게 될 것입니다. 오래전부터 나는 이 변화의 과정 속에 한반도 통일을 위한 기회가 있을 것임을 감지하고 있습니다. 그래서 한국인에게는 세계질서의 변화와 그 지역적 영향을 예의주시하는 것이 매우 긴요합니다. 그것이 가져오는 가능성들을 파악하고 그 흐름에 적응하고, 그것을 이용하며, 필요에 따라 그것을 조종할 수 있어야 합니다.

그렇게 하려면 우리 한국인들은 정치적, 사회적으로 지금보다 더 성숙해지지 않으면 안 됩니다. 함께 살아가는 사람들과 공동의 미래에 대하여 더 많이 배려할 것이 기대됩니다. 그렇게 함으로써 모든 한국인들이 다 같이 인간으로서의 존엄성과 지속 가능한 공동생활을 향유할 수 있게 되어야 합니다. 나는 그것을 대동정신(大同精神, die große Gemeinsamkeit)이라는 개념으로 규정했습니다. 우리 한국인들이 지난 몇십 년 동안 동분서주하면서 발휘했던 역동성을 계속 발현시켜간다면, 이 지구적 차원의 변화에서 위기를 기회로 바꾸고 통일과 재도약으로 다시 한번 축복받을 수 있을 것입니다.

사랑하는 학생, 생도 여러분!

나는 대학에서 정부로 가기 전에 『장소의 의미』라는 책을 썼습니다. 그리고 이제 명예교수라는 직책으로 다시 학자로 돌아와서 또 한 권의 책을 냅니다. 이번에는 굳이 말하자면 '시대의 의미'입니다. 사람은 지리에서도 배우고 역사로부터도 배워야 합니다. 나는 그것이 성찰의 기본적인 방법이라고 생각합니다.

성찰(省察)의 본래의 뜻은 자신의 과거를 돌아보아 미래를 경계하는 데에 있습니다. 나는 'reflexion(반사)'이라는 서양 말의 본의가 '빛이나 생각을 되비추다'로 '성찰'의 의미를 가졌다고 생각하였습니다. 서애 류성룡 선생의 『징비록』은 그러한 성찰의 전범(典範)입니다.

앞의 수레가 넘어지는 것을 보고도 자기 수레를 고칠 줄 모르면,
넘어지는 수밖에 도리가 없다.

선현께서 이미 400여 년 전에 하신 말씀입니다. 지금 우리가 망국과 분단 때의 잘못을 고치지 않고 반복한다면, 언제든 그런 일이 또 일어나지 말라는 법이 없습니다. 그러고도 우리가 해방된 것은, 굳이 대놓고 말하자면, 일본이 세계대전에서 패했기 때문이었습니다. 또한 지금 우리가 독일이 수레를 몰아 장벽을 뚫고 나아간 것을 보고도 그것을 본받아 배우지 못한다면, 앞으로도 계속해서 장벽을 사이에 두고 갈라져 다투며 사는 수밖에 달리 도리가 없는 것입니다. 아직 태어나지 않은 우리 후손들까지 말입니다.

나는 선대 할아버지의 뜻을 오늘에 되살릴 생각으로 장소와 시대의 의미를 찾는 책을 써서 '제3의 성찰'이라고 이름을 붙였습니다. '징비'라는 용어는 혹여 조상의 공덕에 누가 될까 하여 감히 쓰지 못했고, 또 자신의 잘못을 새겨 후살을 경계한 선현의 명저와는 달리 졸저(拙著)는 남이 이룬 것을 살펴 우리나라의 미래를 위한 본보기로 삼고자 했기 때문입니다. 나는 이 책으로 여러분에게 미진하나마 한국의 시간과 공간에 대한 나의 관점과 인식을 전해주게 되기를 바랍니다.

나는 여러분 세대에게 자유롭고 잘사는 나라를 물려주기 위해 나름 열심히 일했고, 또 최선을 다하고자 했습니다. 그러나 현 상황을 바라보면서 회의(懷疑)에 빠지고 자책하지 않을 수 없습니다. 나는 도대체 교수로서 무엇을 가르쳤고, 정치가로서 무엇을 이루었는가?

솔직히 말해서 여러분에게 이런 위기에 처한 나라를 물려줄 수밖에 없다는 것이 무척 당혹스럽습니다. 내가 책의 말미에 굳이 이 장을 덧붙여 쓰기로 한 이유이기도 합니다. 그것은 내가 못다 한 과제를 이루기 위한 지침이고 그 이후에 추구해야 할 비전으로, 내가 몸담았던 학계와 정계에 남겨주고 싶은 것들입니다. 내가 추구했던 미래상, 내 능력이 미치지 못했던 일들을 여러분이 이어 받아주기 바랍니다. 이번에는 제발 '왜'냐고 묻지 말고.

지금은 인기영합적인 정치 스타일과 코로나-팬데믹이 엄습하여 삶을 고달프게 하고 세상을 불안하게 합니다. 그래도 지구는 계속 돌고 있습니다. 머지않아 만사가 정상궤도로 되돌아가서 보다 건강한 세상을 향한 새로운 지평이 열릴 것입니다. 남태평양에서 오는 거친 태풍도, 시베리아에서 오는 차가운 고기압도 언젠가는 지나갑니다. 밤이 어두우면 새벽이 가깝고, 해 뜨기 직전이 가장 추운 법입니다. 그리하여 나는 최근 들어 통일의 기회가 가까이 오고 있다는 느낌을 강하게 받고 있습니다.

나는 이 책에서 독일통일의 12가지 교훈과 한국통일을 위한 일곱 가지 원칙을 제시했습니다. 나는 그것을 다시 '자유와 통일'이라는 한마디로 요약하였습니다.

그러면서 내일 이 나라의 주역이 될 여러분에게 국가 안보에 대한 책임을 다시 상기시키는 것은 안보가 자유와 통일의 전제이기 때문입니다. 한국에서 국방이란 단순히 분단국의 한쪽 땅을 군사적으로 방어한다는 소극적 의미에 그치지 않습니다. 그것은 보다 적극적으로 한반도 전체의 모든 한국인들을 위하여 자유를 확보하고 지킨다

는 임무까지 포함하는 것입니다. 그 임무를 최종적이고 완전하게 수
행하는 길은 이 땅을 자유민주주의 체제로 통일하는 데에 있습니다.

내가 이것을 새삼스럽게 강조하는 이유는 현 시점에서 북한에서
주민의 자유가 말살된 것은 두말할 것도 없고, 남한에서도 자유를 지
키기 위해 더 많은 노력이 필요할 것 같기 때문입니다. 그리고 한반
도 정세가 불안정해지고 있으며, 바로 그런 이유로 지금이 다시 통일
을 말하고 행동해야 할 때라고 생각해서입니다.

우리 세대가 하지 못한 일을 여러분은 할 수 있을 것입니다. 그리
되면, 나도 오래 기다리지 않아 통일을 축하하러 온 독일 친구들을
서울에서 맞이할 수 있을 것입니다. 여러분의 어투를 빌리자면 그날
은 '너무 기쁠 것 같습니다!' 그리고 여러분이 '너무너무 자랑스러울
것 같습니다!'

그날이 오면 […] 기뻐서 죽사오매 오히려 무슨 한이 남으오리까.

목숨을 걸고 독립을 기원했던 옛 시인의 노래(심훈, 「그날이 오면」)
를 다시 부르니, 이제는 통일을 향한 통절한 서원(誓願)으로 끝이 납
니다.

그날이 오면 […] 그 자리에 거꾸러져도 눈을 감겠소이다.

그날까지 자유와 통일을 잊지 말기 바랍니다. 그것이 독일통일 30

년이 한국에 주는 교훈이고, 오늘 이 땅의 시대정신이고, 여러분이 힘써 추구해야 할 최고 가치입니다. 부디 희망과 신념을 가지고 이 경구(警句)가 가리키는 곳을 향해 전진하기 바랍니다.

　사랑하는 학생, 생도 여러분!
　그리고 한국 청년 여러분!
　이것이 아마도 나의 마지막 강의일 것 같습니다. 경청해주어서 고맙습니다. 조국과 함께하는 여러분의 장도에 영광이 함께하기를 기원합니다.

E. Ehlers, 전 IGU 사무총장.
2019년 6월 1일, 함부르크

W. Momper, 통일 당시 베를린 시장.
2019년 5월 27일, 베를린

E. Dege, 전 킬대학 교수.
2019년 3월 22일, 빌렌/프레츠

S. Bräsel과 C. Schmitz-Scholemann 부자.
2019년 5월 24일, 바이마르

A. Priebs, 빈대학 교수 부부.
2019년 4월 8일, 빈

T. Oberender, 베를린 축제 공연 총감독.
2019년 12월 9일, 베를린

O. Oldsen, 랑겐호른 시장.
2019년 8월 10일. 랑겐호른

G. Konzendorf, 독일정부 경제 및 에너지부 국장.
2019년 8월 20일, 베를린

P. Spieler, 하노버 지역 동물검역소장.
2019년 7월 17일, 베를린

T. Sattelberger, 독일연방의회 의원.
2019년 9월 18일, 뮌헨

C. Opp, 마르부르크대학 교수.
2019년 7월 12일, 라이프치히

H. C. Mertens, 빌라 아우로라
엔드 토마스 만 하우스 협회 대표.
2019년 12월 19일, 베를린

대담자 명단(직업, 대담 날짜 및 장소)

Hartmut & Sylvia Bräsel (전 동독 주아프가니스탄 대리대사 / 한국학자, 2019년 4월 11일, Erfurt)

Tilman Brodbeck (Porsche AG 홍보실장, 2019년 7월 1일, Stuttgart)

Eckart Dege (전 Kiel 대학 교수, 2019년 3월 20일, Wielen bei Preetz)

Lothar de Maiziere (동독 과도정부 총리, 2019년 5월 7일, Berlin)

Gisela Dickenberger (기업인 · 주부, 2019년 12월 14일, Dortmund)

Rafal Dutkiewicz (폴란드 Wroclaw 전 시장 · Richard von Weizsäcker Fellow, 2019년 7월 3일, Berlin)

Eckart Ehlers (전 Bonn 대학 교수 · IGU 사무총장, 2019년 3월 7일, Berlin)

Ulrich Ehmann (Rotkäppchen-Mumm Sektkellereien GmbH 대변인, 2019년 7월 8일, Freyburg)

Detlef Esslinger (Süddeutsche Zeitung 정치부장, 2019년 9월 19일, München)

Rüdiger Frank (Wien 대학 교수, 2019년 9월 23일, Berlin)

Michael Geier (전 주한 독일대사, 2019년 2월 21일, Berlin)

Korbinian & Pamela Haberlander (회사원, 2019년 9월 15일, München)

Reiner Haseloff (Sachsen-Anhalt 주지사, 2019년 6월 17일, Berlin)

Julian Hermann (Bosch-Stiftung 수석 프로젝트매니저, 2019년 4월 2일,

Stuttgart)

Sylvia Hirsch (Bosch-Stiftung 새지역운동 지도자, 2019년 3월 5일, Berlin)

Thomas Höflich (Hannover 교구 감독, 2019년 8월 12일, Hannover)

Christoph Hollenders (법률 공증인·한국 명예영사, 2019년 7월 9일, Dresden)

Birgit Hone (Niedersachsen주 대외담당 장관, 2019년 8월 21일, Berlin)

Florian Huber (NDR, ZDF 다큐멘터리 필름 감독, 2019년 5월 22일, Hamburg)

Gerhard Huber (연금생활자, 2019년 9월 16일, Prien am Chiemsee)

Anna Kaminsky (SED 독재 청산을 위한 연방재단 대표, 2019년 4월 3일, Berlin)

Kristin Gunnarsdottir von Kistowski (FAO 수산 전문가, 2019년 7월 17일, Berlin)

Reiner Klingholz (인구 및 발전에 대한 베를린 연구소 소장, 2019년 4월 15일, Berlin)

Ewald König (오스트리아 저널리스트, 2020년 1월 10일, Berlin)

Gottfried Konzendorf (Speyer 대학 교수·경제 및 에너지부 국장, 2019년 8월 20일, Berlin)

Dietrich Kuhlgatz (Bosch-문서실 실장, 2019년 7월 1일, Stuttgart)

이봉기 (주독 한국문화원 원장), **김인호** (주독 한국대사관 통일관), **박원재**
(베를린자유대학 유학생), (2020년 1월 13일, Berlin)

Stefan Liebich (독일연방의회 의원, 2019년 5월 28일, Berlin)

Ulrich Markurth (Braunschweig 시장, 2019년 6월 14일, Braunschweig)

Arnulf Marquardt-Kuron und Matthias Schönert (Bonn 시 공무원,
2019년 12월 13일, Bonn)

Heike Catherina Mertens (Villa Aurora & Thomas Mann House 협
회 대표, 2019년 12월 19일, Berlin)

Hans Modrow (동독 마지막 총리, 2019년 5월 28일, Berlin)

Walter Momper (통일 당시 West-Berlin 시장, 2019년 5월 27일, Berlin)

Volker Müller (Niedersachsen 기업인연합회 전무, 2019년 7월 2일,
Hannover)

Natalie Nougayrede (프랑스 저널리스트, Richard von Weizsäcker
Fellow, 2020년 1월 9일, Berlin)

Thomas Oberender (베를린 축제 공연 총감독, 2019년 12월 9일, Berlin)

Olde Oldsen (Langenhorn 시장), **Karl Ingwer Malcha** (문서 관리인),
(2019년 8월 10일, Langenhorn, Nordfriesland)

Christian Opp (Marburg 대학 교수, 2019년 7월 12일, Leipzig)

Elizabeth Pond (Christian Monitor 저널리스트, 2019년 4월 1일, Berlin)

Axel Priebs (Wien 대학 교수, 2019년 4월 8일, Wien)

Solveig Priebs (실내장식 건축가, 2019년 8월 12일, Hannover)

Oliver Radtke (Bosch-Stiftung 수석 프로젝트매니저, 2019년 2월 26일, Berlin)

Martin Roeber (법조 저널리스트, 2019년 9월 17일, Herxheim bei Karlsruhe)

Reinhard Röhm (목사, 2019년 12월 9일, Berlin)

Jannik Rust (Bosch-Stiftung 수석 프로젝트매니저, 2019년 10월 17일, Berlin)

Thomas Sattelberger (연방의회 의원, 2019년 9월 18일, München)

Susanne Schlenker (변호사, 2019년 10월 15일, Berlin)

Christoph Schmitz-Scholemann (Thüringen 문인협회 회장, 2019년 5월 24일, Weimar)

Hilmar Schneider (노동경제연구소(IZA) 소장, 2019년 4월 5일, Berlin)

Madeleine Schneider (Bosch-Stiftung 직원, 2019년 12월 17일, Berlin)

Julian Schwabe, Julia Beck, Florian Hennig 등 (Marburg 대학 학생들, 2019년 11월 25일, Marburg)

Petra Spieler (수의사·Region Hannover 동물검역소 소장, 2019년 7월 2일, Hannover)

Henning & Annett Steinführer (Braunschweig 시 문화학술협력관/ Thünen 농촌연구소 연구원, 2019년 6월 13일, Braunschweig)

Daniel Steinitz (심리 상담사, 2019년 10월 10일, Berlin)

Laura Stroempel (Bosch-Stiftung 연구원, 2019년 12월 4일, Berlin)

Juliane Stückrad (인류학자·Leipzig 대학 연구원, 2019년 5월 24일, Erfurt)

Lutz Trümper (Magdeburg 시장, 2019년 8월 15일, Magdeburg)

Franziska Voigt, Julia Wagner (Leipzig 대학 학생, 2019년 9월 12일, Leipzig)

Aurel Waldenfels (Augsburg 법원 판사, 2019년 9월 18일, München)

Gerda Weißenberg (독일어 교사, 2019년 3월 25일, Berlin)

Josef Wolf (기업 고문, 2019년 9월 15일, München)

Christian Wulff (전 독일대통령, 2019년 3월 28일, Berlin)

Böick, Marcus: Die Treuhand. Idee – Praxis – Erfahrung. 1990-
1994. Wallstein 2018

Bitz, Ferdinand – Manfred Speck, Hg.: 30 Jahre Deutsche Einheit:
Wir sind dabei gewesen; Sammelband 24 Autoren, Lau-Verlag, Reinbek
2019

Bolton, John: The Room Where It Happened, Simon & Schuster 2020

Bundeszentrale für Politische Bildung (bpb): Deutschland Archiv
2019. Bonn 2020

Dege, Eckart: The Korea Peninsula. A Geopoltical Introduction.
International Geographical Union, Bulletin 49(2), 1999, pp. 131-145

Dege, Wilhelm: Das Ruhrgebiet, Hirt 1976

Ehlers, Eckart Hg.: Deutschland und Europa, Ferd. Dümmlers Verlag
1997

Engler, Wolfgang – Jana Hensel: Wer wir sind. Die Erfahrung,
ostdeutsch zu sein. Bonn 2019

Frank, Rüdiger: Nordkorea. Innenansichten eines totalitären Staates.
München (DVA) 2014

Fukuyama, Francis: The End of History and the Last Man, Free Press
1992

Hahm, Chaibong: **China's Future is Korea's Present**: Why

Liberalization Will Follow Stagnation. Foreign Affairs 97-5, 2018, pp. 117-185

Hertle, Hans-Hermann: Sofort, unverzüglich. Die Chronik des Mauerfalls. Bonn (bpb) 2019

Gauck, Joachim (in Verbindung mit Helga Hirsch): Toleranz: einfach schwer. Freiburg/Breisgau (Herder) 2019

Griffis, William Elliot: Corea, the Hermit Nation. Charles Scriber's Sons, New York, 1882

Großbölting, Thomas: Wiedervereinigungsgesellschaft. Aufbruch und Entgrenzung in Deutschland seit 1990. Bonn 2020

Hacker, Jens: Deutsche Irrtümer: Schönfärber und Helfershelfer der SED-Diktatur im Westen. Berlin (Ullstein) 1992

Jeggle, Utz: Das Fremde im Eigenen. Beiträge zur Anthropologie des Alltags. Tübingen, Tüb. Vereinigung für Volkskunde (Untersuchungen des Ludw. Uhland-Instituts der Univ. Tübingen) 2014

Kaminsky, Anna: Frauen in der DDR. Berlin 2016

Kirsten, Jens u. Christoph Schmitz-Scholemann, Hg.: Thüringer Anthologie. Weimar 2018

Klingholz, Reiner: Die Demographische Lage der Nation, Berlin-Institut für Bevölkerung und Entwicklung 2019

Köhler, Henning: Helmut Kohl, Quadringa 2014

König, Ewald: Menschen, Mauer, Mythen, Mitteldeutscher Verlag 2014

Kowalczuk, Ilko-Sascha: Die Übernahme. Wie Ostdeutschland Teil der Bundesrepublik wurde. Bonn 2020

Krönert, Steffen, Franziska Medikus u. Reiner Klingholz: Die Demografische Lage der Nation: Wie Zukunftsfähig sind Deutschlands Regionen? DTV Band 34296, 2006

Lowell, Percival L.: Chosön, The Land of Morning Calm − a sketch of Korea, Harvard University Press, 1885

Naß, Matthias: Countdown in Korea. Der gefährlichste Konflikt der Welt und seine Hintergründe. München (C.H. Beck) 2017

Oberender, Thomas: Occupy History, Walther-König 2019

Pond, Elizabeth: Beyond the Wall, Brookings 1993

Richter, Frank: Gehört Sachsen noch zu Deutschland? Ullstein 2019

Schmitz-Scholemann, Christoph − Jens Kirsten, Hg.: Vom Geist der Stunde. Vordenker und Wegbereiter. Die Revolution in Deutschland Mitte 1989, Weimar 2015

Stern, Fritz: Fünf Deutschland und ein Leben: Erinnerungen. München (C.H. Beck) 2007 von Weizsäcker, Richard: Der Weg zur Einheit. München (CH Beck) 2009

Dieter Falker, Hg.: 30 Jahre deutsche Wiedervereinigung, Geographische Rundschau Jahrgang 72, Westermann 2020

Wiebicke, Jürgen: Zehn Regeln für Demokratie-Retter. KiWi-Taschenbuch, Köln 2017

Willisch, Andreas, Hg.: Wittenberge ist überall. Überleben in schrumpfenden Regionen. Links-Verlag, Berlin 2012

Wolle, Stefan: Die DDR. Eine Geschichte von der Gründung bis zum Untergang. Bonn 2015

Yu, Woo-ik: Zentralörtliches Verhalten und Sozialstruktur in ländlichen Räumen – Ein Vergleich zwischen Schleswig-Holstein und Korea. Materialien zur Geographischen Regionalforschung in Kiel. (Mare) Heft 6, Univ. Kiel 1980

Yu, Woo-ik: The Northeast Asian Rim: A Geopolitical Perspective. Journal of Korean Politics, The Institute of Korean Political Studies, Seoul National University, 1994, pp 63-79

Yu, Woo-ik: Spatial Inertia of a Divided Nation: Korea, the Last Remnant of the Cold War. PGM 148, 2004/5, pp. 6-15

김천식: 통일국가론, 늘품플러스 2018

류성룡(이재호 역): 징비록(懲毖錄), 서애선생기념사업회 2001

류우익(공저): 고등학교 지리 I, II, 교학사 1984

류우익: 유럽의 변화와 지역정책, in: 21세기위원회, 21世紀 韓國: 삶의 질 pp. 109-141, 1990

류우익: 통일국토의 미래상: 공간구조 개편 구상, in: 대한지리학회지 31권 제2호 pp. 44-56, 1996

류우익: 장소의 의미 I, II, 삶과 꿈 2004

류우익: 통일준비, 논의를 넘어서 행동으로, in: 육군사관학교 · 통일연구원, 통일한국의 비전과 군의 역할, pp. 17-33, 2016

박세일: 선진통일전략, 21세기북스 2013

송복: 위대한 만남, 지식마당 2007

양창석: 브란덴부르크 비망록, 늘품플러스 2018

염돈재: 독일통일의 과정과 교훈, 평화문제연구소 2010

우베 뮐러(이봉기 역): 대재앙 통일(Uwe Müller: Supergau Deutsche Einheit), 문학세계사 2006,

이명박: 대통령의 시간 2008-2013, RHK 2015

찾아보기